U0107457

左传

人与经典

张高评

著

花山文艺出版社

河北·石家庄

图书在版编目（CIP）数据

人与经典·左传/张高评著. —石家庄:花山文艺出版社,
2022.3
（人与经典文库/张采鑫，崔正山主编）
ISBN 978-7-5511-6017-9

Ⅰ.①人… Ⅱ.①张… Ⅲ.①中国历史－春秋时代－编年
体 ②《左传》－研究 Ⅳ.①K225.04
中国版本图书馆CIP数据核字(2021)第238834号

本著作物由台湾万卷楼图书股份有限公司授权出版，发行中文
简体字版。

丛 书 名：人与经典文库
主　　编：张采鑫　崔正山
书　　名：**人与经典·左传**
著　　者：张高评
策　　划：张采鑫　崔正山
责任编辑：张采鑫　李　鸥
特约编辑：王卫华
责任校对：李　鸥
装帧设计：东合社-安宁
美术编辑：胡彤亮
出版发行：花山文艺出版社（邮政编码：050061）
　　　　　（河北省石家庄市友谊北大街330号）

销售热线：0311-88643221
传　　真：0311-88643234
印　　刷：北京天宇万达印刷有限公司
经　　销：新华书店
开　　本：880×1230　　1/32
印　　张：13.5
字　　数：279千字
版　　次：2022年3月第1版
　　　　　2022年3月第1次印刷
书　　号：ISBN 978-7-5511-6017-9
定　　价：79.00元

（版权所有　翻印必究·印装有误　负责调换）

总序

一、今天我们为什么要读经典

意大利作家卡尔维诺（1923—1985）在《为什么读经典》这本书中，第一句话就说："经典就是你在重读的书，而不是你刚开始读的书。"这句话的意思是说，读经典不是只读一遍而已，而是要一读再读。卡尔维诺接着说："对于没有读过经典的人来讲，尤其重要，因为这是他重读的开始。"

那么我们该如何读经典呢？美国文艺评论家乔治·斯坦纳（1929—2020）在他的回忆录中的一段话很值得我们参考。他认为，我们在读经典的时候，应该注意三件事。第一，"我们要很清楚地知道经典在问我们：你读懂了吗？你知道我在说什么吗？你知道我想说什么吗？你知道我为什么要这么说吗？"换句话说，对于经典我们不只是读其表面意思，大概了解一下就行了，其实微言背后总是包含着大义，《中庸》说"人莫不饮食也，鲜能知味也"，就是这个意思。第二，他说："你既然知道经典在问你问题，你有没有运用你的想象力来回答？"意思是你要回答问题，就要发挥想象力与思考力，即《中庸》里所强调的"慎思之，明辨之"。第三，"你既然用你的想象力回答了问题，你自己在这个过程中有着怎样的收获？而这个收获将会使你产生哪些改变？"这就是孔子所强调的"闻义而徙"与"知之为知之"。读经典绝不能以望文生义的思维习惯去读字面的意思，读经典的目的是在启发你、接引你，发现自我，蒙以养正，最后让你有所改变，有所提升。

所以，我们读经典，应该深入其文本，思考文本的意涵到底在说什么，以及为什么要这样说，想象并体会作者在取材、书写时的思虑与用心，仿佛自己身临作者的境地，然后才能够代入自身体验，有所感动，进而化成行动——经典的阅读应以这样的态度来进行。

二、"人与经典"丛书的特色

"人与经典"丛书是一项人文出版计划。这项计划旨在介绍广义的中国经典作品，以期唤起新一代国民对中华文化的自信心，从而激发每个人生生不已的生命精神。取材的方向主要来自文学、历史、哲学方面，介绍的方法是对这些伟大作者的其人其事做深入浅出的概要介绍；以浅近的解析赏评为核心，并辅以语译或综述。"人与经典"强调以下三个特色：

其一，从人本主义出发，突出人文化成的功效，我们更强调"人"作为思考、践行，以及转化并提升生命、丰富生活的关键因素。

其二，我们不仅介绍经、史、子、集方面的经典，同时也

与溥仪同年出生，六岁开始为末代皇帝伴读
读书一百年，讲学六十四年，授业弟子数万人
被誉为将比钱穆、南怀瑾更有影响力的国学大师

跨世纪最后一位通经大儒
孔子儒学两千五百多年以来的当代集大成者
"龙德而隐"的毓鋆先生，今天走向了我们

爱新觉罗·毓鋆

清兵用武力占领了全部中原，
孔儒用文化同化了整个满族！

他认为："文化谁高，谁就同化谁。"
他提出："以夏学奥质，寻拯世真文。"

地理上有水土江山，沧海桑田，
历史上有王朝江山，兴亡交替，
只有文化江山，才能
历百世，
越千年，
一统天下。

毓老师语录

我们不可守一家之言与一先生之言，但必得由一先生之言，然后明一家之言；你不明各家之言，就不能成自己和一先生之言。

中国民族文化就在礼上，以礼表现文化。

什么叫"道德"？能行出来的就叫"道德"，不是挂在口头的"教条"。

读书人是明理人，不是故意装着和别人不一样。

人之苦莫大于求不得之苦，"求不得苦"是欲壑难填之苦。

人何以苦恼？因为看法和一般人一样，不能脱俗，老在俗和欲中打转。人真有智慧，就不苦恼。

逢大事，先睡一觉再说；遇小事，立刻处理。

做坏事，还得说人话；越说人话，越坏啊！

有时想不到的人才是救命恩人，所以待人越宽厚越好。

试图将经典的范围扩大到近现代的重要作品。以此，我们强调重新诠释经典在为往圣继绝学，以及承先启后方面所产生的日新又新的时代意义。

其三，紧扣文本，正本清源解经典，不强调撰写者的个人感受，而特别体现出撰写者对经典的创新性解读与创造性转化的理念。

因此，今天我们重新解读经典与学习经典不应只是人云亦云。我们反而应该强调经典之所以能够流传长久，正因为其蕴藏的天人合一之常道及通古今之变的变道，每每成为后人温故而知新，以及经世致用的焦点，引起一代又一代人的思考与传承。只有怀抱这样对体用结合、形式与情境的自觉，我们才能体认经典所涵括的对传统的承继、人文精神的转换，以及政治理念、道德信条、审美意识的取舍等价值。

文学批评家萨义德（1935—2003）指出，经典的可贵不在于放诸四海而皆准的标杆价值，而在于经典入世的，以人为本、日新又新的巨大能量。

从《易经》《论语》《道德经》《诗经》《楚辞》到《左传》《史记》，从李白到曹雪芹，中国将近五千年的文化传统虽然只能点到为止，实已在显示古典历久弥新的道理。

人文是我们生活或生命中不可或缺的一部分。传统理想的文化人应该是文质彬彬，然后君子，若转换成今天的语境或许该说，人文经典能培养我们如何在现代社会里做个温柔敦厚、通情达理、知进退存亡而不失其正的真君子。

张采鑫　崔正山

2022 年 1 月 1 日

自序

　　《春秋左氏传》，凡十九万六千余字。传世之《十三经》中，卷帙称最，唐代号为大经。读四部要籍必自五经始，而五经之钤键在《左传》。张之洞《书目答问补正》称："由经学入史学者，其史学可信；由经学史学入理学者，其理学可信；以经学史学兼词章者，其词章有用。"《左传》之书，辉丽万有，为经、为史、为子、为集，皆有渊源，犹学术之武库，得其一端，皆足以名家。

　　《左传》一书，其义为经学，其体则为史学；其用，则诸子百家之原始，且为传统叙事学之滥觞、古文义法之宗师。其于经学，征引《诗》《书》《易》以及周礼，以之叙事传人；尤其解说孔子之《春秋》经，彰明其笔削之微辞隐义，有功于群经之传播与接受。其于史学，则编年、纪传、纪事本末、诏令、奏议、传记、地理、职官、政书、史评诸体皆备；而史家笔法之垂范、历史编纂学之矩矱、历史哲学之椎轮，已不疑而具。其于先秦诸子学，则如兵家、儒家、墨家、名家、法家、纵横家、阴阳家、谶纬学、形法学，多以《左传》载存之文献为要删。两汉诸子，则或善述之，或发明之，或考异之。拙著《左传导读》，已一二言之，可参。

《左传》之作，初不为文学而发；然文学造诣之精博，文学内容之丰厚，文学价值之崇隆，文学影响之深远，又数《左传》称古今卓绝，著述罕闻。《左传》于文体，略备后世文体之规模；于语文，为古代汉语之珍薮；于散文，为唐、宋、明、清古文之正宗；于骈文，则是汉、魏、六朝骈俪、两宋四六文之先河。其引诗赋诗，为春秋歌诗致用之擅场；述古史传说，为太古神话之劫余；记怪诞神奇，为六朝志怪小说之先河；存谣谚、征故实，则唐宋以来变文、鼓词、戏剧等通俗文学之远源。传列国君臣事迹，开《史》《汉》以降传记文学之矩矱。善叙事理，具见本末，揭叙事传统之法式；议论风发，浮夸而富艳，启战国纵横之风习；词命婉丽，温文儒雅，臻语言交际之极致；描绘神貌，穷形尽相，惟妙惟肖，称写生之能手。拙著《左传之文学价值》各章，已多所阐发论证。

《左传》长于属辞约文，堪称翰苑之琼琚，辞章之津梁，义法之典范。孔子之立义创意，由《春秋》"窃取"之义而来，《左传》之附辞会义似之。《春秋》之或笔或削，体现为详略、重轻、异同、变常之书法；《左传》之谋篇，如篇什之架构、情境之对叙、脉络之统一，由此脱化。《春秋》之比事，展示为前后、措注、本末、终始；《左传》之安章，如段落之位次、主题之表达、警策之建立近之。《春秋》之属辞，往往表现为曲笔、直书、变文、特笔；《左传》之锻句，如意象之浮现、辞文之矜丽、气势之遒劲有之。《春秋》之约文，呈现为微婉、显晦、增损、改易，《左传》章句之明靡，文辞之光彩，炼字使之然也。至于《左传》文章之神味，或按节以体气，或辩证以求道，或味气以传神，要皆比事属辞《春秋》教之发用、古春秋叙事传统之发扬。修订重版拙作《左传属辞与文章义法》各章，略有阐说。

鲁史官左丘明，学问极博，才情极长，著成《春秋左氏传》。研经者尚其义，录往者迹其事，好兵者参其谋，摛文者宗其辞。要皆各取所需，犹《中庸》所谓"万物并育而不相害，道并行而不相悖"。唯单科独进如此，不相往来，未能会通；诚如《庄子·天下》所云："天下多得一察焉以自好。譬如耳目鼻口，皆有所明，不能相通。"四十年前，笔者博士论文执守一端，以解读《左传》之文学成就，虽有所长，时有所用。毕竟不该不遍，何殊一曲之见？唯有会通为一，始能化成天下，研治《左氏传》，自不例外。近十余年来，研治《春秋左氏传》，徜徉于《春秋》诠释学、历史编纂学、传统叙事学之际，出入于《春秋》书法、史家笔法、古文义法之间，始悟会通化成之道。《春秋左氏传》书，会通化成之道，分而言之有二：其一，义昭笔削之《春秋》书法；其二，属辞比事之《春秋》教。若一言以蔽之，则"属辞比事"四字足以赅括无遗。

《孟子·滕文公下》称："《春秋》，天子之事也。"孔子以布衣而作《春秋》，以之寄寓褒贬劝惩，故孔子有"知我""罪我"之自辩。何况，《春秋》触忌犯讳者多，"为有所刺讥褒讳挹损之文辞，不可以书见"，致子夏之徒不能赞一辞，于是孔子"窃取"之义难知。《孟子·离娄下》说孔子《春秋》，揭示其事、其文、其义，为三大顶梁柱。《史记·十二诸侯年表序》称孔子编次《春秋》："约其辞文，去其烦重，以制义法。"《礼记·经解》云："属辞比事，《春秋》教也。"于是《春秋》三传及其注疏说经，两宋之舍传求经，无传而著，乃至于元明清《春秋》宋学之经典诠释，亦多持属辞比事，作为解读《春秋》、诠释书法之利器。清章学诚《文史通义·言公上》据此，遂谓："载笔之士，有志《春秋》之业，固将惟义之求。其事与文，所以借为存义之资也。"其事、其文、其义三位一体，明点彼此之圆融互动，可以互发其蕴，互显其义。

属辞比事，作为诠释解读《春秋》之法门，"义昭笔削"是其关键词语。清章学诚《文史通义·答客问上》称：笔削之义，不仅体现于事具始末之"比事"，文成规矩之"属辞"而已，所以能成一家之言者，"必有详人之所略，异人之所同，重人之所轻，而忽人之所谨"。前乎此者，清方苞《春秋通论·序》已云："或笔或削，或详或略，或同或异，参互相抵，而义出于其间。"由此观之，《春秋》或笔而书之，或削而不书，或比事，或属辞，固有其指义。即以笔而书之言，比事属辞亦存在详略、异同、重轻、忽谨之差别。彼此"参互相抵，而义出于其间"。《四库全书总目·春秋通论》提要称：方苞研治《春秋》经，"按所属之辞，核以所比之事"，通全书而观之，以探索或笔或削之义。由此观之，《春秋》旨义之考求，其法门有三大层次：其一，或笔或削，参互相抵；其二，按所属之辞，核以所比之事；其三，详略、异同、重轻、忽谨之际，独断于一心。要之，法以义起，法随义变，研治《春秋》，总以探索孔子"窃取之"之义为终极追求。

探求《春秋》旨义，除上述三端之外，比其事而属其辞，亦足以探究终始，本末悉昭。晋杜预《春秋经传集解·序》称："左丘明受经于仲尼，以为经者不刊之书也。故传或先经以始事，或后经以终义，或依经以辩理，或错经以合异，随义而发。"此所谓先经、后经、依经、错经，即刘师培云："爰始要终，本末悉昭"之古春秋纪事成法，《左传》叙事近之。唐陆淳《春秋集传纂例·三传得失议》称美《左传》："博采诸家，叙事尤备，能令百代之下颇见本末，因以求意，经文可知。"宋程颐《春秋传·序》称："观百物，然后识化工之神；聚众材，然后知作室之用。"解说《春秋》，固不能"于一事一义而欲窥圣人之用心"。《左传》以历史叙事方式，解说孔子《春秋》经，因而事具始末，终始可寻。（详参拙作《〈左传〉叙事见本末与〈春秋〉书法》，《中山大学学报》总二百八十三期）宋叶适《习学记言序目·春秋》称："《左氏》之书，循本以知末，因事以明意"；"既有《左氏》，始有本末，而简书具存，实事不没。"读者比事而属辞之，通全书而考察之，可据以阐释《春秋》始、微、积、渐之因果，解说缘或笔或削，而生发之"推见至隐"；进而破解《春秋》"都不说破""盖有言外之意"之微辞隐义。由此观之，《春秋》书法，衍变为史家笔法，史家笔法化成为叙事传统，叙事传统生发为古文义法，或传承，或开拓，其中之脉络因革，多有迹可寻。

《左传》之用，不尽于说经；而善说经者，无如《左传》。尤其以历史叙事说经，凸显"如何书"之法；与《公羊传》《谷梁传》以历史哲学解经，侧重"何以书"之义，判然有别。《左传·成公十四年》君子曰："《春秋》之称，微而显，志而晦，婉而成章，尽而不污，惩恶而劝善。非圣人，谁能修之？"所谓《春秋》五例，钱钟书《管锥编》以文章之修辞读之。前四者为《春秋》"如何书"之法；惩恶而劝善，则《春秋》"何以书"之义。《左传·昭公三十一年》君子亦云："《春秋》之称，微而显，婉而辨。上之人能使昭明，善人劝焉，淫人惧焉，是以君子贵之。"其中，"微而显，婉而辨"，亦"如何书"之"法"；而劝善惧淫，乃"何以书"之义。尝试考察《春秋》三传及其注疏、《春秋繁露》《史记》《文心雕龙》《史通》《春秋集传纂例》，诸家谈说《春秋》书法、史家笔法，多重属辞约文，而轻史事之编纂比次，其来有自。（详见拙作《〈春秋〉属辞约文与文章修辞——中唐以前之〈春秋〉诠释法》）清张应昌《春秋属辞辨例编·凡例》称："言属辞，则比事该之矣。"钱钟书《管锥编》亦谓："《春秋》之书法，实即文章之修词。"此言有理。

章学诚《文史通义·上朱大司马论文》云："古人著述，必以史学为归。"又称："古文必推叙事，叙事实出史学，其源本于《春秋》比事属辞。"笔者撰《书法、史学、叙事、古文与比事属辞——中国传统叙事学之理论基础》一文，曾就《春秋》书法、史家笔法、叙事传统、古文义法四端，进行申说论述，以为皆可会通于比事属辞之《春秋》教。换言之，持比事属辞之《春秋》教，作为研究视角，则《春秋》之书法明，史家之笔法明。自《春秋》《左传》《史记》诸史传之叙事传统明，而古典小说、元明戏剧之沿波讨源亦明。《左传》《史记》之古文义法既明，则唐宋八大家、清代桐城派古文传承或开拓之脉络亦明。《庄子·齐物论》："举莛与楹，厉与西施，恢恑憰怪，道通为一。"信然！

于是以"道通为一"为治学之理念，以比事属辞为探讨之津筏，持以解读《春秋》《左传》《公羊传》《史记》《三国志》《三国志注》、杜甫叙事歌行、宋代诗话笔记，乃至于研究《三国志演义》《东周列国志》诸古典小说，亦无不涣然冰释，怡然理顺。尤其《春秋》宋学之经典诠释，自宋元至明清，运用比事属辞为诠释方法，以经治经，《春秋》之微辞隐义，可以无传而著者十之八九。清咸丰间张应昌编著《春秋属辞辨例编》，自卷五十二至五十七，条举诸家，备列考证，洋洋大观，皆以比事属辞阐说《春秋》之书法。可见，德不孤，必有邻，《春秋属辞辨例编》先我言之矣！

近十年来，笔者追求道通为一，落实学科整合，阐发《春秋》之微辞隐义，研讨《左传》之以史传经，探究《史记》之忌讳叙事，多聚焦于比事属辞之视角，归本于《春秋》或笔或削之书法，前后发表之相关论文，已达四十余篇。出版《比事属辞与古文义法——方苞"经术兼文章"考论》《属辞比事与春秋诠释学》专著二种。已完成之论文，规划出版者，尚有《义理阐发与春秋宋学》《以史传经与左传叙事传统》《史记纪传与叙事传统》书稿三种。有道通为一之领会，加上跨际会通之实作，往往运用排比史事、连属辞文之方法，以破译《春秋》之义昭笔削、微辞隐义，解读《左传》之历史编纂、叙事传统、文章义法。林林总总之机缘如是，选本《左传》之核心价值、关键论述，亦于是乎在。义理与辞章会通化成，其特色优长、诠释功能亦呼之欲出。

《春秋左传注疏》《左氏会笺》《春秋左传注》，作为学术专攻，在所必读。唯《左传》文字典雅精深，卷帙繁重博大，全本作为教材，颇不便于初学进阶，遑论登堂入室？笔者承乏上庠，于大学部、研究所开授《左传》近二十年，常为挑选教材所苦。五年以来，退休多暇，如老骥伏枥，犹志在千里，颇思贡献所学，反馈于同道。于是取精用宏，粹选《左传》名篇二十四，分叙事、辞令、议论三大单元编次之，本书原名《左传英华》，取韩愈《进学解》"含英咀华"之意，所以自勉勉人。

本书所选文本，为便利读者，分原典、语译、鉴赏、评林四大栏目。全书尽心竭力处，尤在"鉴赏"一栏。厚积四十年之学养，约取薄发于选文之鉴赏中。读者不妨顺指以得月，即器以求道。每篇之鉴赏文字，大抵如相体裁衣，随物赋形：依《左传》文本之属性，或说之以义昭笔削，或论之以属辞比事、本末终始，或晓之以详略、重轻、异同、有无，或示之以曲直、显晦、先后、措注，等等。换言之，鉴赏内容，或持《春秋》书法、或用史家笔法、或就叙事传统、或以古文义法，进行申说论述，要皆脉注绮交于或笔或削之义，会通于比事属辞之《春秋》教。《春秋》书法衍变为史家笔法，史家笔法化成为叙事传统，叙事传统生发为古文义法，"鉴赏"文字，往往曲曲传出，具体可见。

"评林"一栏，汇集唐宋以来，至于晚清近现代，品评《左传》之代表文献。琳琅满目，品类繁多：经学之指点，史学之启迪，兵谋之破译，义法之凸显，所在多有。其中最可称道者，为《春秋》大义之提示、书法之诠释、笔削之显义，传经之解说。《春秋》之事、文、义，一变为历史编纂学，再变为叙事传统之义法：凡目如详略、重轻、有无、异同、曲直、显晦、先后、措注，等等，固为类比对比史事之要删，何尝不是属辞约文之节目？下一转语，若视为传统文学批评之资产，"评林"亦当之无愧。百家争鸣，往往见仁见智：举凡新知培养之津梁，旧学商量之利基，发纵指示之渊薮，问题意识之雏形，论文选题之触发，尽在此矣。总之，"评林"一栏，最可作为进阶研究之左券。因此，本书作为深入阅读、分组讨论、个人报告、独力探索之教材，将无适而不可。

书成，交由台北万卷楼图书公司印行。出版以来，台湾各大学开授《左传》课程者，率多指定为教学用书。受限于图书流通之渠道，本书虽已出版，学界研究《左传》之同道，往往缘悭一面，求之不得，无不引为憾事。万卷楼图书公司，作为两岸图书交流之桥梁，在本书面世一年后，立刻招徕出版商洽购简体中文之版权。所创优良纪录，丛书总编辑张晏瑞居功甚伟。在此，感恩张晏瑞总编之玉成，更感谢北京道善文化传媒公司之合作，花山文艺出版社之印行。学术，既为公器，心得贵在分享。若能化身千万，无远弗届传播流通，自是初心与本愿。书出有日，爰志数语如上，是为序。

张高评

2021 年 5 月 4 日

周序

　　本书作者张博士高评教授，是我一生在大学任教过程中，遇到的一流的年轻学者。他为人谦和，沉潜好学，读书专注，记忆力强。1974年，知名教授黄永武博士，时任高雄师大国文系主任，因缘创立研究所硕士班，张高评先生以第二名的成绩考入，两年后以第一名毕业，获得硕士学位。随后又以第二名的成绩考入台湾师范大学博士班，1981年获得文学博士学位。其后，辗转进入成功大学中文系任教，先后三十余年。除教授一职外，曾历任系主管，文学院院长，以及香港中文大学中文系访问教授等职。退休后，应聘赴香港树仁大学，担任教授兼系主任，深受器重。

　　张教授在成功大学时，教学极为卓越，除努力授课外，时时不忘初衷，读书写作，心得常发表于各种论坛、刊物或学术研讨会。于是声誉鹊起，各方邀约不断。每遇寒暑假，皆利用空档，与相关知名大学，如北京大学、复旦大学、浙江大学、南京大学、中山大学、山东大学，香港中文大学、香港大学、浸会大学、岭南大学，以及日本国立大阪大学、早稻田大学等进行学术交流，如主题演讲、专题讲座、主持或参与研讨会议、短期驻校授课等；并经常在多校学术期刊发表论文，甚至写有专栏，长期连载。此种用功程度，与发挥专才之用心，堪称中国台湾学界第一人！

对中国古代史学的研究，张博士功夫最深。举凡史学方法、历史哲学、史料研究、史学评论等，皆有独到见解。另在诗词、古文、文艺评论等古典文学的研究方面，又别出心裁，有一系列专著出版，宏富精彩，著作等身，为我在大学任教四十余年来所知之第一人！

《左传》一书，包罗春秋各国政治之崛起进退、文化之发展与演化，允为《三传》之首。不仅内容充实，笔法起伏，且与各经相系。书中常见《易》曰、《诗》曰、《书》曰、礼曰、君子曰，等等。又常出现文字、声韵、训诂与古今之关联。如《郑伯克段于鄢》一文中，即有可资声韵参酌之处。《左传》对史料搜集亦多实据，如叙重耳流亡十九年，过程极为精彩。重耳之舅曰子犯，随重耳流亡，一路颠簸，彼此或有意见相忤之处，唯舅子犯实为大功臣。在回归晋国前，原欲求去，为重耳挽留为相。子犯既为相，府中铸有子犯编钟，或称子犯和钟。一肆二堵，每堵八器，一肆共十六器。台北外双溪"故宫博物院""青铜器"展厅，有子犯编钟原件与铭文之展览。先秦之出土文献不少，若子犯编钟，可作二重证据之佐验者正多，往往成为学界考信的热点。《左传》之为上古信史，益加信而有征。

张高评教授，读书作文，甚为勤勉；撰写硕士博士论文，理路条畅，文笔老练；研治《左传》《史记》、唐宋诗、诗话学、古文义法等古代学术，以《春秋》学贡献最大。积四十年研究《春秋》《左传》之业绩，张教授著成此书。行文所及，现身说法，提供论文题目，揭示研究方法，本书堪作研读《左传》的阶梯，探索《春秋》的津梁。

从本书的编著，见其挑选《左传》重要篇章，详加注释解说，较之以往注疏、会笺、详解、评点之书，更适合大学教材之用。且由浅入深，学子可日积月累，增加其对《左传》一书之兴趣，而渐及诸经。宋张横渠尝勉诸生："为天地立心，为生民立命，为往圣继绝学，为万世开太平。"四者之中，对中华文化有兴趣者，唯"为往圣继绝学"。张教授此书，可作为研治《左传》后之康庄大道。余对此深为祝祷，亦为张博士欣喜。有志者，盍兴乎来！

高雄师范大学文学院前院长　周虎林
2020 年 2 月 18 日

目录

导读

　　《左传》，为《十三经》之一。以篇幅最重，字数最多，号称大经。梁刘勰《文心雕龙·史传》尊崇《左传》，以为"原始要终，创为传体。实圣文之羽翮，记籍之冠冕。"是凸显《左传》以史传经的贡献。唐刘知几《史通·杂说上》亦褒美《左传》，以为"工侔造化，思涉鬼神，著述罕闻，古今卓绝。"是标榜《左传》历史叙事、文学叙事的成就。清姜炳璋《读左补义》，更推崇《左氏传》："为圣学之阶梯，实全经之橐钥。"是评断《左传》解释《春秋》的经学价值。《左传》一书，集经学、史学、文学而一之，亦由此可见。

　　经传探讨的专业，必读《春秋左传注疏》《左氏会笺》《春秋左传注》。然而作为教材，实有诸多不宜。为便利读者，乃编著本书，精选典范名篇二十四，分为叙事文、辞令文、议论文三大单元。每篇选文，各有原典、鉴赏、语译、评林四大栏目，彼此交相印证，相互发明。提供《春秋》经传研修的教材，揭示若干《春秋》书法、《左氏》传经、史家笔法、叙事传统、古文义法，以及属辞比事的范例。种种法门，跨际会通，多可作为初学入门的阶梯，登堂入室的津梁。其单元体例与栏目特色，说明如下：

一、三大单元

宋真德秀"以后世文辞多变，欲学者识其源流之正也"，于是编选《文章正宗》，分文章为辞命、议论、叙事、诗赋四大类。本书参考《文章正宗》之分类，剔除诗赋，删存为叙事、辞命、议论三大单元：

（一）叙事文

文章以叙事为最难，而《左传》长于叙事。唐刘知几《史通·杂说上》评价《左传》之叙事，以为"工侔造化，思涉鬼神，著述罕闻，古今卓绝"。清方苞《左传义法举要》谓："《左传》叙事之法，在古无两"；《古文约选序例》称"（叙事）义法最精者，莫如《左传》《史记》"；清章学诚《课蒙学文法》称叙事之法，"莫备于《左传》"；"叙事之文，莫备于《左》《史》。"从诸家之品评，《左传》叙事文的价值，可见一斑。

中国叙事传统，源远流长，发始于《春秋》，大备于《左传》，成熟于《史记》，《左传》位居枢纽地位。上承《春秋》属辞比事之教，下开《史记》之历史叙事、文学叙事。义昭笔削、属辞比事，为传统叙事学的关键法门。或笔或削以见义，其后衍为详略、重轻、异同、有无的书法。类比、对比史事，化成先后、主次、安排、措置的布局。连属、约饬辞文，亦派生为曲直、显晦、虚实、变常的文章义法。《左传》长篇，如《晋楚城濮之战》；短章，如《晋景公梦大厉》，要皆因事命篇，长短各臻其妙；属辞比事，皆各有义法。

叙事文，最可见《左传》文体的特质。本书精选十大名篇，分别记述《郑伯克段于鄢》《鲁桓公薨于齐》《晋侯假道于虞以伐虢》《秦晋韩之战》《宋楚泓之战》《晋公子重耳出亡》《晋楚城濮之战》《晋赵盾弑其君夷皋》《晋景公梦大厉》《麻隧之战吕相绝秦》等事件。《左传》叙事的精工美妙，蔚为信史实录，春秋一代的历史，借此有具体而微的呈现。《史通·叙事》提示叙事之体有四：纪才行、书事迹、因言语、假赞论。读者若参此为法门，辅以属辞比事之《春秋》教，对于研治叙事的传统，阐发叙事的义法，考察叙事的艺术，乃至于探究《春秋》书法、史家笔法、古文义法，多有帮助。

《左氏传》解释《春秋》，故叙事文不乏解经之语，如五十凡之例。孔子作《春秋》，特重修辞。东晋徐邈拈出"事从本史，而辞有损益"二语，可以解构《春秋》。孔子编比史事固然用心，而于属辞约文尤其致力。此自《公羊传》《春秋繁露》说经特重属辞，可见端倪。《左传》以史传经，注重微婉显晦"如何书"之法，尤其尽心于辞文之修饰润色。《春秋》三传说书法，有所谓凡、例、义例者。历代学者阐发《春秋》微言大义，说之以"例"者更不少，或称曰释例、条例、经例、略例、通例、统例，或名为纂例、总例、凡例、义例、类例。近代训诂学崛起，或取《左传》为资材，其类有三：一，"为"例，如毁则为贼，掩贼为藏，窃贿为盗，盗器为奸（文公十八年）。二，"谓"例，如有威而可畏谓之威，有仪而可象谓之仪（襄公三十一年）。三，"曰"例，凡师，敌未陈曰败某师；皆陈曰战，大崩曰败绩，得俊曰克，覆而败之曰取某师，京师败曰王师败绩于某（庄公十一年）。"为"例、"谓"例、"曰"例，乃《左传》书法之规范字；今若以辞章学、修辞学解读之，往往怡然理顺。钱钟书《管锥编》称："《春秋》之书法，实即文章之修辞。"善哉斯言！有志之士，盍兴乎来?

（二）辞令文

《左传》与《战国策》《世说新语》并列，为古代说话三大宝鉴之首。《左传》所载，有关列国诸侯名卿大夫往来之辞命，其言语辩说，短章多温润婉丽，从容不迫；长篇则语词浩博，多或千言。或劝百而讽一，是臣下讽谏君王之辞；或折冲樽俎，化干戈为玉帛，是行人外交辞令之功效。凡此，言文辞达，婉丽流转，多可作为谈说之艺术，说服之典范。至于语文表达的标杆，说服营销的范本，犹其余事。

外交辞令的形成，《论语·宪问》载："为命，裨谌草创之，世叔讨论之，行人子羽修饰之，东里子产润色之。"郑国每一外交辞令，经由四贤之手，由草创、而讨论，再经修饰、而润色，然后交付执行。因此，应对诸侯，外交折冲，鲜有败事。不止春秋时代外交辞令之运作如此，推而今日一切规划、设计、经营、管理，无不皆然。子产之外交辞令，固然值得探究；《左传》所载其他行人之辞令，语言交际，亦各有其特色，应该一并关注。

行人出辞，外交对话，皆企图解决两国的矛盾纠纷，观本书精选《左传》辞令文八篇，可以明白。其中，折冲樽俎于战前或战后，行人辞令化干戈为玉帛者，有《齐楚召陵之盟》《阴饴甥对秦伯》《展喜犒师》《齐国佐说晋人》四篇。说服强楚，辞令应对得体者，精选《王孙满对楚子问鼎》《蔡声子说楚复伍举》二篇。面对强晋，辞令婉转周折者，挑选《戎子驹支对范宣子》《郑子产坏晋馆垣》二篇。如何不卑不亢，谈言微中？如何晓之以利害得失？如何确指其是非曲直？如何动之以感情好恶？《左传》辞令，多有绝佳的示范。

就辞令而言，《左传》之《声子说楚》，与《吕相绝秦》《季札观乐》《王子朝告诸侯》同为经典之说服术。就言叙、语叙而言，其借言记事，原始要终，见盛观衰，与《左传》之《重耳出亡》之叙事近似，已隐然粗具纪事本末之体式。（详张高评《〈左传〉叙事见本末与〈春秋〉书法》，《中山大学学报》二〇二一年第一期）

（三）议论文

《文心雕龙·论说》称："论之为体，所以辨正然否。穷于有数，究于无形，钻坚求通，钩深取极；乃百虑之筌蹄，万事之权衡也。"宋真德秀编选，《文章正宗》，以辞命、议论、叙事，为文章分类之标目，今本之。试观《左传》之议论文，往往假历史人物，借拟言代言，以解释疑难、说明事理、阐发见解、发表主张，与徒托空言者相较，不可同日而语。后世论辩之体，如论、驳、难、辩、议、说、解、考、原、喻、语诸体式，大多发端于《左传》。学界于此，探讨不多不深，值得投入开拓。

《左传》叙事传人，有所论断，往往于叙事之中即见其指义，此即所谓以叙事为议论，顾炎武《日知录》所谓"于叙事中寓论断"之法。此种论说形式，有神无迹，常见于《左传》之褒贬人物，进退公卿之中。尤其书写定、哀之际的近现代历史，"为其切当世之文而罔褒"，"为有所刺讥褒讳抑损之文辞不可以书见"，不得不出以曲笔讳书，故忌讳叙事之用晦，成为史家常法。唐刘知几《史通·叙事》论用晦之道，曾举《左传》叙事为例。《左传》之历史叙事，除了"君子曰"以外，不凭空论断者多，饶有文学叙事之含蓄不露。

解释疑难、说明事理、阐发见解、发表主张，为《左传》议论文的内涵。大抵见于臣子建言、同僚对谈、君卿大夫相接相示的交际话语中。选文分三大层面：

其一，解读经文，创造性诠释。凡"君子曰"的历史评论，皆属之。本书精选《君子论周郑交质》《君子论〈春秋〉五例》二文。《左传》"君子曰"，以发表己见诠释《春秋》，与以书法解释、以简捷判断传《春秋》，皆属于《左传》以义理解经之例，最近《公羊传》《谷梁传》之以义释经 。

其二，阐发见解，揭示主张。《左传》多借时人之代言传达之，如本书所选《季札观乐论国风》《子产论尹何为邑》二文。其他见诸《左传》者，或品题人物成败，或评论政治得失，或案断吉凶祸福，其例实多。为篇幅所限，从略未及。此但举一隅而已，读者不妨反三隅，以之作为研究选题。观此，或可考见春秋人物之学养思辨，探索春秋时代之思维逻辑。

其三，臣下进谏君王，贵能抒下情而通讽谕，其法在主文以谲谏，劝百而讽一。如此，用以解释疑难，说明事理，较易有功。本书选择《臧哀伯谏纳郜鼎》《楚申叔时谏县陈》二文，得失成败，可做比较。臧哀伯之讽谏，桓公不畏祖宗、不畏百官、不畏清议，故终不受谏。申叔时讽谏楚庄王，促使楚庄王由伐陈、入陈、县陈，而封陈。其他见于《左传》，议论出于讽谕者不少，可以类推。

二、四大栏目

（一）原典

晋杜预《春秋经传集解·序》称《左传》："其文缓，其旨远。将令学者原始要终，寻其枝叶，究其所穷。"始、微、积、渐，为历史发展的原理；先经、后经、依经、错经，为《左传》以史传经的法式，故本书所选叙事文，宗法属辞比事之教，仿纪事本末之例，事件多张本继末，原始察终胪列。如秦晋韩之战，发生于僖公十五年。然其肇因，僖公十三年，秦输粟于晋；僖公十四年，晋人不与秦籴，固已发其端，故一并类及。又如宋楚泓之战，发生于僖公二十二年。然本书选文，溯源自《左传》僖公九年，宋襄公即位。十六年，石陨鹢退飞。十九年，宋人执滕子。二十年，宋襄公欲合诸侯。二十一年，宋人为鹿上之盟。刘师培所谓"原始要终，本末悉昭"（《古春秋记事成法考》），指此。其他，大多类是。

至于本书原典文献征引，则据清代阮元校刊之《十三经注疏》本为主，进行标点、分段，以利阅读。

（二）语译

《左传》为古文经传，故多古字古语。东汉许慎《说文解字》，义从《左氏》，故引《春秋经传》一百七十八字，《左传》古文居十之九。采列国史书，故其文多方言，清赵坦《宝甓斋札记》记述之，举证不下一百例。《左传》一书，参考百二国史乘以为书，古字、古语、古文、方言既多，故文字古奥，文法特殊，句式奇崛、词汇殊类，指义艰深难懂。于是登堂不易，遑论入室！为便于初学入门，本书将古文语译为白话，实有必要。期盼读者百尺竿头，更进一步，即器可以求道，循指因而得月。

（三）鉴赏

作者研究《春秋》《左传》四十余年，学术心得积累无数，转化移换到本书中，则成"鉴赏"单元之文字。本书最大的特色与亮点，大抵聚焦在各篇的鉴赏内容之中。举凡别出心裁，新创发明，往往依随选文的属性表述：经学属性者，说之以《春秋》书法、笔削见义；史学倾向者，说之以历史编纂、史家笔法。富于诸子学内涵者，说之以兵法谋略、领导统御、经营管理、说服传播。论《左传》的文学成就，则就详略、重轻、异同、有无，以谈说文章义法、叙事传统。就排比史事，而言模拟、对比、比兴，化成先后、主次、安排、措置。就属辞约文而言，亦派生为曲直、显晦、虚实、变常的文章义法。

叙事文之单元，《左传》最工于叙战，千古无出其右。如叙《宋楚泓之战》《晋楚城濮之战》《麻隧之战吕相绝秦》，多详叙兵谋，略点战事，攸关经世资鉴之史观。笔削、详略、重轻、忽谨之际，叙事多见《春秋》书法、史家笔法、叙事义法、古文法，以及辞章修辞之方法。其他，如《春秋》书"鲁桓公薨于齐"一章，《左传》叙事，本末了然，始微积渐之历程、曲笔变文之忌讳叙事、属辞比事之《春秋》书法，此中有之。《左传》叙《晋公子重耳出亡》，早为城濮之战胜楚、践土之盟称伯、晋国霸业百年张本。《左氏》着传，宏观之视野，系统之思维可见。《春秋》书"晋赵盾弑其君夷皋"，《左传》释经，或先经以始事，或后经以终义，或依经以辨理，或错经以合异。自《左传》之编比史事，见赵盾之弑而不弑；由《左传》之属辞约文，则知赵盾非手弑而书弑。《左传》诡辞谬称，或文与而实不与，或实与而文不与，此之谓忌讳叙事。

辞令文之单元，如《左传》叙《齐楚召陵之盟》，齐桓公率诸侯联军声讨楚国，管仲假天子号令致辞，不提荆楚之僭王猾夏，但指责楚之不贡苞茅，是舍大就小的说话术。召陵之师，以义胜干戈，而不失为玉帛，故《左氏》但叙几段辞令，雍容不迫，词与境偕。麻隧之战，《左传》叙《吕相绝秦》，饰辞驾罪，矫诬夸诈之处，多运用宾主、抑扬、轻重、详略之法。"述己之功，过为崇护；数秦之罪，曲加诋诬"。其颠倒是非，于事理全悖；然辞令之工，自是战国纵横之肇端。《左传》叙《蔡声子说楚复伍举》，意在恢复伍举职位，却叙楚才晋用之四人，借宾形主，烘云托月，纵横捭阖，浑浩流转，绝妙之辞令，说服之范文。《左传》叙《郑子产坏晋馆垣》，子产极力表彰晋文公之盟主风范，与下一段作对叙，以映照出今不如古，晋平公不如晋文公之事实。先扬后抑，正反对衬，则是非、功过、得失、毁誉，昭然若揭，不待词费。

议论文之单元，如《春秋》书"天王崩"，《左传》错经以合异，写平王在位，周郑交质。迨桓王即位，而周郑交恶。周郑并称，二国平言，不待词毕，则天王下威，郑伯不王，但据直书，而善恶抑扬自见。君子曰引《采蘩》《行苇》，正以明天子诸侯之分际。明点信与礼，先断后议，是诛心之论。《春秋》书"冬十月，楚人杀陈夏征舒。丁亥，楚子入陈。"先书杀，后书入。此何以如此书？其中自有微辞隐义。《左传》原始要终，于叙事中寓论断，《春秋》书法乃昭然若揭。成公十四年《春秋》书"秋，叔孙侨如如齐逆女。九月，侨如以夫人妇姜氏至自齐"。《左传》"君子曰"所谓《春秋》五例，系针对《春秋》书逆书至而发。忌讳叙事之书法如是，其中蕴含诸多"推见至隐""不可以书见"之刺讥抑损微辞。《左传》为之归纳揭示，解经之功独大。《春秋》书"吴子使札来聘"，《左传》于是叙《季札观乐论国风》，举凡美学思潮、文艺思想、地理史观、文艺风格、审美理念，以及诗教乐教之决定论，知人论世之阅读论，以及批判理解之诠释法与接受论，或可从中求之。

（四）评林

先进时贤对《春秋左氏传》之解读、诠释、品评、鉴赏，自汉魏六朝至近代，质量十分可观。或就《春秋》经旨，发微阐幽；或据《左传》历史之事件与人物，褒贬予夺；或从史学与文学之视角，裁量优劣得失，评骘高下短长。其间，虽或见仁见智，然可资借鉴参考者极多。于是撷取英华，提示精粹，或先得我心之所同然，或异乎吾所闻所见，皆集成总汇于一编之中，而成"评林"一栏。

本书列"评林"一栏，作为《左传》之教材，其功用有四：一，"评林"与"鉴赏"对读，可以拾遗补阙，相得益彰。二，"评林"与"原典"对读，可以发现问题，成就学术生长点。三，"评林"提示亮点触发，形成问题意识，有助于读书报告之撰写、研究计划之构思、学术论文之提出。四，《左传》经典之传播、《左传》名篇于历代之接受反应、《左传》评点学之大凡，亦由此可见一斑。

壹 叙事文

概　说

　　古代史官，兼掌记事与记言，职司历史编纂；《礼记·经解》称："属辞比事，《春秋》教也。"属辞比事之法，就是历史编纂之学。刘师培曾称："原始要终，本末悉昭，为古春秋记事之成法。"《左传》叙事之文，往往体现比事属辞之教，妙用记言记事相兼之法，以及原始要终，本末悉昭之脉络。齐梁刘勰《文心雕龙·史传》称《左传》为："圣文之羽翮，记籍之冠冕。"唐啖助、赵匡表彰《左传》以历史叙事解经，谓："因以求义，而经文可知。"由叙事传统看来，以叙事解经，成为《左传》不同于《公羊传》《谷梁传》的特异功能。

　　文辞以叙事最难精工，而《左传》最擅长叙事。唐刘知几《史通·叙事》云："夫史之美者，以叙事为先。"《杂说上》评价《左传》之叙事，以为"工侔造化，思涉鬼神，著述罕闻，古今卓绝"。清方苞《左传义法举要》谓"《左传》叙事之法，在古无两"；《古文约选序例》称"（叙事）义法最精者，莫如

《左传》《史记》"。清章学诚《课蒙学文法》称叙事之法："离合变化，奇正相生，其法莫备于《左传》。"又云："文章以叙事为最难。文章至叙事而能事始尽，而叙事之文，莫备于《左》《史》。"从诸家之品评，《左传》叙事文的价值，可见一斑。

中国叙事传统，源远流长，发始于《春秋》，大备于《左传》，成熟于《史记》，《左传》位居枢纽地位：上承《春秋》属辞比事之教，下开《史记》之历史叙事、文学叙事，流变为史传、乐府、小说、戏剧。义昭笔削、属辞比事，为其中的关键法门。其事、其文、其义，为叙事的三要素；或笔或削，取决于义，其后衍为详略、重轻、异同、忽谨、隐显、有无的书法。或类比、对比史事，乃化成先后、主次、安排、措置的布局。或连属、修饰辞文，亦派生为虚实、曲直、因革、损益的文章义法。无论笔削、属辞、比事，要皆脉注绮交于其指义。

叙事文，最可见《左传》文体的特质。本书精选叙事文十大名篇，或为长篇，或为短章，分别记述克段、公薨、假道、争战、图霸、出亡、弑君、梦境、外交冲突等事件。《左传》叙事的精工美妙，蔚为信史实录，春秋一代的历史，借此可有具体而微的呈现。《史通·叙事》提示叙事之体有四：纪才行、书事迹、因言语、假赞论，辅以属辞比事之《春秋》教，读者熟此法门，即器以求道，对于研治叙事的传统、叙事的义法、叙事的艺术，乃至于《春秋》书法、史家笔法、古文义法，多有助益。

一、郑伯克段于鄢（隐公元年）

（一）原典

隐公元年：夏五月，郑伯克段于鄢。

〔传〕初，郑武公娶于申，曰武姜，生庄公及共叔段。庄公寤生，惊姜氏，故名曰寤生，遂恶之。爱共叔段，欲立之。亟请于武公，公弗许。

及庄公即位，为之请制。公曰："制，岩邑也，虢叔死焉，佗邑唯命。"请京，使居之，谓之"京城大叔"。

祭仲曰："都城过百雉，国之害也。先王之制：大都不过参国之一；中，五之一；小，九之一。今京不度，非制也，君将不堪。"公曰："姜氏欲之，焉辟害？"对曰："姜氏何厌之有！不如早为之所，无使滋蔓。蔓，难图也。蔓草犹不可除，况君之宠弟乎！"公曰："多行不义，必自毙，子姑待之。"

既而大叔命西鄙、北鄙贰于己。公子吕曰："国不堪贰，君将若之何？欲与大叔，臣请事之；若弗与，则请除之，无生民心。"公曰："无庸，将自及。"大叔又收贰以为己邑，至于廪延。子封曰："可矣，厚将得众。"公曰："不义不暱，厚将崩。"

大叔完聚，缮甲兵，具卒乘，将袭郑。夫人将启之。公闻其期，曰："可矣。"命子封帅车二百乘以伐京，京叛大叔段。段入于鄢，公伐诸鄢。五月辛丑，大叔出奔共。书曰："郑伯克段于鄢。"段不弟，故不言弟。如二君，故曰克。称郑伯，讥失教也。谓之郑志，不言出奔，难之也。

遂寘姜氏于城颍，而誓之曰："不及黄泉，无相见也！"既而悔之。

颍考叔为颍谷封人，闻之，有献于公。公赐之食。食舍肉，公问之，对曰："小人有母，皆尝小人之食矣，未尝君之羹。请以遗之。"公曰："尔有母遗，繄我独无！"颍考叔曰："敢问何谓也？"公语之故，且告之悔，对曰："君何患焉？若阙地及泉，隧而相见，其谁曰不然？"公从之。公入而赋："大隧之中，其乐也融融。"姜出而赋："大隧之外，其乐也泄泄。"遂为母子如初。

君子曰："颍考叔纯孝也，爱其母，施及庄公。《诗》曰：'孝子不匮，永锡尔类'，其是之谓乎！"

（二）语译

当初，郑武公娶了一位申国女子为妻，名叫武姜，生了庄公和共叔段。庄公出生时，脚先出、头后出，分娩困难，姜氏受到惊吓，因此给他取名叫寤生，从此便很讨厌他。姜氏喜欢共叔段，想册立他为世子，屡次向武公请求，武公不肯答应。

等到庄公继位为郑国国君，姜氏请求将制地作为共叔段的封地。庄公说："制地是形势险要的地方，虢叔曾经死在那里。其他地方都可以听命。"姜氏乃变更请求封京城（庄公同意了），让共叔段住在那里，就称他为京城大叔。

祭仲说："国都的制度，城墙周围的长度超过三百丈，就会给国家带来祸害。先王制定制度：大都邑的城墙，不超过国都的三分之一；中等的，不超过五分之一；小的，不超过九分之一。现在京城的城墙不合法度，这不是该有的，您将会忍受不了。"庄公说："姜氏要这样，我如何避免祸害呢？"祭仲回答说："姜氏怎会有满足的时候？不如早些做安排，不要让她滋生事端。一旦蔓延，就难以应付了。蔓延的野草尚且不易铲除，何况是您宠爱的弟弟呢？"庄公说："多做不合情理的事，必然会自取灭亡，您暂且等着瞧吧！"

不久，太叔命令西部和北部边境既听庄公的命令，又听自己的命令。公子吕说："国家不能忍受这种两面听命的情况，您打算怎么办？您要把君位让给太叔，下臣就去事奉他；如果不给，那就请除掉他，不要让老百姓产生其他想法。"庄公说："用不着，他会自食恶果的。"

太叔又收取原来两属的地方，作为自己的封邑，并扩大到禀延一地。子封（即公子吕）说："可以动手了！势力雄厚，将会赢得民心。"庄公说："没有正义，就不能号召群众；势力雄厚，反而会崩溃。"

太叔巩固城池，储备粮草，整治武器装备，充实步兵车兵，准备偷袭郑国都城。姜氏则打算作为内应，打开城门。庄公听到太叔起兵的日期，说："可以了。"就命令子封率领二百辆战车进攻京城，京城的人反对太叔。太叔逃到鄢地，庄公又赶到鄢地攻打他。五月二十三日，太叔又逃到共国。

《春秋》记载说："郑伯克段于鄢。"太叔所作所为不像胞弟，所以不称为"弟"；兄弟相争，好像两国国君交战，所以用"克"字；称庄公为"郑伯"，是讥刺他没有尽到教诲弟弟的责任；《春秋》这样记载，就表明了庄公（阴狠）的本意。不说"出奔"，是因为史官下笔有困难。

郑庄公就把姜氏软禁在城颍这个地方，发誓说："不到黄泉，母子不再相见！"不久，就后悔了。

当时颍考叔在颍谷做边疆长官，听到这件事，就献礼物给庄公。庄公请他吃饭，他把肉留下不吃，庄公问他原因，他说："我有母亲，我孝敬她的食物，她都已尝过了，却没有尝过君王赏赐的肉汤。我请求带给她吃。"庄公说："你有母亲可以孝敬，唉！我却没有！"颍考叔说："请问这是什么意思？"庄公就向他说明其中的原因，并且告诉他自己很后悔。颍考叔回答说："您有什么可担心的呢？如果掘地见到泉水，开挖出一条隧道，在里面相见，谁会说这不对呢？"郑庄公听从了颍考叔的建言。

庄公进了隧道，随口作诗说："身在大隧中，快乐如水乳交融！"姜氏走出隧道，也随口赋诗说："走出大隧外，心神舒畅爽快！"于是母子和乐，就像原来一样。

君子评论说："颍考叔是位纯正的孝子！敬爱自己的母亲，扩大影响到庄公。《诗经·大雅·既醉》说：'孝子的孝心没有穷尽，永远恩赐到同类。'说的大概就是这件事吧！"

（三）鉴赏

苏轼《论郑伯克段于鄢》有言："《春秋》之所深讥，圣人之所哀伤而不忍言者三"，除"父子之恩绝""夫妇之道丧"外，就是"郑伯克段于鄢，而兄弟之义亡"。父子、夫妇、兄弟之亲，天下之至情，竟然发生相残相害的人伦悲剧，不仅《春秋》载录，以为龟鉴；《左传》以史传经，叙事尤其详尽。《左传》叙事议论，往往关切五常之伦理，这跟左氏所标榜的"惩恶而劝善"的宗旨，以及经世资鉴的精神有关。

本篇虽是解经文字，但就创作论而言，无论情节布局、人物塑造、对话艺术，甚至劝善贬恶的功用，都符合中国古典短篇小说的标准。就人物形象塑造而言，篇中六人，无不穷形尽态，惟妙惟肖。清魏禧《左传经世钞》称赏说："此篇写姜氏好恶之昏僻，叔段之贪痴，祭仲之深稳，公子吕之迫切，庄公之奸狠，颍考叔之敏妙，情状一一如见。"尤其叙写郑庄公处心积虑欲陷共叔段于死地，可谓阴狠险诈。金圣叹批《才子古文》论本篇："一路写庄公，俱是含毒声，其辞音节甚短。"对话音节甚短，正是冷漠刻薄人的口吻。其他对话，除成功揭露性格外，在文中也都兼有推进情节、替代说明、交代枝节的效用，对话艺术十分成功。通篇在阐述兄弟之义、母子之恩方面，尤其着力。在论释经文部分，则拈出"郑志"二字，从行为动机方面去论断是非疑似，发挥孔子《春秋》强调的"诛心之论"，具体表现了劝惩精神。清王源《左传评》卷一称："'郑志'二字，将克段一案括尽，通篇若网在纲，千锤百炼"，这是从文章结构美的角度来说的。余诚也说："《左氏》体认《春秋》书法微旨，断以'失教''郑志'，通篇尽情发明此四字。以简古透快之笔，写惨剧伤残之事，不特使诸色人须眉毕现，真令郑庄狠毒性情，流露满纸。千百载后，可以洞见其心，真是鬼斧神工。"这是从《春秋》书法的发明来说的。中国史书、史传文学，乃至小说及其他文学之注重劝善惩恶的教化功用，本篇是一篇很有示范性的作品。古典小说叙写忌讳，所用"微辞""曲笔"，也都可从本篇及《左传》其他有关篇章寻到源头。

　　一般谈到情节的结构，大致以整体性、曲折性、自然性为原则；试拿来衡量本篇，俨然已将三者作完美的统一，提供给读者极大的审美趣味。首先，本篇叙写郑伯与共叔段及其母武姜间的恩怨情仇始末，自具首尾，形成一整体。其次，"郑伯克段"事迹，史事如此，不容杜撰，左氏只是顺理成章，因事命篇，自然而然，据事直书而已。至于因事命篇之余，读者又能体味其曲折变化之美，若非左氏剪裁安顿之妙，则不能为功。王源《左传评》卷一有段评语，谈到"文章贵乎变化"的意见，很有参考价值，他说："精严当变为疏宕，险峭当变为中庸，写儿女当变为英雄，写乱贼当变为忠孝。正忽变为奇，奇忽变为正，千变万化，不可端倪，然后方有生气，方能万古常新。"这是就全篇的风格或情节来说的。像本篇，叙郑庄公之残忍阴狠，未以"郑志"点破之前，先写其仁厚之假面孔；既点破之后，又写颍考叔之仁爱笃孝；再写庄公的对话，一路写来俱是

"含毒声"，到"不及黄泉"二语，可谓极点；以下庄公对话，则变化为"哀哀之音，孺慕之啼"。所以本篇情节结构当以"既而悔之"作为全篇的转折处，诚如金圣叹所云："以上，一篇地狱文字；以下，一篇天堂文字"；变化之妙，有如此者。

《左传》为编年体史书，相关事迹不相连贯。《左传》以历史叙事解释《春秋》经，"或先经以始事，或后经以终义，或依经以辩理，或错经以合异，随义而发"。郑庄公为一代枭雄，于春秋初，齐晋未盛，郑国最强，于是郑庄公企图称雄天下，《左传》以史传经，叙其交质、交恶、伐卫、侵卫、伐宋、侵陈、取戴、入郕、入许、战郎，乃至于发生周郑繻葛之战，大败王师，射王中肩，灭理犯分，君臣之道荡然，从此礼乐征伐自诸侯出，世局一变而为春秋之争霸，郑庄公实为首恶。此篇《郑伯克段于鄢》叙克段、囚母，正为上述事迹作先经、依经的叙事。

吕祖谦评价本文，谓为"十分笔力"；归有光称赏本篇："此《左氏》笔力之最高者"；或者赞其"鬼斧神工"，或者美为"文章之祖"，推崇可谓备至。余诚更提出本篇写作技巧，如"字法、句法、承接法、衬接法、衬托法、摹写法、铺叙断制法、起伏照应法，一一金针度与"。由于篇幅所限，无法在此一一论述。读者欲知其详，可参考清代王源《左传评》、冯李骅、陆浩同《左绣》、姜炳璋《读左补义》诸书。

（四）评林

1. 庄公才略尽高，叔段已在他掌握中。故祭仲之徒愈急，而庄公之心愈缓，待其段先发而后应之。前面命西鄙、北鄙贰于己，与收贰以为己邑，庄公都不管，只是放他去。到后来罪恶贯盈，乃遽绝之，略不假借。命子封帅师伐京，段奔鄢，公又亲帅师伐鄢。于其未发，待之甚缓；于其已发，追之甚急。公之于段，始如处女，敌人开户；后如脱兔，敌不及拒者也。然庄公此等计术，施于敌国则为巧，施于骨肉则为忍。此《左氏》铺叙好处，以十分笔力，写十分人情。（宋真德秀《文章正宗》卷十六）

2. 钓者负鱼，鱼何负于钓？猎者负兽，兽何负于猎？庄公负共叔段，共叔段何负于庄公？庄公雄猜阴狠，视同气如寇仇，而欲必致之死；故匿其机而使之狎，纵其欲而使之放，养其恶而使之成。甲兵之强，卒乘之富，庄公之钓饵也；百雉之城，两鄙之地，庄公之陷阱也。彼叔段之冥顽不灵，鱼尔！兽尔！岂有见钓饵而不吞，过陷阱而不投者哉？导之以逆，而反诛其逆；教之以叛，而反讨其叛，庄公之用心亦险矣！（宋吕祖谦《东莱左氏博议》卷一）

3. （《左传》）书周郑交恶曰："信不由中，质无益也。"是乃以天子诸侯混为一区，无复有上下等威之辨。唯公羊子于"克段于鄢"之下，书曰"大郑伯之恶"，为得之。（宋洪迈《容斋续笔》卷六）

4. 郑伯处心积虑成于杀弟。始言"姜氏欲之，焉辟害"，此全无母子之心。后言"必自毙""无庸，将自及""厚将崩"，分明逆料其罪恶贯盈，故都不管。所以祭仲之徒愈急，而庄公之心愈缓。吕东莱谓："公此等计，施于敌国则为巧；施于骨肉，

则为忍。"信是确论。然则为郑伯将若何？缓追逸贼，亲亲之道也。（明孙琮《山晓阁左传选》）

5. 从来风气之先必有一人以开之。春秋始终五霸，而郑庄者，固五霸之前驱也。观其权略，不在桓、文之下。左氏于隐、桓之际，以全副精神注射郑庄，读《左传》者，能理会得左氏写郑庄之文，则于五霸之文，皆迎刃而解矣。（明穆文熙《左传钞评》）

6. 此是二"初"、三"遂"之文。……一篇文字，凡用三"遂"字作关锁。此志姜氏之于庄公也，曰"遂恶之"，恶得急遽无理。亲所生子，何至于此？后志庄公之于姜氏也，曰"遂置于城"，置得急遽无理。身实生焉，何至于此？末结二人曰"遂为母子如初"，却正就他急遽无理处，一翻翻转来。于此可见圣人教人迁善改过，妙用如许。《左氏》备书之以劝戒后来，为一大部书门面，不诬也。（清金圣叹《唱经堂左传释》）

7. 通篇，要分认其前半是一样音节，后半是一样音节。前半，狱在庄公，姜氏只是率性偏爱妇人，叔段只是娇养失教子弟。后半，功在颍考叔，庄公只是恶人。到贯满后，却有自悔改过之时。（清金圣叹《天下才子必读书》卷一）

8. 春秋隐、桓之际，诸侯之强忍不仁者，无如郑庄公，而善为巧辞以文其说。试观易田曰假，袭纪曰朝，逐其弟而愧觊口，离其母而赋大隧，灭许而分其国，则曰我无利此土；射王而中其肩，犹曰不敢陵天子。其于君臣、母子、兄弟、邻国之间，莫不内肆奸贪，而外为恭顺。设有圣天子出，必以郑庄公为首诛焉。（清马骕《左传事纬》卷一）

9. 此篇写姜氏好恶之昏僻，叔段之贪痴，祭仲之深稳，公子吕之迫切，庄公之奸狠，颖考叔之敏妙，情状一一如见。（清魏禧《左传经世钞》）

10. 文章贵乎变化。变则生，不变则死。生则常新，死则就腐。如此篇叙庄公，残忍人也，阴贼人也。乃未写其如何残忍、如何阴贼，先写其仁厚。而既写其如何残忍，如何阴贼，又另写一孝子如何仁爱，如何笃孝。因写庄公如何念母，如何见母，如何母子如初。且曰纯孝、曰爱其母、曰孝子不匮，与前文固秦越之不相侔也。非变化之妙哉？千秋而下，生气犹拂拂纸上矣。（清王源《左传评》）

11. 依《经》立《传》，本在郑庄兄弟之际。开首却从姜氏偏爱酿祸叙入，便令精神全聚于母子之间。故论事，以克段于鄢为主；论文，以实母于颖为主。《左氏》最多宾主互用笔法，细读自晓也。（清冯李骅、陆浩同《左绣》卷一）

12. 俞桐川曰："通篇极形郑伯之奸、郑伯之忍。其奸且忍，直欲置其弟于死而后快，皆姜之爱段恶庄致之也。""请立""请京"，姜之于段，全是热心相待。"焉辟害""自毙""将自及""厚将崩"，郑伯之于段，全是冷目相看。直至"公闻其期，曰可矣"七字，方知郑伯有多少静听，皆所以养段之恶。而姜氏多少溺爱，皆所以酿段之祸也。（清高嵣《左传钞》）

13. 吴苏右曰："叙事夹议论，史迁作列传法从此悟来。考叔一番救正，其中用机锋处，极似战国人手段。至'掘地'数语，游戏三昧，则又渐入《滑稽传》矣。"《左氏》叙事之文，每以错综出奇。此传独用一直挨叙法，乃正锋文字，与《秦违蹇叔》等篇一样局势。但挨叙易板，看他节节顿挫，段段波澜，有多少层次，多少变换。化板为活，第一妙诀。末赞考叔之纯孝，正反照庄公之不孝。借宾印主，运意玲珑。（清张昆崖《左传评林》）

14. 庄公雄鸷多智，不特姜与叔段在其术中，并能臣祭仲、公子吕辈，亦莫测其所为。观其论虢叔之死，俨然为谋甚忠，娓娓可听。使无他日之事、不谓之仁爱之言，不可也。"可矣"，二字，俱见庄公平日沉几观变，至是乃奋然而起。古人作文，一句可作数十句用，此种最不可及。（吴曾祺《左传菁华录》）

15. 古人高文，多事外曲致，旁见侧出之处。此篇本诛庄公之不孝，但嫌直率，故幻出颍谷封人一衬以形容之。若为庄公文过者，实文字波澜曲致也。先大夫尝谓：文外曲致，乃精神旁溢之处。唯左氏、太史公时时有之，他人皆不逮矣！（吴闿生《左传微》）

16. 宗尧云：称考叔，以咏叹出之，其刺郑庄深矣！闿生案：此诡激谲宕之文也！明谓郑庄不孝耳，却吞吐其词，不肯径出，故文特婉妙。范彦殊云：不容其弟，反以锡类称之，正深刺之也。（吴闿生《左传微》卷一）

二、鲁桓公薨于齐（桓公十八年）

（一）原典

桓公三年：春正月，公会齐侯于嬴。

〔传〕会于嬴，成昏于齐也。秋，公子翚如齐逆女。修先君之好，故曰"公子"。齐侯送姜氏，非礼也。凡公女，嫁于敌国，姊妹则上卿送之，以礼于先君；公子则下卿送之。于大国，虽公子，亦上卿送之。于天子，则诸卿皆行，公不自送。于小国，则上大夫送之。冬，齐仲年来聘，致夫人也。

桓公十八年：夏四月丙子，公薨于齐。

〔传〕春，公将有行，遂与姜氏如齐。申繻曰："女有家，男有室，无相渎也。谓之有礼。易此，必败。"公会齐侯于泺，遂及文姜如齐。齐侯通焉。公谪之，以告。

夏四月丙子，享公。使公子彭生乘公，公薨于车。鲁人告于齐曰："寡君畏君之威，不敢宁居，来修旧好。礼成而不反，无所归咎，恶于诸侯。请以彭生除之。"齐人杀彭生。

（二）语译

桓公三年，鲁桓公和齐僖公在嬴地会面，和齐女订了婚约。秋季，公子翚前往齐国迎接齐女，重修了两国先君的友好关系，所以《春秋》称翚为公子。齐僖公护送姜氏出嫁，到达谠地，这是不合于礼的。凡是本国王室的女儿出嫁到同等国家，如果是国君的姊妹，就由上卿护送；若是国君的女儿，就由下卿护送。出嫁到大国，即使是国君的女儿，也由上卿护送。嫁给天子，就由列位大臣护送，国君不亲自护送。嫁到小国，就由上大夫护送。冬季，齐仲年前来鲁国聘问，是为了护送夫人姜氏来鲁国。

十八年春，桓公打算外出旅行，于是和姜氏一同到齐国去。申繻劝阻说："女人有夫家，男人有妻室，就不可以互相轻忽怠慢，这就叫有礼。如果违反了这原则，一定会坏事。"

桓公和齐侯在泺地会见，然后就和文姜到了齐国。齐襄公和文姜兄妹通奸。桓公指责文姜，文姜向齐侯告了状。

夏四月初十日，齐侯设宴款待桓公。派遣公子彭生帮助桓公登车，桓公死在车中。

鲁国人告诉齐国说："寡君畏惧君王的威严，不敢安居，来到贵国重修旧好。礼仪完成后，却没有回国，不知该归罪于谁，在国际社会造成了恶劣的影响。请求杀掉彭生，消除这种影响。"齐人杀死了彭生。

（三）鉴赏

1.《左传》与《春秋》，相互表里

左丘明著《左传》，解释孔子《春秋》，运用以义传经之方式有四：一，以补《春秋》者传《春秋》，如示或笔或削之义；二，以书法的解释传《春秋》，如说书或不书之义；三，以简洁之判断传《春秋》，如礼也、非礼也之义。四，以君子曰诸史论传《春秋》。由此观之，以义理哲学方式诠释《春秋》经，《左传》与《公羊传》《谷梁传》，各有千秋，皆有贡献。

除此之外，《左传》最具特色者，为以历史叙事方式解说《春秋》，简称以史传经。解经之意义与成就，于《三传》中最为重大。（参考徐复观《原史》）所谓以历史叙事解经，实即属辞比事《春秋》教之运用。汉桓谭《新论》谓：“《左氏传》于经，犹衣之表里，相持而成。经而无传，使圣人闭门思之，十年不能知也。”此就《左传》以史传经之贡献言之。欲解读《左传》叙《鲁桓公薨于齐》一章，若昧于属辞比事之《春秋》教，不明了其或笔或削之书法，未知忌讳叙事之施用，则其微辞隐义难知。简言之，若不推求《春秋》书法，而欲解读《左传》叙《鲁桓公薨于齐》之始末，难矣！

《春秋》书法，极关注内外远近。鲁，为孔子、左丘明之宗祖国，故《春秋》与《左传》叙写鲁事，若涉及君臣耻辱过恶，辄出以“微而显，志而晦，婉而成章”之书法，盖内辞宜曲笔讳书，所谓“为尊者讳耻，为贤者讳过”。如以“鲁桓公薨于齐”事件而言，唐刘知几《史通·类比》即云：“盖君父见害，臣子所耻，义当略说，不忍斥言。故《左传》叙桓公在齐遇害，而云：'彭生乘公，公薨于车。'"《左传》之历史叙事，不忍言却又不得不言，故但记首尾人事，而删略谋害过程，此忌讳叙事之一法。

2. "鲁桓公薨于齐"与《春秋》之忌讳叙事

桓公十八年（公元前694年），《春秋》书"公与夫人姜氏遂如齐"。《左传》释之曰："公将有行，遂与姜氏如齐。"宋高闶《春秋集注》云："不言'及'而言'与'者，《春秋》之法，以内'及'外，以上'及'下，以尊'及'卑，以中国'及'夷狄，皆以'及'者为主。而'与'者，不相属之辞也。今公不能制姜氏，乃与之同如齐，故变文示法，以不相属之辞书之。以见公之如齐，非公之志，夫人之志也。"与者，不相属之辞。故如齐，乃文姜之心志。高闶又谓："其曰'遂如齐'者，以见公本会齐侯于泺，以夫人继至，遂与以偕行。"宋胡安国《春秋传》另有别解，称"与者，许可之辞。曰与者，罪在桓公也。"盖桓公昏乱，不能制文姜，乃与之出会诸侯，进而如齐，终致祸难，而身殒贼手。申缭"女有家，男有室，无相渎也"之言，早质疑夫妻关系暧昧，将导致败坏，诚不幸而言中。《春秋》直书"公与夫人姜氏遂如齐"，良有以也。（宋刘朔（一作沈棐）《春秋比事》卷十九）

《春秋》，书"公与夫人姜氏遂如齐"，据《春秋》书例：遂者，继事之辞。《春秋》诸所谓遂者，其本意皆不在前事，而皆踵前事而加其之。先儒谓有归重之意，以此。（清张应昌《春秋属辞辨例编·书遂总论》）。鲁桓公于文姜，不能防闲，以至淫乱。《诗经·齐风·敝笱》述其本事而讽咏之，诗之三章曰："敝笱在梁，其鱼唯唯。齐子归止，其从如水。"言桓公于文姜，委曲从顺，若水从地，无所而不可。夷考其实，致乱者虽由文姜，然《春秋》治本慎始，故责罪桓公。（宋胡安国《春秋传》卷六）《春秋》文风谨严，以一字见褒贬，观《春秋》书"与"、书"遂"，微辞隐义如此曲达，非率然而作者，其中自有孔子"窃取（私为）之义"存焉。

《左传》解说《春秋》，采用预叙法，借申繻"女有家，男有室，无相渎也"之言，暗示不能齐家，将有灾患。以微婉显晦笔法，暗示桓公"遂与姜氏如齐"之结局，此行也，祸乱将作。申繻开口即言："女有家，男有室"，晓之以夫妇伦理纲常，已是欲言又止，留存若干想象空间。清周大璋《左传翼》云："秉礼之国，而帷薄不修，贻笑天下万世若此，申繻之谏，可不为之三复乎？"可惜桓公不悟，"遂及文姜如齐"。遂者，踵其事而加甚，变本加厉之词也。既至齐，姜氏有机可乘，遂与"齐侯通焉"。桓公不能以夫妇之礼防闲文姜，而放任之使穷其欲，桓公实难辞其咎。《春秋》书遂，皆归重于后，故本则书法之微言大义，当聚焦于"如齐"二字。始、微、积、渐，履霜坚冰至，《春秋》之所慎在此。

鲁隐公之弑，虽贼由公子翚，然桓公实与闻其事，且默许其弑。观隐公十一年《左传》之历史叙事，然后知《春秋》书"公薨"之书法，以及忌讳叙事之原委。（参考张高评《〈春秋〉曲笔、直书与〈左传〉之历史叙事——以书薨、称弑之书法为例》）桓公之位由篡弑而来，天理已难容，却又多行不义，败度违礼。尤其携淫艳之文姜以适强齐，无异自寻死路。宋李明复《春秋集义》概括桓公之行径，以为件件皆致死之由，如"逆行背天，逆鼎害庙，兵革岁兴，会盟数起，闺阃侈纵而弗知禁，邻国凶暴而弗知察，灾兴御廪而不知省，谪见上天而弗知惧，弃身他国而弗知戒，此桓公所以取齐之祸也"。《孟子·公孙丑上》谓："自作孽，不可活！"桓公之谓乎！

韩席筹《左传分国集注》卷二亦谓：鲁桓公身为篡逆，思挟强齐以自重，欲结大援以求免于弑君之讨。故一心希冀文姜欢心，以无失齐大之强援。不意，"以此为援者，而反以为仇；以此固位者，而反以丧身，多行不义者必自毙，洵理或无爽也"。因此，迨鲁桓公薨于齐，鲁国因恃齐畏齐，而不愿仇齐报齐。君王已薨于国外，外交辞令居然如此温文儒雅，表现几近软弱无能，只请齐国斩杀彭生以除恶而已。对于事件背后之弑君凶手，既未严词谴责，更未表态追究。吴闿生《左传微》卷一称："此讥鲁之不仇齐也！但叙其事，而意自见，《左氏》文妙处皆如此。"盖齐强而鲁弱，形势如此，纵然君王于齐遇刺，也只得息事宁人。鲁桓公丧命，缘于文姜私通齐襄公，实乃鲁国之奇耻大辱，贻笑国际。《春秋》书法，当为尊者讳耻，故书曰"公薨于齐"，可见忌讳叙事之一斑。

《史记·匈奴列传》太史公曰："孔氏著《春秋》，隐、桓之间则章，至定、哀之际则微，为其切当世之文而罔褒，忌讳之辞也。"《春秋》之忌讳叙事，不必然是"定、哀之际"，只要"切当世之文而罔褒"，则多出以忌讳之叙事。如叙记鲁事，因为属于内辞，故曲笔讳书者不少。关于"鲁桓公薨于齐"一事，事件关系人有三：鲁桓公、齐文姜、齐襄公。《春秋》出以忌讳叙事之书法，亦有三端：曰据事直书；曰曲笔讳书；曰属辞比事。论述于下：

《左传》成公十四年"君子曰"，提示孔子作《春秋》之书法五：微而显，志而晦，婉而成章，属于曲笔；尽而不污，即是直书。惩恶而劝善，则为著述之指义，一书之归趣。前四者，涉及或书或不书、或笔或削之取舍依违，交叉表现，即成如何书之修辞方法。如尽而不污，据事直书，不过取资实事，笔而书之，而是非功过，自见于文字之外。可以令言之者无罪，闻之者足以戒，故忌讳叙事亦多采行之。

朱熹治学，注重征实。以为孔子于《春秋》，"但据直书，而善恶自著"。《朱子语类·春秋纲领》谈说"桓公薨于齐"事件，称孔子直书，义在其中："云'公会齐侯于泺''公与夫人姜氏遂如齐''公薨于齐''公之丧至自齐''夫人孙于齐'，此等显然在目。虽无《传》，亦可晓。"直载实事，而是非自见。宋张洽《春秋集注》亦以为：观《春秋》直书上述事迹，则虽不明书齐人戕公，而桓公之不得其死，已昭然于书法之间矣。明姜宝《春秋事义全考》卷二，亦有近似之观点，不赘。

《春秋》直书："公会齐侯于泺、公与夫人姜氏遂如齐、公薨于齐"，见桓公自作孽，不可活；再直书"公之丧至自齐、夫人孙于齐"，见祸起萧墙，咎由文姜。祸根乱源直书叙记如此，足资鉴戒。就书法言，《春秋》直书"公薨于齐"，宋李明复《春秋集义》以为："公薨，齐襄害之也"，书地，所以凸显齐恶。鲁君薨，不于正寝路寝，却特书"薨于齐"，启人疑猜追索，此据事直书之效应。桓公薨于齐之始末，《左传》以史传经直书其事，《史通·叙事》所谓因言语而可知，唯书其事迹者。申缟语预叙于前，享公、公蒍、告齐、杀彭生事呼应于后，于叙事中寓论断，先断后案之法也。

孔子作《春秋》，或书或不书，皆攸关曲笔讳书，笔削以昭义之书法。《春秋》于桓公十八年春，书桓公与姜氏如齐。庄公元年三月，书"夫人孙于齐"，去其"姜氏"之姓氏。而庄公元年，《春秋》不书即位，清康熙帝《日讲春秋解义》所谓："明先君不以道终，不忍即位之义。"此时所谓继弑君不书即位也。或笔而书之，或削而不书，自有其微辞隐义。依据《春秋》书例："内弑君，薨而不地。"今书其地"于齐"，何也？宋赵鹏飞《春秋经筌》云："不地，则不知其弑也。不书'薨于齐'，则嫌鲁自弑，故书齐，以见文姜之罪。"清方苞《春秋直解》以为："不书于齐，无以别于如齐，或归自齐而道薨也。"

事异迹殊，或直书，或曲笔，其指义不同。汉董仲舒《春秋繁露·精华》称："《春秋》无达辞，从变从义"，法以义起，法随义变，此之谓也。

3.始微积渐之历史进程与属辞比事之书法

始、微、积、渐，为历史演变之规律，历史叙事必须因应其进程。《礼记·经解》提示："属辞比事，《春秋》教也"，可作为中国叙事传统之法门。何况《春秋》为编年体，相关事迹不相连贯，唯有发挥宏观视野，运用系统思维，始能将始、微、积、渐之事件，于"义以为经"之主导下，作丝牵绳贯之联结。属辞比事之《春秋》书法，正可以作为经典诠释之利器。

如"鲁桓公薨于齐"事件，排比相关之史事，连属前后之文辞，张本继末，探究终始，《春秋》都不说破之言外之意，将可以破译解读。宋家铉翁《春秋集传详说》谓："《春秋》书'公会齐侯''公与夫人遂如齐''公薨于齐'。先书'会'，继书'与'、书'遂'、书'薨'，夫人之淫乱失道，桓之死，襄之杀，并见而无以自隐矣。"先书、继书、三书、四书，排比史事，连属文辞而观之，则夫人之淫恣、与弑桓公，桓公之自作孽不得其死，襄公之为鸟兽行，皆昭然若揭，可以无传而著。

《春秋》书事，有只一书以见义者，不必属辞比事而可知。然事有始、微、积、渐，历史发展有渐而无顿，《春秋》叙事传人，往往屡书、再书、累书、不一书以见义，即为因应此种进程，同时为突破编年之限制而发。元程端学《春秋本义·纲领》有所谓大属辞比事、小属辞比事；清顾栋高《春秋大事表·读春秋偶笔》强调：治《春秋》"须合数十年之通，观其积渐之时势"。今考察"鲁桓公薨于齐"之事件，诸家解读孔子《春秋》之作义，不约而同，多采行属辞比事之诠释策略，如：

> 桓公三年，夫人姜氏至自齐；十八年，公与姜氏如齐，《春秋》特记其始末。记其始，以著姜氏于归之由。记其末，以著桓公丧身之故。其实，中间不能屡书也。至于桓公既薨后，会禚、会防、会谷、如齐师、享祝丘，见罪在庄公也。（清卢元昌《左传分国纂略》）

检索《春秋》经之叙事，就所记相关事件之终始，进行本末先后之通观，于是姜氏于归之由、桓公丧身之故，以及《春秋》"罪在庄公"之义，皆昭然可见。再翻检《春秋》经，叙桓公"薨于齐"之后，至庄公八年冬十有一月癸未，"齐无知弑其君（襄公）诸儿"止，有如下之记事：庄公元年，不书即位；三月，夫人孙于齐；二年冬十有二月，夫人姜氏会齐侯于禚；四年春王二月，夫人姜氏享齐侯于祝丘；五年夏，夫人姜氏如齐师；七年春，夫人姜氏会齐侯于防；冬，夫人姜氏会齐侯于谷。约见密会频繁如是，《春秋》屡书、不一书如此，于是论者据此谓庄公不能尽防闲之道，桓公不能慎有家之戒。类似之指义，多见于文字之外。顾栋高所谓"须合数十年之通，观其积渐之时势"，此之谓也。

清张应昌编著《春秋属辞辨例编》，有"屡书不一书比属之义"一章，亦持比事属辞之法，以考求《春秋》屡书、再书、累书、不一书义。其言曰：

> 七年，（《春秋》）连书十余事，志齐襄之淫恣，夫人之无耻；鲁庄之忘父事仇，纵母淫奔。更会狩、会伐以取媚，至元凶就殛而后已，为悖天逆理也。（清张应昌《春秋属辞辨例编》卷五三，《屡书不一书比属之义》）

"桓公薨于齐"之事件，《春秋》之叙记，堪称"原始要终，本末悉该"，切合古春秋记事之成法（刘师培《古春秋记事成法考》）。《春秋》于此事件之来龙去脉，屡书、再书、累书、不一书者，自庄公二年姜氏会齐侯，至八年齐无知弑襄公，七年之中，《春秋》载记齐襄公与夫人文姜相关之事件，连书十余事。如庄公二年冬十有二月，夫人姜氏会齐侯于禚。三年春王正月，溺会齐师伐卫。四年春王二月，夫人姜氏享齐侯于祝丘；冬，公及齐人狩于禚。五年夏，夫人姜氏如齐师；冬，公会齐人、宋人、陈人、蔡人伐卫。七年春，夫人姜氏会齐侯于防；冬，夫人姜氏会齐侯于谷。八年夏，师及齐师围郕，郕降于齐师；冬十有一月癸未，齐无知弑其君诸儿。

《春秋繁露·祭义》云："书之重，辞之复，呜呼，不可不察也。其中，必有大美恶焉。"以此"志齐襄之淫恣，夫人之无耻；鲁庄之忘父事仇，纵母淫奔。更会狩、会伐以取媚，至元凶就殛而后已"！其微辞隐义，多见于言外。观文姜与齐襄之鸟兽行，始自桓公十八年泺之会。故鲁桓知而谪之，不意惹来杀身之祸。清万斯大《学春秋随笔》以为：齐襄公敢于公然谋杀桓公者，"鲁弱素玩，而同（即鲁庄公）即吾甥（或疑其子），幼无能为，不足忌也"。何况，为文姜胞妹出气，故敢肆无忌惮，行险猎杀如是。

4.《春秋》书逆、书至，圣人恶鲁之娶齐女

孔子修《春秋》，于鲁君之娶齐女，颇表深恶痛绝，不惜口诛而笔伐之。此一微辞隐义，从《春秋》叙记鲁公之婚配，观其书"逆"、书"至"，或笔或削之书法，可以推求《春秋》鉴戒之义。

清张自超《春秋宗朱辨义》卷八，有详尽之阐说，略谓："《春秋》十二公，桓、庄、僖、文、宣、成，皆娶齐女；襄、昭、定、哀，皆不娶齐女。娶齐女，则（《春秋》）书'逆'、书'至'，独详；不娶齐女，则'逆'与'至'皆不书，而从略。

详于书齐女者，圣人恶鲁之娶齐女也。"由此观之，鲁桓公之娶齐女文姜，《春秋》桓公三年书："秋，公子翚如齐逆女。""九月，夫人姜氏至自齐。"成公十有四年，《春秋》书："秋，叔孙侨如如齐逆女。""九月，侨如以夫人妇姜氏至自齐。"成公婚娶齐女，《春秋》亦书"逆"，又书"至"，与桓公不异，《左传》有"君子曰"揭示《春秋》五例。张自超《春秋宗朱辨义》为此，亦有如上之发凡示例。《春秋》所以如此书写者，圣人以历史为龟鉴也。（详见本书第二十二篇《君子论〈春秋〉五例》）

《春秋》十二公之婚配，鲁君婚娶齐女者六宗，张自超《春秋宗朱辨义》曾归纳彼等之品德性情，以为"齐女固善淫焉，而又好杀。通齐侯者，齐女也；通庆父者，又齐女也与？杀其夫者，齐女也与？杀其子者，又齐女也。齐女世济其恶以乱鲁，鲁人当一戒之、再戒之矣！何用娶女必齐之姜哉？"娶齐女，既有此缺憾，如是之无良，因此，孔子《春秋》有"恶鲁之娶齐女也"之指义。文姜之淫恣，为鸟兽之行，得属辞比事书法之考察，益信。

通观《春秋》之叙记，夫人姜氏、齐侯襄公、鲁君庄公之形象与行径，跃然纸上。对于理解《左传》"鲁桓公薨于齐"事件之来龙去脉，自有助益。汉桓谭《新论》不云乎："《左氏传》于经，犹衣之表里，相持而成。"今解读《左传》之历史叙事，得《春秋》之属辞比事，乃更加相得益彰。

（四）评林

1. 鲁公弑而薨者，则以不地见其弑。今（《春秋》）书"桓公薨于齐"，岂不没其实乎？前书"公与姜氏如齐"，后书"夫人孙于齐"，去其姓氏。而庄公不书即位，则其实亦明矣。（宋胡安国《春秋传》卷六）

2. 孔子直书，义在其中。云"公会齐侯于泺""公与夫人姜氏遂如齐""公薨于齐""公之丧至自齐""夫人孙于齐"，此等显然在目。虽无《传》，亦可晓。（宋黎靖德编《朱子语类》卷八十三"春秋纲领"）

3.《春秋》书鲁君见弒之例有二：在内，则不书地，以存其实。在外，则不容不书其地，而以上下文之特异者见之。此先书"公与夫人姜氏如齐"，而明年书"夫人孙于齐"，又庄公不书即位。则虽不明书齐人戕公，而桓公之不得其死，已昭然于书法之间矣。（宋张洽《春秋集注》卷二）

4. 谢湜曰：公薨，齐襄害之也。书薨，讳也。书地，以见齐恶。孟子曰："祸福无不自己求之者。"逆行背天，逆鼎害庙，兵革岁兴，会盟数起，闺阃侈纵而弗知禁，邻国凶暴而弗知察，灾兴御廪而不知省，谪见上天而弗知惧，弃身他国而弗知戒，此桓公所以取齐之祸也。（宋李明复《春秋集义》卷十）

5. 内弒不书地，而此书地，何也？盖事异迹殊，不地，则不知其弒也。不书"薨于齐"，则嫌鲁自弒，故书"齐"，以见文姜之罪。（宋赵鹏飞《春秋经筌》卷二）

6. 今鲁桓败度违礼，挟淫艳以适他国，遂送死焉。《春秋》书"公会齐侯""公与夫人遂如齐""公薨于齐"。先书"会"，继书"与"、书"遂"、书"薨"，夫人之淫乱失道，桓之死，襄之杀，并见而无以自隐矣。（宋家铉翁《春秋集传详说》卷四）

7.《春秋》书"公会齐侯于泺""公与夫人姜氏遂如齐""公薨于齐""公之丧至自齐""夫人孙于齐"。虽无《传》,亦知公之不得其死,贼在齐侯,而衅由夫人矣!(明姜宝《春秋事义全考》卷二)

8. 刘知几曰:君父见害,臣子所耻,义当略说。不忍斥言,故叙桓公在齐遇害,而云:"彭生乘公,薨于车。"(明凌稚隆《春秋左传注评测义》卷四)

9. 按《诗·南山》序,襄公鸟兽之行,淫乎其妹。《史记》亦曰:齐桓夫人,襄公女弟也。夫人归鲁后,《经》《传》不言如齐,齐襄亦未尝来鲁。则其鸟兽行,亦始自泺行。故鲁桓知而谪之,而不谓遂贻杀身之祸也。襄之敢于行杀者,鲁弱素玩,而同即吾甥,幼无能为,不足忌也。然则,同非吾子之诬,又胡为乎来哉?(清万斯大《学春秋随笔》,《皇清经解》卷五十二)

10. 鲁君弑而薨者,以不地见其弑,而此书"薨于齐",何也?薨在外,不得不书其地也。然前书"公与夫人如齐",已见起祸之端;后书"夫人孙于齐",则去其姓氏,以正与闻乎弑之罪。庄公不书即位,以明先君不以道终,不忍即位之义。则虽书"薨于齐",而见弑之实,亦不可掩矣!(清康熙帝《日讲春秋解义》卷九》)

11. 文姜淫恣,为鸟兽之行,与弑桓公,狂走无忌。论者谓庄公不能尽防闲之道,桓公不能慎有家之戒,祸成于泺,而秽极于如莒。窃谓不然!礼首冠、昏,以其为人道之始也。合两姓之好,以为宗庙社稷主,盖莫重乎亲迎矣。鲁与齐密迩,亲迎之礼尤便。躬自图昏于嬴，而使公子翚逆女，齐侯溺爱，越礼以送。而桓公初未受室，于姜氏之祧，何轻重之倒置也？且羽父，弑君之贼也。昏姻，吉（嘉）礼之大者，而以凶人从事其间，公子彭生之兆成矣。（清高士奇《左传纪事本末》卷七）

12. 何用娶女必齐之姜哉？齐女固善淫焉，而又好杀。通齐侯者，齐女也；通庆父者，又齐女也与？杀其夫者，齐女也与？杀其子者，又齐女也。齐女世济其恶以乱鲁，鲁人当一戒之、再戒之矣！（清张自超《春秋宗朱辨义》卷八）

13. 姜氏在会明矣，而不书者，志不在会也。僖公及夫人姜氏会齐侯于阳谷，则志于会者也。阳谷之会，书公及夫人妇，从夫之辞也。此不书"及"，不以夫人属公也。凡此类，皆特文以发疑也。（清方苞《春秋直解》卷二）

14. 内弑君，薨而不地。此其地，何也？不书于齐，无以别于如齐，或归自齐而道薨也。（清方苞《春秋直解》卷二）

15. 言公，言夫人姜氏，不言公及夫人，外之也。遂，继事也，夫人则既会齐侯矣。曰"遂如齐"乎？无一人伏死而争，而弃之乎？鲁无臣也。三卿非其人，则谓之无臣矣。（清庄存与《春秋正辞》，《皇清经解》卷三百七十七）

16. 于外，则不可以不地。要必有以明辨之礼，以稗从死于馆有礼焉。于齐，旷如也，地如不地故也。终不忍言，何也？吾先君也，庄公之考也。婉而成章矣。（清庄存与《春秋正辞》，《皇清经解》卷三百七十七）

17. 旧疏云：鲁侯被杀，例不举地，故隐公、闵公直言"薨"而已。今此言齐，故如此解。按《谷梁传》云："其地，于外也。

君戕于外，于国危甚。国重君轻，故以国危为重。"以讳君耻为轻也。隐、闵不地，自缘不忍言地，臣子辞也。（清陈立《公羊义疏》卷十六，《皇清经解续编》卷千百八十九）

18. 开口"女有家，男有室"，分明中菁之言，言之丑也。而彼昏不知，兵在其颈，就之如饴，亦天夺其鉴，而授之首耳。秉礼之国，而帷薄不修，贻笑天下万世若此，申繻之谏，可不为之三复乎？（清周大璋《左传翼》）

19. 鲁不能报仇，而请杀彭生以除恶。果可除乎？恶弥甚耳。家则堂（铉翁）曰："齐、鲁虽婚姻之国，盟会未几，战争相寻，他盖敌国也。公一旦与姜氏如齐，殆天所以致弑逆之诛，非人之所能为也。"（清王系《左传说》）

20. 桓公三年，夫人姜氏至自齐；十八年，公与姜氏如齐，《春秋》特记其始末。记其始，以著姜氏于归之由。记其末，以着桓公丧身之故。其实，中间不能屡书也。至于桓公既薨后，会禚、会防、会谷、如齐师、享祝丘，见罪在庄公也。盖齐襄之立，虽在桓公十四年，文姜则为齐襄之妹，绥绥之狐，妄求其匹，必非朝夕之故。此"展吾甥兮"，见讽于齐人；"同非吾子"，鲁桓亦以为然也。呜呼！鲁桓弑隐，见杀彭生；卒之贝丘之田，齐襄又丧魄于人豕。天道好还，章章不爽。（清卢元昌《左传分国纂略》）

21. 此篇有叙无断。详申繻语于前，盖亦先断后案之法也。公薨事，不得不叙，又不忍详叙，只轻写几笔。而告齐语，则曲折隐跃，字字写得凄婉。齿冷之事，心恻之文。（清冯李骅、陆浩同《左绣》卷二）

22. 桓篡弑，天理所不容，其祸自取之。然诸儿与夫人之恶，不可恕也。故臣子之辞书薨、书丧，至以尊其君。虽被弑，而书其地，以恶齐；书葬，以斥鲁臣子之不能讨贼。理各得，而义綦严矣。（清刘沅《春秋恒解》卷一）

三、晋侯假道于虞以伐虢（僖公二年、五年）

（一）原典

僖公二年：虞师、晋师灭下阳。

〔传〕晋荀息请以屈产之乘与垂棘之璧，假道于虞以伐虢。公曰："是吾宝也。"对曰："若得道于虞，犹外府也。"公曰："宫之奇存焉。"对曰："宫之奇之为人也，懦而不能强谏。且少长于君，君暱之；虽谏，将不听。"乃使荀息假道于虞，曰："冀为不道，入自颠𫐄，伐鄍三门。冀之既病，则亦唯君故。今虢为不道，保于逆旅，以侵敝邑之南鄙。敢请假道，以请罪于虢。"虞公许之，且请先伐虢。宫之奇谏，不听，遂起师。

夏，晋里克、荀息帅师会虞师，伐虢，灭下阳。先书虞，贿故也。

僖公五年：冬，晋人执虞公。

〔传〕晋侯复假道于虞以伐虢。宫之奇谏曰："虢，虞之表也；虢亡，虞必从之。晋不可启，寇不可翫。一之谓甚，其可再乎？谚所谓'辅车相依，唇亡齿寒'者，其虞、虢之谓也。"

公曰："晋，吾宗也，岂害我哉？"对曰："大伯、虞仲，大王之昭也；大伯不从，是以不嗣。虢仲、虢叔，王季之穆也；为文王卿士，勋在王室，藏于盟府。将虢是灭，何爱于虞？且虞能亲于桓、庄乎？其爱之也，桓、庄之族何罪？而以为戮，不唯逼乎？亲以宠逼，犹尚害之，况以国乎？"

公曰："吾享祀丰洁，神必据我。"对曰："臣闻之：鬼神非人实亲，惟德是依。故《周书》曰：'皇天无亲，惟德是辅。'又曰：'黍稷非馨，明德惟馨。'又曰：'民不易物，惟德緊物。'如是，则非德，民不和、神不享矣。神所冯依，将在德矣。若晋取虞，而明德以荐馨香，神其吐之乎？"弗听，许晋使。

宫之奇以其族行，曰："虞不腊矣。在此行也，晋不更举矣。"

冬十二月丙子朔，晋灭虢。虢公丑奔京师。师还，馆于虞，遂袭虞，灭之。执虞公。故书曰"晋人执虞公"，罪虞，且言易也。

（二）语译

（僖公二年，公元前658年）晋国的荀息，请求拿屈地出产的马匹和垂棘出产的璧玉，向虞国借路通过，以攻打虢国。晋献公说："这是我的宝贝啊！"荀息回答说："如果能够向虞国借到路，东西存放在虞国，就好像放在你宫外的库房里一样。"

晋献公说："宫之奇还在虞国任职呢！"荀息回答说："宫

之奇的为人，懦弱而不能坚决进谏，而且从小就和虞君一起在宫里长大。虞君和他很亲昵，宫之奇即使进谏，虞君也不会听从。"于是就派荀息到虞国去借路。

荀息对虞公说："冀国无道，从颠轵入侵贵国，攻打贵国郇邑的三面城门。（导致敝国伐冀，而使）冀国受到损伤，也是为了君王的缘故。现在虢国无道，在客舍里筑起堡垒，以攻打敝国的南部边境。谨大胆请求贵国借路，以便兴师，到虢国问罪。"

虞公答应了，而且自己请求先去攻打虢国。宫之奇劝阻，虞公不听，就带兵攻打虢国。夏季，晋国的里克、荀息率军和虞军会合。进攻虢国，灭了下阳。《春秋》记载这件事说："虞师、晋师灭下阳"，把虞国写在前面，因为虞国接受了贿赂。

（僖公五年）晋献公再次向虞国借路进攻虢国。

宫之奇劝阻说："虢国是虞国的外围，虢国灭亡，虞国必定跟着亡国。晋国的野心不能助长，引来外国军队不能忽视。借道一次已经过分了，难道还可以再来第二次吗？俗话说：'面颊和牙床骨是互相依存的；嘴唇掀举了，牙齿便受冷寒'，这说的就是虞国和虢国的关系啊。"

虞公说："晋国是我的宗族，难道会伤害我吗？"宫之奇回答说："太伯、虞仲，是太王的儿子。太伯不从父命，所以没有继位。虢仲、虢叔，是王季的儿子，做过文王卿士，有功王室，受勋的记录还藏在盟府。晋国都准备灭掉虢国了，对虞国还有什么爱惜之意？况且晋国爱护虞国，能比晋国的桓叔、庄伯更加亲近吗？这两个家族有什么罪过？但是却都被晋国杀戮了，不就是因为两族人多势众，让晋国饱受威胁吗？亲近的人由于受宠就威胁王室，尚且无辜被杀害，何况侵占虞国，所得是一国利益呢？"

虞公说："我祭祀的祭品丰盛又洁净，神明必定保佑我。"宫之奇回答说："下臣听说，鬼神并不是亲近哪一个人，而只是依从有德行的人，所以《周书》说：'上天没有私亲，只对有德行的人才加以辅助。'又说：'祭祀的黍稷不芳香，美德才芳香。'又说：'人民祭品，不必费心变换，只有有德行者所供祭品，才被神所享用。'这样看来，国君没有德性，百姓就不亲睦，神明也就不来享用祭物了。神明所依据的，就在于德行修养。如果晋国占取了虞国，发扬美德作为芳香的祭品奉献于神明，神明难道会拒绝接受吗？"虞公不听，答应了晋国使者借路的要求。

宫之奇带着他的族人出走了，说："虞国过不了今年十二月的腊祭了。就是这一次军事行动，晋国不必再次出兵了。"

这年冬季（十二月初一），晋国灭亡了虢国，虢公丑逃亡到京城。晋军回国，驻军在虞国，乘机袭击虞国，灭亡了它。同时，晋国人逮捕了虞公。

因此，《春秋》记载："晋人执虞公。"表示归罪于虞国，而且说明事情进展得很容易。

（三）鉴赏

《春秋》书"虞师晋师灭下阳"，《三传》各有解说，繁简不同，书法各异。《左传》最称简要，只一七五字；《公羊传》最曲折详尽，凡三九九字；《谷梁传》居中，凡三五六字。《左传》以历史叙事解经，字数不过《公羊传》《谷梁传》之半。以简洁的判断说经，只著"先书虞，赂故也"六字而已。刘知几《史通·叙事》称："史之美者，以叙事为工"，标榜叙事尚简、用晦，《左传》有之。至于《公羊传》《谷梁传》，则先之以义解经，提示《春秋》"何以书"之义；再以"如何书"的叙事，接续于后。呈现以义解经、以史传经并存，交相辉映的特色。

《礼记·经解》称："属辞比事，《春秋》教也。"排比史事，可以观义；连属辞文，亦得以示义。《左传》解说《春秋》书"虞师晋师灭下阳"，主要体现在历史叙事方面。唐代刘知几《史通·叙事》，提示叙事之体有四：有直纪其才行者，有唯书其事迹者，有因言语而可知者，有假赞论而自见者。纪才行、书事迹、因言语、假赞论四法，《左传》《虞师晋师灭夏阳》一篇，其历史叙事多有所采用与体现。叙晋国君臣二人，荀息长于献策，献公善于听计；虞国君臣二人，虞公贪赂好宝，宫之奇不能强谏，《左传》叙事有直纪才行者，类此。《左传》叙晋"假道于虞以伐虢，虞公许之"；"宫之奇谏，不听"之原委本末，所谓唯书其事迹者。至于荀息出谋划策的内涵，荀息说服虞公的虚实，即因言语而可知者。文末"先书虞，赂故也"六字，无异于"假赞论而自见"左氏之史论。

《史通·叙事》所谓"因言语而可知"者，即是拟言、代言的设计，一般称为对话艺术。《三传》解释《春秋》"虞师晋师灭下阳"，荀息献公之相得，虞公宫之奇之扞格，乃至于荀息虞公之间尔虞我诈的对话，出于拟言、代言者，各有特色。对话设计之美妙者，一，可以刻画个性，表现情怀；二，可以推进情节，逆料未来形势发展；三，可用以展示场景，替代解说；四，可以交代枝节，统摄琐微。时远事隔，往往有赖对话加以统摄。《三传》比较，《左传》对话较朴质无华，唯荀息以假道说服虞公一段，为《公》《谷》二传所无。君子可欺之以其方，何况心存贪贿的虞公。《公羊传》《谷梁传》踵事增华，以《左传》言叙语叙为基础，添枝加叶，情节更加详尽，内容形象也更加充实圆融了。

《春秋》书法，有所谓先书、后书者，往往以序列见义。虞师晋师灭下阳之历史事件，晋人本为伐虢的主谋，主兵者也是晋国，但孔子作《春秋》，其书法却先书虞于晋。其中缘故，宋元以降《春秋》学者，百虑而一致，殊途而同归，歧义不多。如宋孙复《春秋尊王发微》卷五称："虞序晋上者，虞主乎灭下阳也。"宋程颐《春秋传》："虞假道，而助晋伐虢。虢之亡，虞实致之，故以虞为主。"宋胡安国《春秋传》卷十一："贪得重赂，遂其强暴，灭兄弟之国，以及其身，而亡其社稷，所以为首乎？"宋叶梦得《春秋传》卷八："虞贪晋赂，许之假道，而请先伐，故序晋上，疾之也。"宋高阅《春秋集注》卷十四："虞，贪赂忘亲，以师导晋，为之前驱，故圣人以虞首恶也。"宋赵鹏飞《春秋经筌》卷六："伐虢者晋，而灭虢者虞也。故圣人序虞为首，正其罪。"宋家铉翁《春秋集传详说》卷九："灭同姓之国，执天子之三公，是谓无王。《春秋》书灭于前，书执于后，讨晋也。"《春秋》序虞于晋之上，视虞为首恶，所以正其罪。

其中，阐述详尽，最具代表性者有二，清康熙帝《日讲春秋解义》卷十五曰："以虞为首恶也。晋非假道于虞，不能越境出师。而虞公贪赂，为晋所愚，忘唇齿之义，戕兄弟之邦。《春秋》盖深罪虞之灭虢，并以自灭也。故先书'虞师'，以着其罪。"清高士奇《左传纪事本末》卷二十四："虞公贪璧、马，而忘远图、弃忠言，不恤揖豺狼，以行堂奥之内，而更为之先驱。一之不已，且再焉。轻弃邻交，卒与俱毙。"至于下阳，乃虞国近王畿之都邑而已，并非国名，《春秋》何以书"灭下阳"？元赵汸《春秋属辞》卷十，以变文示义说《春秋》：谓"下阳，本天子畿内之地，虢公受封以为采邑，竟为虞师晋师所伐取。下阳既为天子之地，自非诸侯所得取。因不可与列国相争夺者同文，故变伐取而言灭，以大虞晋之罪。"（详参张高评《属辞比事与〈春秋〉诠释学》，第四章《〈春秋〉曲笔示义与〈左传〉之比事属辞——以书灭之书法为例》，不赘）

《左传》擅长叙事，亦工于记言。直质素朴的叙事，有了记言对话的穿插后，促使历史的演示，更加生动，也更加翔实。钱钟书《管锥编》十分推崇《左传》的记言，以为"实乃拟言、代言，谓是后世小说院本中对话宾白之椎轮草创，未遽过也"。《左传》记言的类别，也十分广博，外交辞令与臣下劝谏，为其中最重要的两种。像本篇，经由对话来叙事，更经由对话刻画性格，推进情节。虞公的愚昧、贪婪，不能远谋；宫之奇的明智、耿直、激切、透辟，苦口婆心，可谓呼之欲出；声情个性，可谓千载如见。由于虞公的个性缺陷如此，所以尽管宫之奇劝谏，字字激切，层层驳难，语语深切著明，仍然不能说服虞公而挽救亡国命运。可见，游说的成败，谈说的内容技巧固然重要，而接受者的个性心态，更有举足轻重的影响。本篇中宫之奇不能强谏，虞公愚昧贪婪，君臣如此，就注定不济事。

虞公的愚、贪个性，不可能接受劝谏，抛开这点不谈；宫之奇的劝谏，语语深切著明，层层批驳解难，自有可取处。假如听谏的对象换了人，是很有可能言听计从的。有关宫之奇的劝谏，分为三个部分：第一部分，以"唇亡齿寒"的具体形象语言为喻，强调虞虢相互依存的关系，可谓深切著明。第二部分，旁征博引，推断晋必灭虢害虞，主要针对虞公所提"晋，吾宗也，岂害我哉"所作的批驳。宫之奇将"宗"字分开亲疏来谈：就宗族源流来说，虢与虞较亲近，虢与晋则较疏远；回顾宗族自相残害的历史，曲沃桓叔、庄伯，是晋的近支亲属，尚且遭到晋的戮害，何况与其较疏远的虞与虢？层层驳难，一步紧似一步。林纾《左传撷华》评述本段谏词说："将虢是灭，是叫他从虢一边翻转看。视亲于桓、庄，又叫他从晋一边翻转看。犹字是纵笔，况字是收笔，文字精透极矣，词锋亦便利极矣。"这种手法，叫做"对面指点法"，由"将虢是灭"翻转来看，就成"将虞是灭"，而且是"借虢灭虞"。"亲于桓、庄"，翻转来看，即是虞国于晋，远不如桓、庄亲近。反面烘托，主文谲谏，以驳斥虞公执着于宗亲观念的谬误。第三部分，提出鬼神"惟依德""不亲人"，以劝醒虞公"神安其享，即是亲己"的谬思。谏词三引《周书》作佐证，增加其说服力；又运用类字的重现，达到强调效果。"德"字，运用七次，强调主题，不遗余力；"神"字四见，驳斥"神必据我"，亦煞费苦心。引《周书》处，一层紧于一层；连用类字处，颇见主客依违的深意。无一语直说虞公无德，纯从对面反掉衬映过来。臣之谏君，主文而谲谏，忌讳直言斥责，这是基本的礼数。

宫之奇劝谏之词，头头是道，金圣叹评为险、峭、健、辣之笔，可见《谷梁传》所述"宫之奇之为人也，达心而懦"；"达心则言略，懦则不能强谏"，绝非事实。只是虞君愚妄贪婪，实亦无可奈何。劝之不听，宫之奇遂预言晋必灭虞，此乃顺理成章之结局。而《左传》叙事，多预言吉凶祸福，而且应验不爽。于文章为伏笔，于史事，则权作后世之龟鉴而已。

以书法的解释传《春秋》，为左丘明《左传》以义传经四大法式之一。如僖公二年《春秋》书"虞师晋师灭下阳"，《左传》以历史叙事解经于前，再以"先书虞，贿故也"案断于后，治历史叙事、历史解释于一炉，蔚为最高的艺术。（杜维运《史学方法论》第十三章）僖公五年，《春秋》书："冬，晋人执虞公。"《左传》叙记宫之奇谏假道的本末原委，终则解说《春秋》"晋人执虞公"之书法，称"罪虞，且言易也"。是以简洁之判断传《春秋》。《左传》于历史叙事之外，尚有别识心裁之历史解释，此其所以卓荦不凡。

（四）评林

1. "虞师晋师灭下阳"，虞序晋上者，虞主乎灭下阳也。案：隐五年，邾人、郑人伐宋。庄十五年，宋人、齐人、邾人伐倪。

郑序郑上，宋序齐上。此虞主乎灭下阳可知也。（宋孙复《春秋尊王发微》卷五）

2.虞假道，而助晋伐虢。虢之亡，虞实致之，故以虞为主。下阳，邑也。虢之亡由此，故即书灭。（宋程颐《春秋传》）

3.晋人造意，以虞首恶，何也？贪得重赂，遂其强暴，灭兄弟之国，以及其身，而亡其社稷，所以为首乎？国而曰灭，下阳邑尔，其书灭，何也？下阳，虞国之塞邑，犹秦有潼关，蜀有剑岭，皆国之门户也。潼、剑不守，则秦、蜀破；下阳既举，而虞虢亡矣。（宋胡安国《春秋传》卷十一）

4.下阳，虢邑也。外取邑不书，此何以书？为灭虢也。虞贪晋赂，许之假道，而请先伐，故序晋上，疾之也。（宋叶梦得《春秋传》卷八）

5.晋实主乎伐虢，而《春秋》以虞为首，何也？贪赂忘亲，以师导晋，为之前驱，故圣人以虞首恶也。不曰虞人晋人，而曰师者，正著其恃众以凌虐也。（宋高闶《春秋集注》卷十四）

6.晋纳赂于虞，特假道而已，初不会虞同伐国也。虞公利虢危，从晋而要利焉，则伐虢者晋，而灭虢者虞也。故圣人序虞为首，正其罪。而说者以为恶其贪赂假道，遂至主兵，非也。（宋赵鹏飞《春秋经筌》卷六）

7.虢公为政于周，天子之三公也。晋自篡国以来，犹未登《春秋》之简牍。今以灭国之故始书之，以著其罪。灭同姓之国，执天子之三公，是谓无王。《春秋》书灭于前，书执于后，讨晋也。（宋家铉翁《春秋集传详说》卷九）

8.虞曷为序大国之上？三公封国，先庶邦也。此虢邑也，何以不系之虢？古者王畿千里，天子亲制之，寰内诸侯不与列国同也。非国而言灭者，重取天子之地，故变其文也。林少颖曰："天子之地，非诸侯所得取，故云'灭'，使若国然。"（元赵汸《春秋集传》卷五）

9. 晋国大而主谋，宜先晋；今先虞者，《左氏》以为贿者，其一也。虞公好货之君，一得晋赂，欣然许之。《传》载虞公请先伐虢，虞欲自效于晋，晋欲隐情于虞，发号兴师，友邦告命，必搁然身先于晋矣。《春秋》探其故，而先虞，此其情也。晋虽大国，而未主盟，以班次为序，自当先虞国。而曰灭，下阳邑尔，而书灭何？虢在畿内，逼近王都。下阳，采地。不言灭国者，讳之也。（明卓尔康《春秋辨义》卷九）

10. 扪虱谈曰：楚欲诱随，而惮季梁在晋；欲赂虞，而忌宫之奇存随。纳季梁言而政修，则在为有益。虞拒宫之奇之谏而贿入，则存亦徒尔。（明陈禹谟《左氏兵略》卷七）

11. 假道一也，虞虢相依，假之则自撤其藩；秦晋相持，假之则兼收其利。假所不当假，拒所不当拒，均败道耳！惜宫之奇与崔伯深言之，而不见用也。噫！（明陈禹谟《左氏兵略》卷七）

12. 晋越虞而伐虢，魏越赵而伐中山，其事类也。魏取中山而不能有，卒归于赵。晋下虢而并虞有之，盖虞晋不敌，不可以收渔人之功也。虞公不自量，欲为晋先驱，盖亦利虢之灭，非专贪贿耳。虞请先，而晋犹主兵，可见虞贪而浅，晋诈而深。（明宋征璧《左氏兵法测要》卷二）

13. 袁宏道曰：先说"虞之表"，后以辅车、唇齿申明"表"

之一字。"晋，吾宗也"二句，是虢公昏处。"太伯、虞仲"下十二句，正破"吾宗"之说。"且虞能亲于桓、庄乎？"八句，又深一层说话，言晋之亲族且以宠逼而戮害。"逼"之一字，正破"岂害"之说。至虞公托神"据我"，则其昏愈甚。而以"吐"之一字，破"据我"之说，尤见刺骨。（明张鼐《评选古文正宗》、清孙琮《山晓阁左传选》）

14. 虞公贪璧、马，而忘远图、弃忠言，不恤揖豺狼，以行堂奥之内，而更为之先驱。一之不已，且再焉。轻弃邻交，卒与俱毙。君子观假道之事，未尝不恨晋人之狡，笑虞公之愚，而利之足以败人国家如此也。（清高士奇《左传纪事本末》卷二十四）

15. 虞、虢唇齿相依，逼在晋之南鄙，而晋献公忮恨广欲，方有吞灭诸侯、狡焉启疆之志，盖未尝须臾忘南牧也。虢公荒虐，不恤神主，而徼福于淫昏之鬼；屡败狄师，矜其武功，不虞晋之欲寝处我也，天夺其鉴矣。（清高士奇《左传纪事本末》卷二十四）

16. 晋人为伐虢之谋，主兵者晋也，而先虞于晋，以虞为首恶也。晋非假道于虞，不能越境出师。而虞公贪赂，为晋所愚，忘唇齿之义，戕兄弟之邦。《春秋》盖深罪虞之灭虢，并以自灭也。故先书"虞师"，以著其罪。（清康熙帝《日讲春秋解义》卷十五）

17. 凭空起意，欲灭虢取虞，为一箭双雕之计，（荀息）料其臣，并料其君，洞若观火。既造假道之谋，又工假道之词。晋室谋臣，士芮而外，不多觏也。故献公倚为心膂而以傅奚齐，

而不知适以速之毙耳。从来倾危人包藏祸心，夷人宗社，定无好结果。一部《二十一史》中，如此类甚多。（清周大璋《左传翼》）

18. 借冀以形虢，又言虞能病冀以张虞。蒙古之假道于宋，其诱宋亦如此也。虢亡，虞随之；金亡，宋随之，前后一辙。可异者，季梁、宫奇两人，随、虢不能用，为敌国所畏忌，而皆窥破之。熊率且比曰："季梁在，何益？"荀息曰："虽谏，将不听！"何敌智而我愚耶？（清卢元昌《左传分国纂略》）

19. 恃亲，奇曰："虞不亲于桓、庄"；恃神，奇曰："神所冯依在德。晋取虞，而明德以荐馨香，神其吐之乎？"不愚亦猛醒，慦谏不从。虞之灭，虞自灭之也。（清卢元昌《左传分国纂略》）

20. 此篇传晋执虞公事，只一"易"字尽之。看其前议后叙，处处伏一"易"字。至末，一笔点出，绝世奇文。（清冯李骅、陆浩同《左绣》卷五）

21. 他只说个假道伐虢，我看来便是假虢灭虞。开口喝破，顽石亦应点头。须看其字字激切处，为全篇之纲领也。（清冯李骅、陆浩同《左绣》卷五）

22. 唐锡周曰：一个是极聪明人，一个是极懵懂人。聪明人开口，便说一"虢"字，全为假道起见也。懵懂人开口，便说一"晋"字，全为璧马起见也。洵乎人之贤不肖，开口立见也。（清冯李骅、陆浩同《左绣》卷五）

23. 二传皆详假道之谋，《左氏》独详假道之辞令。辞令之妙，固非（公羊）高、（谷梁）赤所敢争也。不唯假道，且请师矣，调令妙极。两"为不道"，借宾形主，参差中必有整齐，方成片段。说得甚轻，以预释其唇齿之忌也，妙妙！断语应起作结，妙只一字，简老之笔。（清冯李骅、陆浩同《左绣》卷五）

24.庄公十八年，虢公朝王；二十一年，伐子颓以纳王；三十年，奉王命讨樊皮，执之归于京师；闵公二年，败犬戎于渭汭；僖公二年，败戎于桑田。其尊王攘夷之功，虽齐桓弗能及矣，而谓亡国之君能如是乎？然不免于亡者，以小国邻狼虎之晋；而助晋为虐者，又有虞焉，故势有难存耳。（清李文渊《左传评》）

25.记言之文，左氏于一篇之中，往往详叙二次，多则四次、六次，取其整也。若详述三次，则难以对待，而章法裂矣！此篇已详荀息之对，与假道之辞，故宫之奇之谏，以四字括之。（清李文渊《左传评》）

26.开口遽下"外府"二字，可见意不在虢，目并无虞矣。起结，乃十分有势有力。（清陈震《左传日知录》）

27.左氏篇首，只用"虞必从之"四字，读后面文字，处处有此四字，奇绝。左氏作传，有先写后点者，有先点后写者，有中间点前后写者。此传先从宫之奇口中写照，却已活画一受执之虞公矣。至末一笔点出，便醒。《谷梁》略，《左氏》详，岂传述之不同乎？《左传》非记事书也，知此可读《左氏传》。（清盛谟《于埜左氏录》）

28.俞桐川曰："灭"者，难词也。"执"者，易词也。宫之奇三段议论，段段有几许层折，洞见情势。而虞公不悟，故变"灭"而言"执"。童谣一段，正为"虞不腊"句结案，而词极古奥，使前幅文气改一境界。下阳，虞、虢之塞邑，犹郑有虎牢，秦有潼关，蜀有剑岭，皆国之门户，不可失也。（清高嵣《左传钞》）

29. 今观宫之奇之谏虞公也，亦可谓反复剀切、痛哭流涕者矣！所谓懦而不能强谏者，已能不为荀息之所料；而虽谏不听，则息固如操左券于掌握之中者也。甚矣！贤者之不可测，而庸君终不足与言乎？观虞公之拒谏，可谓顽钝无礼之极矣。若此而不亡，未之有也。（清刘继庄《左传快评》）

30. 宫之奇三番谏诤，前段论势，中段论情，后段论理。层次井井，激昂尽致。奈君听不聪，终寻覆辙。读竟，为之掩卷三叹。（清吴楚材、吴调侯《古文观止》）

31. 此篇精神，全在一个"贿"字。虞、虢无怨，特以璧、马之故，遽请先伐，贿之力如此哉！观荀息开口便说屈产之乘、垂棘之璧，早已抬起"贿"字。公曰"吾宝"，息曰"外府"，反复辩论，惟贿之得失是计。至深探虞公之必不听宫之奇之谏，而后以璧马假道焉。则贿之惑人，不待虞公之许，而固知其必有当也。虎头画龙，点睛破壁。人第叹其点睛之妙，而不知其画一鳞一鬣时，全神已注阿堵也。（清王系《左传说》，清稿本）

32. 刘敞曰："左氏谓晋修虞祀，且归其职贡于王，故书曰：晋人执虞公。"非也。晋虞同宗，灭之，大罪也。虽其自欲文饰，修祀归贡，不足以掩其大恶，《春秋》曷为听之耶？林少颖曰："不云灭，而但云'晋人执虞公'者，圣人不忍周衰，诸侯再取其地，故不斥言，而微文以见其意。见晋人执天子三公，不道之甚矣。"（日本奥田元继《春秋左氏传评林》）

33. 钟伯敬曰：晋献公用荀息之谋而擒虞，虞不用宫之奇之谋而亡国，故荀息非霸王之佐，战国兼并之臣也。若宫之奇，则可谓忠臣之谋也。（日本奥田元继《春秋左氏传评林》）

34. 忠言不用，敌国生心，贤者之有益人国如此。厚赂以中其意，甘言以悦其心，痴人不晓事，那得不坠彀中？（吴曾祺《左传菁华录》）

35. 宫之奇心悯其愚，牢不可破，连举七个"德"字，苦苦醒他。曰依者，必主之谓也。曰辅者，舍是不可也。曰馨者，德足感神也。曰黍者，言舍此别无所仗也。曰非者，德外无第二途也。曰将者，揣摩其决如此也。曰明曰荐者，自己丢却机会以授人，人能虔事神灵，神亦不好意思以峻却之。综言德之关系于存亡，无所不至。故言之重叠，不惟不见其沓，且反复辩论，亦一步紧似一步。（林纾《左传撷华》卷上、吴曾祺《左传菁华录》）

36. 此一篇是愚智之互镜。虞公开口抱一"宗"字，继此抱一"神"字。其愚駭处，已从两语描出，宫之奇即分两项驳他。说到"宗"字，宫之奇即将宗字分出亲疏：虞號视晋，则號近于虞。犹恐驳他不倒，又出桓、庄二族。不但同宗，且属近支。近支尚尔，何况遥遥之华胄？一步紧似一步，将號是灭，是叫他从號一边翻转看，视亲于桓、庄。又叫他从晋一边翻转看。犹字，是纵笔；况字，是收笔。文字精透极矣，词锋亦便利极矣，乃犹不悟。（林纾《左传撷华》卷上）

37. 并兼之祸，始于春秋，晋楚为甚。《左氏》记此等议论，有惕心矣！涉及桓、庄，精神旁溢，文势一纵。古人文字远

胜后人者，实在此等。此文字死活之判也。（吴闿生《左传微》卷二）

38. 从晋君臣口中，先将虞之必亡，及宫之奇之不能强谏，一一倒摄取影。笔墨空灵，文势遒紧，此《左氏》定法。（吴闿生《左传微》卷二）

39. 吴氏曾祺曰：宫之奇两次进谏，前不著其语，而此独详述之。想此一篇奏疏之工，左氏亦赏之也。庸闇之君，其所以恃以自存者，祇有媚神而已。虞公之言，与随侯如出一口。此段盖借以形虞公之愚，与虢听命于神同意。（韩席筹《左传分国集注》卷五）

四、秦晋韩之战（僖公十五年）

（一）原典

〔传〕（僖公十三年）冬，晋荐饥，使乞籴于秦。秦伯谓子桑："与诸乎？"对曰："重施而报，君将何求？重施而不报，其民必携。携而讨焉，无众必败。"谓百里："与诸乎？"对曰："天灾流行，国家代有。救灾恤邻，道也。行道有福。"

丕郑之子豹在秦，请伐晋。秦伯曰："其君是恶，其民何罪？"秦于是乎输粟于晋，自雍及绛相继，命之曰泛舟之役。

（僖公十四年）冬，秦饥，使乞籴于晋，晋人弗与。庆郑曰："背施无亲，幸灾不仁，贪爱不祥，怒邻不义。四德皆失，何以守国？"虢射曰："皮之不存，毛将安傅？"庆郑曰："弃信背邻，患孰恤之？无信患作，失援必毙，是则然矣。"虢射曰："无损于怨而厚于寇，不如勿与。"庆郑曰："背施幸灾，民所弃也。近犹雠之，况怨敌乎？"弗听。退曰："君其悔是哉！"

僖公十五年：十有一月壬戌，晋侯及秦伯战于韩，获晋侯。

〔传〕晋侯之入也，秦穆姬属贾君焉。且曰："尽纳群公子。"晋侯烝于贾君，又不纳群公子，是以穆姬怨之。晋侯许赂中大夫，既而皆背之。赂秦伯以河外列城五，东尽虢略，南及华山，内及解梁城，既而不与。晋饥，秦输之粟；秦饥，晋闭之籴，故秦伯伐晋。

卜徒父筮之，吉。涉河，侯车败。诘之，对曰："乃大吉也。三败，必获晋君。其卦遇蛊䷑。曰：'千乘三去，三去之余，获其雄狐。'夫狐蛊，必其君也。蛊之贞，风也；其悔，山也。岁云秋矣，我落其实，而取其材，所以克也。实落、材亡，不败，何待？"

三败，及韩。晋侯谓庆郑曰："寇深矣，若之何？"对曰："君实深之，可若何！"公曰："不孙！"卜右，庆郑吉，弗使。步扬御戎，家仆徒为右。乘小驷，郑入也。庆郑曰："古者大事，必乘其产。生其水土，而知其人心；安其教训，而服习其道；唯所纳之，无不如志。今乘异产，以从戎事，及惧而变，将与人易。乱气狡愤，阴血周作，张脉偾兴，外强中干。进退不可，周旋不能，君必悔之。"弗听。

九月，晋侯逆秦师，使韩简视师。复曰："师少于我，斗士倍我。"公曰："何故？"对曰："出因其资，入用其宠，饥食其粟，三施而无报，是以来也。今又击之，我怠，秦奋，倍犹未也。"公曰："一夫不可狃，况国乎？"遂使请战，曰："寡人不佞，能合其众而不能离也。君若不还，无所逃命。"秦伯使公孙枝对曰："君之未入，寡人惧之；入而未定列，犹吾忧也。

苟列定矣，敢不承命。"韩简退曰："吾幸而得囚。"

壬戌，战于韩原。晋戎马还泞而止，公号庆郑。庆郑曰："愎谏违卜，固败是求，又何逃焉？"遂去之。梁由靡御韩简，虢射为右，辂秦伯，将止之。郑以救公误之，遂失秦伯。秦获晋侯以归。晋大夫反首拔舍，从之。秦伯使辞焉，曰："二三子何其戚也！寡人之从君而西也，亦晋之妖梦是践，岂敢以至？"晋大夫三拜稽首曰："君履后土而戴皇天，皇天后土，实闻君之言，群臣敢在下风。"

穆姬闻晋侯将至，以大子罃、弘，与女简璧，登台而履薪焉。使以免服衰绖逆，且告曰："上天降灾，使我两君匪以玉帛相见，而以兴戎。若晋君朝以入，则婢子夕以死；夕以入，则朝以死。唯君裁之！"乃舍诸灵台。

大夫请以入。公曰："获晋侯，以厚归也；既而丧归，焉用之？大夫其何有焉？且晋人戚忧以重我，天地以要我。不图晋忧，重其怒也；我食吾言，背天地也。重怒，难任；背天，不祥，必归晋君。"公子絷曰："不如杀之，无聚慝焉。"子桑曰："归之而质其大子，必得大成。晋未可灭，而杀其君，祇以成恶。且史佚有言曰：'无始祸，无怙乱，无重怒。'重怒，难任；陵人，不祥。"乃许晋平。

晋侯使郤乞告瑕吕饴甥，且召之。子金教之言曰："朝国人而以君命赏。且告之曰：'孤虽归，辱社稷矣，其卜贰圉也。'"众皆哭，晋于是乎作爰田。吕甥曰："君亡之不恤，而群臣是忧，惠之至也，将若君何？"众曰："何为而可？"对曰："征缮以辅孺子。诸侯闻之，丧君有君，群臣辑睦，甲兵益多。好我者劝，恶我者惧，庶有益乎！”众说，晋于是乎作州兵。

初，晋献公筮嫁伯姬于秦，遇归妹䷵之睽䷥。史苏占之，曰：“不吉。其繇曰：‘士刲羊，亦无衁也；女承筐，亦无贶也。西邻责言，不可偿也。归妹之睽，犹无相也。’震之离，亦离之震。’为雷为火，为嬴败姬。车说其輹，火焚其旗，不利行师，败于宗丘。’归妹睽孤，寇张之弧。’侄其从姑，六年其逋。逃归其国，而弃其家。明年，其死于高梁之虚。’”及惠公在秦，曰：“先君若从史苏之占，吾不及此夫！”韩简侍，曰：“龟，象也；筮，数也。物生而后有象，象而后有滋，滋而后有数。先君之败德，及可数乎？史苏是占，勿从何益？诗曰：‘下民之孽，匪降自天。僔沓背憎，职竞由人。’”

十月，晋阴饴甥会秦伯，盟于王城。……（秦伯）改馆晋侯，馈七牢焉。

蛾析谓庆郑曰：“盍行乎？”对曰：“陷君于败，败而不死，又使失刑，非人臣也。臣而不臣，行将焉入？”十一月，晋侯归。丁丑，杀庆郑而后入。

是岁，晋又饥，秦伯又饩之粟。曰：“吾怨其君，而矜其民。且吾闻唐叔之封也，箕子曰：‘其后必大。’晋其庸可冀乎？姑树德焉，以待能者。”于是秦始征晋河东，置官司焉。

（二）语译

（僖公十三年，公元前 647 年）冬季，晋国再次发生饥荒，派人到秦国求购粮食。

秦穆公问子桑：“卖给他们吗？”子桑回答说：“再一次给

他们恩惠，因而获得晋国报答，君王还要求什么？如果再一次给晋国恩惠，而晋不报答我们，他们的老百姓必然离心离德；等到百姓离心，然后再去征讨他，失去群众支持，就必然失败。"秦伯对百里奚说："卖粮食给他们吗？"百里奚回答说："天灾流行，各国总会交替发生的。救援灾荒，救济邻国，这是正道。按正道办事，会有福报。"丕郑的儿子丕豹身在秦国，请求攻打晋国。秦穆公说："我们嫌恶的是他们的国君，晋国的百姓有什么罪？"因此，秦国运送粟米到晋国，船队从雍城到绛城，络绎不绝，接连不断，被称为"泛舟之役"。

（僖公十四年，公元前 646 年）冬季，秦国发生饥荒，派人到晋国求购粮食。晋国人不卖给他们。庆郑说："背弃恩惠，就失去亲人；幸灾乐祸，就是麻木不仁；贪图所爱惜的东西，就会不吉祥；招惹邻国愤怒，就不合道义。这四种道德都丢失了，用什么来保卫国家？"虢射说："皮已不存在了，毛将依附在哪里？"庆郑说："抛弃信用，背离邻国，若有灾患，谁来救济？失去信用，就会发生灾难；失去救援，必定走向灭亡。这些，就是那样的。"虢射说："（即使粮食卖给秦国）也不会减少怨恨，反而增加敌人实力，不如不卖。"庆郑说："背弃恩惠，幸灾乐祸，是百姓所唾弃的。亲人尚且会因此结仇，何况是存怨的敌人呢？"晋惠公不听建言。庆郑退下来说："国君应该会后悔的！"

十五年一月壬戌（公元前 645 年），晋侯与秦伯在韩交战，晋侯被俘。

（僖公十五年，公元前 645 年）晋惠公返国继承君位的时候，秦穆姬把贾君托付给他，并且说："要接纳所有公子回国。"晋侯和贾君通奸，又不接纳公子们，因此穆姬就怨恨晋惠公。晋惠公曾经答应给中大夫馈送财礼，后来都背弃了承诺。黄河以西和以南的五座城，东边到虢略镇，南边到华山，还有黄河之内的解梁城，本来打算割让给秦伯，后来又不给了。晋国有饥荒，秦国运送粟米接济；秦国有饥荒，晋国却拒绝贩卖粮食，所以秦穆公攻打晋国。

秦卜徒父用筮草卜吉凶，得到吉兆。秦军渡过黄河，秦穆公的车坏了。秦伯追问原故，卜徒父回答说："这是大吉大利啊。晋军连败三次，晋国国君必然被俘获。占筮得到蛊卦，爻辞说：'一千辆兵车被三次驱除，驱除三次之后，获得了那只雄狐。'所谓雄狐，一定是指他们的国君。蛊的内卦是风，外卦是山。时令到了秋天了，风吹过山冈，吹落了果实，就可以取得木材。因此，这是胜敌的吉兆。果实落地，而木材丧失；不败，还等什么？"晋军战败三次，撤退到韩地。

晋侯对庆郑说："敌人深入国境了，该怎么办？"庆郑回答说："是君王让他们深入的，能够怎么样？"晋侯说："放肆无礼！"晋军占卜车右的人选，庆郑得到吉卦。但是，晋侯不用他，让步扬驾御战车，家仆徒担任车右。以小驷马驾车，是郑国所献的。庆郑说："古代参加战争，一定要用本国的马驾车。生长在自家的水土中，了解主人的心意，安于主人的调教，熟悉这里的道路；随你放到哪里，没有不如意的。现在乘驾国外出产的马来参与战事，马到了战场一恐惧，将会失去常态，就会不听指挥了。到时候鼻子怒气乱喷，狡愤充斥；血液在全身奔流，血管扩张突起；外表强壮，而内在气虚力竭。进也不可，退也不是，旋转也不能，君王一定会后悔的。"晋惠公不听。

九月，晋惠公将要迎战秦军，派韩简视察军队。韩简回复说："军队人数比我们少，其斗志却数倍于我们。"晋惠公说："什么原因？"韩简回答说："君王逃离晋国，仰赖秦的资助；返回晋国，用了秦的宠信；发生饥荒，吃了秦的粟米，三次恩惠，我们都没有报答。因此，他们才来的。现在又将迎击他们，我们士气懈怠，秦国奋发，斗志相差一倍还不止啊！"晋侯说："一个人尚且不可轻侮，何况是国家呢？"于是就派韩简去约战，说："寡人不才，能集合我的部下，而不能让他们离散。君王如果不还回，我们也没有逃避的意思。"秦穆公派公孙枝回答说："当年晋君还没有返晋，寡人为他担心忧惧；已经回国了，王位还没有安稳，我还是很担心的。如果现在君位已经稳定了，寡人哪敢不接受作战的指令？"韩简退下去说："我如果能被囚禁，就算幸运了。"

九月十四日，晋军和秦军在韩原作战。晋侯乘坐的小驷马，陷在烂泥里，盘旋不出，晋侯向庆郑呼喊求救。庆郑说："不听劝谏，违抗占卜，本来就是自求失败，又为什么要逃走呢？"于是就离开了。梁由靡驾御韩简的战车，虢射作为车右，迎战秦穆公的战车，将要俘虏他。庆郑因为呼叫梁、虢救援晋侯而耽误了俘虏，错失了秦伯。秦军俘获了晋惠公，胜利回国。晋国的大夫披头散发、拔起帐篷，一路跟随晋侯。秦穆公派遣使者辞谢说："你们为什么这样忧愁啊？寡人跟随晋君往西去，只是实现晋国的妖梦罢了，难道做得过分了吗？"晋国的大夫三拜揖叩头说："君王脚踩着后土，头顶着皇天，皇天后土都听到您说的话，下臣们恭敬地在下边听候吩咐。"

穆姬听说晋惠公的兵将要来到，带着太子䓨、儿子弘和女儿简璧，登上了高台，踩踏着柴草。她派遣使者，免冠束发，穿着丧服，前去迎接秦穆公，说："上天降下灾祸，让我秦晋两国君王相见，不是以玉帛礼品，而是兴动甲兵。如果晋国国君早晨进入国都，那么婢子就晚上自焚；晚上进入，就早晨自焚。请君王裁夺。"因此，秦穆公把晋惠公拘留在灵台。

大夫请求把晋侯带进国都。秦穆公说："俘获晋侯，本以为是带着丰厚收获回来的，但一回来就要发生丧事，这有什么用？大夫又能得到什么呢？而且晋国人用忧愁来感动我，用天地来约束我，如果不为晋国打算，这就增加了他们的愤怒。我如果不履行诺言，就是违背天地。增加愤怒，会使我难以承当；违背上天，会不吉利，一定要释放晋君返国。"公子絷说："不如杀了他，不要积聚邪恶。"子桑说："放他回国，而用他的太子作人质，必然会得到很丰厚的条件。晋国还不能灭亡，如果杀掉晋国君王，只会造成很坏的后果。再说，史佚有言：'不要发动祸患，不要依赖动乱，不要增加愤怒。'增强愤怒，会使人难于承当；欺凌别人，会招来不吉利。"于是，秦穆答应与晋国谈和。

晋惠公派遣郤乞告诉瑕吕饴甥，同时召他前来。吕饴甥教导郤乞说："召集都城的国人到宫门，用国君的名义给予赏赐。而且，告诉他们说：'孤即使返国，已经污辱到国家了。还是占卜问卦，立圉为王位继承人吧！'"郤乞回去照做了，大家一齐号哭。晋国因此而开阡陌作爰田，以赏众卿。吕饴甥说："吾王不为自己在外担忧，反而为群臣操心；这是最大的恩惠了，我们准备怎么对待国君？"大家说："怎样做才行呢？"吕饴甥回答说："征收赋税、修缮装备武器，以辅助继承者。诸侯听到我国失去了国君，又拥立了新国君；群臣相处和睦，装备武器比以前更多。喜爱我国的，就会勉励我们；讨厌我国的，就会害怕我们。这样，也许会有益处吧！"大家都很高兴。晋国从这时候起，建立州兵，开始改革兵制。

起初，晋献公为嫁伯姬给秦国而进行占筮，占到归妹卦变成睽卦。史苏解卦说："不吉利！卦辞说：'男人宰羊，不见血浆；女人拿筐，白忙一场。西邻责备，不可补偿。归妹变睽，没人相帮。'震卦变成离卦，也就是离卦变成震卦。'又是雷，又是火，胜利者姓嬴，失败者姓姬。车子脱离车轴，大火烧掉军旗，不利于出师，在宗丘打得大败。《归妹》嫁女，《睽》离单孤，敌人的木弓将要张舒。侄子跟着姑姑，六年之后，逃回自己所居。抛弃了他的室家，明年死在高梁的废墟。'"等到晋惠公沦落秦国，说："先君如果听从史苏的占卜，我不会落到这步田地！"韩简随侍在旁，说："龟甲，是形象；筮草，是数字。事物生长以后才有形象，有形象以后才能滋长，滋长以后才有数字。先君献公的败坏道德，难道可以数得完吗？史苏的占卜，即使听从了，又有什么用处？《诗经》说：'百姓的灾祸，不是从天而降。当面奉承，背后憎恨，主要都由于人的无良。'"

十月，晋国的吕饴甥会见秦穆公，在王城订立盟约……

秦穆公改变对晋惠公的待遇，让他住在宾馆里。馈送了牛、羊、猪等七副太牢的丰盛食品。

蛾析对庆郑说："为何不逃走？"庆郑回答说："让国君陷于失败，失败了不死反而逃亡；若出奔不受戮，又让国君错失了刑罚，这不是做臣下的样子。当臣下而不合于臣道，又能逃去哪里？"十一月，晋惠公回国。二十九日，杀了庆郑，然后进入国都。

这一年，晋国又发生饥荒，秦穆公赠送给他们粟米，说："我怨恨他们的国君，而怜悯晋国的百姓。况且我听说：唐叔受封的时候，箕子说：'他的后代一定昌大。'晋国应该值得期待的吧！我们姑且树立恩惠，来等待有才能的人。"从此以后，秦国就开始在晋国黄河东部征收赋税，设置官员。

（三）鉴赏

《左氏传》，为鲁史官左丘明所修纂。中国史官传统，源远流长，自《尚书》《春秋》以下，无论"欲往事不忘"之记注，或"欲来者兴起"之撰述，多以经世资鉴为依归。《左传》以历史叙事解说《春秋》，治乱盛衰之启示、成败兴亡之殷鉴，触处皆是，自不例外。要之，《左传》之比事与属辞，提供经世致用独多。清魏禧《左传经世钞·自叙》所谓："《左传》为史之大宗，古今御天下之变，备于《左传》。"

天下之变，莫大于侵、伐、战、役，《春秋》多征存之。《左传》成公十三年所谓："国之大事，惟祀与戎。"战争为涉外之大事，与国内大事之祭祀，等量齐观，皆备受重视，《春秋》多据事直书之。《左传》工于叙事，尤长于叙次战争，千古无出其右。春秋时代之战役，见于《左传》叙记，以晋楚城濮之战（僖公二十八年）、晋楚邲之战（宣公十二年）、晋齐鞌之战（成公二年）、晋楚鄢陵之战（成公十六年）、吴越笠泽之战（哀公十七年），最为知名。其他大小战役，《左传》亦多因事命篇，体圆用神，大抵"皆精心结撰而为之，声势采色，无不曲尽其妙"。吴闿生《左传微》卷四篇《秦晋韩之战》即其中一例。

《左传》叙记二百五十五年之春秋事迹，备载各式战役多达四百八十三次，其中规模较大之战争凡十四次。就战争形成与发展而言，起因、准备、经过、影响势所必叙，唯详略、重轻、去取、繁简有别。《左传》叙战，大抵凸显特征、随事赋形，故篇篇换局，各各争新。（参考沈玉成《春秋左传学史稿·左传的文学价值》）试比较本书所选《左传》四场战役：《秦晋韩之战》《宋楚泓之战》《晋楚城濮之战》《秦晋麻隧之战》，要皆如相体裁衣，异彩纷披；又如无何之树，随刀改味，真神品也！

为因应经世资鉴之历史使命，《左传》叙次战争，稽考成败得失，最所用心与致力。诚如《汉书·艺文志》所云："历记成败、存亡、祸福、古今之道。"因此，影响战事成败得失之所以然，依序为兵法谋略之高下，将领才性之美恶，军心士气之升降，武器装备之良窳，军队人数之多寡。《左传》叙战，多有具体而微之体现。譬如晋楚城濮之战，笔者已发表《〈左传〉叙战与〈春秋〉笔削——论晋楚城濮之战的叙事义法（上下）》一文，载《古典文学知识》2018年第四期、六期，可以互参。

中国叙事传统，滥觞于《春秋》，大备于《左传》，形成于

《史记》(参考张高评《〈春秋〉〈左传〉〈史记〉与叙事传统》)。今以《左传》叙秦晋韩之战为例(僖公十五年，公元前 645 年)，持属辞比事之《春秋》教，探论《左传》之叙战书法。《春秋》之笔削，如何转化为详略、重轻、显晦、曲直之书法？属辞比事之《春秋》教，如何运化为历史叙事、叙事之义法？多可以从中窥见一斑。《左传》叙次战争，叙事传人之焦点场景，与后世之史传小说不同，大抵以经世资鉴为依归，观秦晋韩之战，有具体而微之体现。

1.《春秋》属辞比事与《左传》之历史叙事

"原始要终，本末悉昭"，为古春秋记事之成法。《春秋》《左传》虽为编年体史书，然孔子作《春秋》，左丘明著《左传》，皆薪传此一本末叙事之书法。编年体之失，为相关事迹，星罗棋布，不相贯串。然"原始要终，本末悉昭"之历史叙事，适足以救济编年体之局限，令来龙去脉洞然，终始本末晓然。《礼记·经解》所谓："属辞比事，《春秋》教也。"灵活运用，可以提高读者历史叙事之阅读兴味与接受效益。(详参张高评《〈左传〉叙事见本末与〈春秋〉书法》，《中山大学学报》2020 年第一期)

始、微、积、渐，为历史发展之脉络与通则。春秋侯国间之军事冲突，自有其远因、近因、导火线、爆发点，《左传》以史传经，将事件之终始本末，交代清楚，记载明白，此固史官之天职。至于原始要终，叙事见本末，能令千载之下如见如闻，笔墨近化工，尤其难能而可贵。如秦晋韩之战，发生于僖公十五年。然《左传》关注远因，于僖公十三年，叙"晋荐饥，秦输粟于晋";十四年，叙"秦饥，乞籴于晋，而晋人弗与"。此《左传》叙事，"先经以始事"之例，即所谓"本末悉昭"之史笔。僖公十五年，叙秦晋韩之战原委，开宗明义，再重提"晋饥，秦输之粟，秦饥，晋闭之籴"。外加晋侯许赂中大夫，既而不与。于是，秦伯伐晋，乃师出有名。《左传》叙事传人，为救济编年体之缺失，往往运用提叙法，以提纲挈领总括散分，而凸显得失功过，是非成败。韩简视师，所谓"出因其资，入用其宠，饥食其粟，三施而不报"，亦借由拟言代言作为一篇之提叙。

就秦晋韩之战终始本末而言，近因在晋闭秦籴，远因则为惠公背赂失信。临阵，又闭谏违卜，于是秦获晋侯。总之，韩之战，其曲在晋。《左传》详叙晋惠公无道，韩战之必败可知。清王源《左传评》称："此文序晋惠公之丧败，全是自作之孽。而前序其获，后序其归。序其获，固见其孽由己作；序其归，更见其孽由己作。"清高士奇《春秋大事表·读春秋偶笔》释韩愈《赠卢仝》诗，称"究终始"三字最妙，此即比事属辞之法。《左传》之历史叙事，探究本末终始，即是古春秋记事成法之演化。

清方苞《左传义法举要》称："此篇大旨，在著惠公为人之所弃，以见文公为天之所启。"盖以宏观之视野，系统之思维鸟瞰全书，眼光未留滞于韩之战，亦未执着于晋惠公，已观照到重耳之兴晋，晋文公之称霸诸侯。且看《左传》叙"晋侯归，杀庆郑而后入"，知晋惠公虽遭困辱，无能改其忌刻恶行，所以为外内所弃。"晋饥，秦又饩之粟"一段，《左传》借箕子代言曰："姑树德焉，以待能者。"吴闿生《左传微》指出："惠公事才了，又透文公消息。"清王源《左传评》较早指出："序晋不亡，即伏文公之兴；秦不取晋，即伏穆公之伯。"犹东海霞起，总射天台，此《左传》历史叙事"究终始"之书法。

2.《春秋》比事见义与《左传》之叙事艺术

《史记·太史公自序》引董仲舒《春秋繁露·俞序》，述孔子作《春秋》云："我欲载之空言，不如见之于行事之深切著明。"比次史事，可以体现《春秋》之义；故古人作史，往往于叙事中寓论断（顾炎武《日知录》卷二十六)，《左传》《史记》多优为之，此之谓比事见义。（参考张高评《〈春秋〉书法与"义"在言外——比事见义与〈春秋〉学史研究》）

《左传》叙秦晋韩之战，重心焦点不在战事，而在晋惠公之败德无道，可作后世殷鉴。观其比次史事，或作类比，或作对比，而出以反对映衬法为多，此《左氏》叙事之艺术，亦历史编纂学之可取法者。以类比史事言，《左传》开篇叙晋惠公招怨、背赂、食言、失信，三施而无报。临战，再写其闭谏、违卜，秦遂获晋侯以归。晋大夫反首拔舍以从之，秦穆姬偕子女登台履薪以救之，晋吕饴甥会秦伯于王城以说秦，终于"改馆晋侯，馈七牢焉"。迨晋惠公归国，乃"杀庆郑而后入"。《左传》叙晋惠公"忌刻以敛怨，多怨以取败，能合其众以释怨而复国"，然不能释庆郑不逊之恨，器量之偏执狭隘，不能成大事。因此，秦穆公只能期待另一位"能者"重耳了。

类比叙事，犹修辞学之正衬；对比叙事，犹辞章学之反衬、对衬。论修辞成效，正衬不如反衬。尤其在忌讳叙事方面，对比成讽，无劳词费。就叙事传人而言，对叙亦远胜类叙。方苞《左传义法举要》曾举韩之战对比叙事之妙：

> （反首拔舍）以上，叙晋侯无一事一言之在于德，见其自取败亡。以下，叙晋群臣凛凛有生气，所以能归其君。……穆姬本怨晋侯，及被获，又以死免之。著穆姬之知义，正与晋侯之败德反对。……晋人凛凛有生气。未战之前，人皆知君之败；既败之后，人皆欲君之归。又与前反对。

晋惠无德，与晋群臣之有生气对叙；穆姬知义，与晋侯败德对叙；晋群臣于战前，知君必败；败后，信君必归，皆作前后相反相对之叙事，比事以见义，贬斥讥讽自在言外。再就《左传》叙战之常法言，往往敌我对叙，如韩之战，晋惠骄矜，秦穆恭逊，不待两军交锋，胜负成败即可预知。又如韩战之中，庆郑陷君于败；战后，不敢逃死；庆郑将死，其言顺，与战时谏君之语犯，相反相对。"秦伯树德，与晋侯敛怨反对；箕子之言，与史佚之言相映。"皆是其例。

方苞《左传义法举要》所谓"叙事之文，最苦散漫无检局。惟《左氏》于通篇大义贯穿外，微事亦两两相对"，晋楚城濮之战妙用对叙，秦晋韩之战之对叙亦颇采之。

3.《左传》之拟言代言与属辞约文以显义

唐刘知几《史通·叙事》，说叙事之体有四：直纪其才行，唯书其事迹二者，前所论《左传》韩之战类叙、对叙诸比事见义法近似之。其三曰因言语而可知，其四曰假赞论而自见，《左传》历史叙事多采行之。（唐刘知几《史通·通释》卷六）《史通·载言》称《左传》："言事相兼，烦省合理，故使读者寻绎不倦，览讽忘疲。"记事之中，时出记言之体，可以变化叙事之单调，引人入胜。由《史通》观之，记言固叙事之一体，世称为言叙，或语叙。对话之于叙事，作用有四：或刻画性格，或推进情节，或展示场景，或交代枝节，（张高评《左传之文学价值·词命》）《左传》叙事传人多用之；《左传》叙战之法，亦言事相兼，未尝例外。

钱钟书《管锥编》高度推崇《左传》之记言，以为"实乃拟言、代言。谓是后世小说，院本中对话、宾白之推轮草创，未遽过也"。今看《左传》叙秦晋韩之战，可悟"言事相兼，烦省合理"叙事法之一斑。清金圣叹《天下才子必读书》有如下之赞赏：

> 写秦伯语，又如骄奢，又如戏谑，又如真恳，妙！写晋群臣语，满口哀求，又并不曾一字吐实，妙！写穆姬语，无限慌迫，却只说得一片瓜葛何至于此，并不是悍妇要求，妙！

《左传》利用对话叙事传人，既刻画人物性格，又推动叙事情节，如金圣叹揭示秦伯语、群臣语、穆姬语，即其例。对话之作用，有绘声绘色，展示场景者，如庆郑预叙乘小驷之败，所谓"乱气狡愤，阴血周作；张脉偾兴，外强中干。进退不可，周旋不能"云云，出以对话，所谓借言记事，自是《左传》叙事之大宗。《左传》叙韩原之战，正面叙写战事无多。晋惠公所以见获，诸多可恼可怜之处，多出于他人之品评，运用侧笔见态表出，此《史通·叙事》所谓"假赞论而自见"者。清冯李骅、陆浩同《左绣》称："尤妙在卜右一段，句句说小驷，却句句写此公。将忌克人性情举动，刻划无遗。"记言可以刻画个性，此其显例。

韩简视师一段，《左传》亦借乙口叙甲事，直指秦伯伐晋之缘由："出因其资，入用其宠，饥食其粟，三施而无报"，晋曲秦直，可以知之。清王源《左传评》所谓："借韩简口中，结惠公从前多少行径"，随视师问对出之，浑然天成。晋惠公使韩简请战，"寡人不佞"云云，与城濮之战楚子玉"能进不能退"语，同是骄兵神气。吴曾祺《左传菁华录》谓："写一时战状，他人数百言方尽者，此只以一二言了之，可谓简括之极。此等境界，万难学到"，言叙之妙有如此者。

晋惠公之劣迹恶行，一言以蔽之，曰败德。妙在借由史苏之占，韩简指桑骂槐表出，巧妙点睛。韩简再引《诗·小雅·十月之交》，称"傅沓背憎，职竞由人"，比兴寄托，讽谕自在言外。诸家评论《左传》叙韩之战，多指"职竞由人"一语，为通篇之主（详见本书后文）。经由语叙带出文眼，叙事绝妙经营。全篇对话，在呼应惠公之败德；而重耳之将兴，借秦伯再次输粟，以对话预叙法出之，所谓"以待能者"。而秦穆终能称霸西戎，"姑树德焉"一语，亦可见端倪。

《左传》之叙事传人，拟言代言处，诚如钱钟书《管锥编》

所云："遥体人情，悬想事势，设身局中，潜心腔内，忖之度之，以揣以摩。"（钱钟书《管锥编》，第一六六页）观此，《左传》之对话艺术，美妙灵动，值得进一步全面探论。"晋献公筮嫁伯姬"一段，清王源《左传评》欣赏其结构精紧之美，以为虽短幅而有变化、断续、映带、借言、精警五妙。辞章之美，赏心悦目，亦颇耐观玩。

《左传》工于叙战，往往于未战之前，作无数翻腾，千澜万波，全为此一战役之胜负作张本。及叙至战状，寥寥不过数行即止。韩之战，叙"战于韩原"之前，于晋惠之败德败迹，已作若干提叙、类叙、对叙、语叙与预叙，几占全文一半篇幅。既战获归之后，又铺陈许多对话与词令，类叙、对叙、逆叙、串叙、提叙、结叙，兼而有之。结叙风韵尤佳，大有曲终江上之致。

清冯李骅、陆浩同《左绣》卷五称："凡大篇段落，必多佳处。全在每段自为提结，又段段递相联络。"此篇提叙特多，颇可见左氏属辞约文之工夫。王源《左传评》则以奇正化变，不可端倪之妙，品评本文，以为"开首四段，固以正为奇矣；又非以奇为正、以正为奇、以奇为正乎？"世间佳篇妙文，大抵多不犯正位，如借宾相形，反笔相射，藕断丝牵，不即不离之伦。（详参张高评《左传属辞与文章义法》，第二章《左传谋篇与属辞之义例》）清冯李骅、陆浩同《左绣》谓："韩原之战，正面着墨无多"，即指出此一特色。

4.《春秋》笔削之旨与《左传》详略之义

孔子笔削鲁史记，作成《春秋》经，历史编纂之际，史事必有去取从违，辞文自有因革损益。取舍损益之际，取决于独断别识之义，孔子所谓"丘窃取之"者，所以游夏之徒不能赞一辞。然就经典诠释而言，或笔或削之书法，吾人借其事，凭其文，自可以推求著述之旨趣。清章学诚《文史通义·答客问·上》曾作简要之提示：

> 史之大原本乎《春秋》，《春秋》之义昭乎笔削。笔削之义，不仅事具始末，文成规矩已也；以夫子义则窃取之旨观之……必有详人之所略，异人之所同，重人之所轻，而忽人之所谨。……而后微茫秒忽之际，有以独断于一心……此家学之所以可贵也。（清章学诚《文史通义校注》内篇五）

《春秋》载记一代之历史，其于东周之人与事，或书，或不书。其所书者，则笔之；不书者，则削之。元赵汸《春秋属辞》提示解读《春秋》之法，在"以其所书，推见其所不书；以其所不书，推见其所书"，以之互发其蕴，互显其义。（卷八）《春秋》经僖公十五年，书曰："晋侯及秦伯战于韩，获晋侯"，宋胡安国《春秋传》就或书或不书发论：

> 秦伯伐晋，而经不书伐，专罪晋也。获晋侯以归，而经不书归，免秦伯也。书伐、书及者，两俱有罪，而以及为主。书获、书归者，两俱有罪，而以归为甚。今此专罪晋侯之背施、幸灾、贪爱、怒邻，而恕秦伯也。（宋胡安

国《春秋传》卷十二）

宋胡安国诠释《春秋》之法，即以或书或不书，或笔或削，互发其蕴，互显其义。《春秋》专罪晋侯，故详叙背施、幸灾、贪爱、怒邻种种败德。欲恕秦伯，故《左传》于伐晋轻点略叙，而《经》不书伐。笔削与详略互文，亦由此可见。其他《春秋》学者释经，论点亦有相通处，如：

> 秦伐晋，不书；书晋侯，非予之也。明背施幸灾者晋侯，欲战者亦晋侯。书获晋侯，以贱之也。罪晋，故略秦。其事，则《左氏》详之矣。（清刘沅《春秋恒解》卷三）
> 获、执，事同而势异。彼不敢抗，则谓之执。抗不敢就执，则谓之获。不言以归者，穆姬以死要秦伯，秦伯不敢将晋侯以入国，舍诸灵台，故不言以归。皆从实而书之耳。（日本安井衡《左传辑释》卷五）

清刘沅《春秋恒解》特提书晋侯、获晋侯，以明非之、贱之之义。《春秋》书法，欲罪晋，故详晋而略秦，此以详略见笔削之义。日本安井衡《左传辑释》释《春秋》所以书"获晋侯"，不言以归者，援引《左传》叙事为证，指《春秋》据实直书。由此可见，言或不言，皆各有其义法。通全《经》事例而观照之，笔削之义可以如拨云雾，昭然若揭。

其后，《左传》以历史叙事说解《春秋》，《春秋》笔削之书法，遂衍化为详略互见之叙事义法，重轻、同异、忽谨之际，亦多寓含义法。如《左传》叙秦晋韩之战，叙晋惠公愎谏失德甚详，而秦晋交战事甚略。《左传》方叙秦筮伐晋，忽就筮词之"败"字，突接"三败及韩"。盖正战且不宜详，前此之三战三败，自当简略叙之。由此观之，通晓《春秋》笔削之旨，有助于运化详略之道。

汉董仲舒《春秋繁露·精华》称："《春秋》无达辞，从变从义。"方苞倡"义法"说，亦以为：义在笔先，法以义起，法随义变。《左传》叙秦晋韩之战，以历史叙事解经，亦专罪晋侯之背施、幸灾、贪爱、怒邻。故方苞《左传义法举要》称此篇，以"晋侯先事而败德，临事而失谋，孽由己作，作通篇关键"。详之、重之，一切剪裁结构皆脉注绮交于此。详略去取，重轻损益，一线文心，皆融贯于此一通篇之关键。

《左氏》叙秦晋韩之大战，并未正面叙写战况，只叙韩简与庆郑两段议论而已。所以然者，清周大璋《左传翼》以为："此两条，最此战大头脑，特为详叙，昌黎所谓记事必提其要也。"举凡叙事之大关键、大头脑，皆宜大书特书，详说重叙，提要凸显。晋惠公由于背施幸灾而致寇，又以愎谏违卜而致败，皆被获之缘由，所谓自作孽，不可活。故《左传》叙战，详写韩简与庆郑两段议论，而秦伯伐晋之是非成败可知，《左氏》之进退予夺可见，以史传经之劝惩资鉴亦得以索解。

5. 叙事之义法：义以为经，而法纬之

孔子作《春秋》，其义，则"丘窃取之矣"；谓《春秋》体现之"义"，出自孔子之独断与别识。世人临文，未下笔，先有此"义"；犹丹青绘事，先有成竹在胸，然后可以一挥而就。史

事之笔削取舍，辞文之因革损益，取决于其义之引领与指向。孔子作《春秋》如此，左丘明著《左传》，司马迁纂修《史记》，亦不例外。清方苞说古文义法，深得《春秋》书法之启益，曾言：

> 《春秋》之制义法，自太史公发之，而后之深于文者亦具焉。义，即《易》之所谓"言有物"也；法，即《易》之所谓"言有序"也。义以为经，而法纬之，然后为成体之文。（清方苞《望溪先生文集》卷二）

方苞说义法，"义以为经，而法纬之"二语，最称关键。史事如何编比？辞文如何修饰？取决于著述旨趣之"义"。换言之，义，攸关"何以书"；法，涉及"如何书"。如何书，自然受"何以书"之制约。义先存有，法后随之，此之谓"义以为经，而法纬之"。方苞说古文义法，又稍加演绎之，所谓"法以义起""法随义变""变化随宜，不主一道"，当更明白可晓。（张高评：《比事属辞与古文义法——方苞"经术兼文章"考论》）

《春秋》与《左传》之或笔或削，或详或略，固以旨义为南针；即排比史事，属辞约文，亦以其义为导航。乃至于原始要终，本末悉昭之属辞比事，亦以史义为指归。通篇之主、一篇之关键、脉注绮交、一以贯之处，即是义之所在。《左传》叙秦晋韩原之战，清王源《左传评》卷二曾拈出韩简引诗"职竞由人"一语，以为通篇之旨。前叙、后叙，皆就此义铺陈编比之。如：

此文序晋惠公之丧败，全是自作之孽，故"职竞由人"一语，乃通篇之主；而前序其获，后序其归。序其获，固见其孽由己作；序其归，更见其孽由己作。

其义之于篇章，犹一篇之警策，往往为画龙点睛所在。王源《左传评》拈出"职竞由人"一语，指为一篇大义。结处引《诗》，所谓"傅沓背憎，职竞由人"二语，清陈震《左传日知录》亦目为一篇之警策。左氏叙事，以"祸降自天"意相嘲弄，然后吞吐而言"职竞由人"。曲笔否决"祸降自天"，而坐实孽由己作，方是画龙点睛之笔。诚如陈震《左传日知录》所云：

> 点睛在结处，而全文字字为《诗》言写生。尤妙在层层皆以"祸降自天"。相为吞吐，作"松浮欲尽不尽云，江动将崩未崩石"之势。结处引《诗》，僧繇之龙破壁飞去矣。

《左传》叙韩之战，篇首总挈纲领，出以提叙，以见晋侯之背施、幸灾、贪爱、怒邻，因而失德致败。所谓"出因其资，入用其宠，饥食其粟，三施而无报"云云，堪称点睛之笔，提示秦伯伐晋之缘由，亦即前半幅立意之焦点。方苞《左传义法举要》多所提示：

> 此篇晋惠公以失德致败，篇首具矣。而中间愎谏违卜，临事而失谋，则非平昔败德所能该也。故因韩简之论占，

忽引《诗》以要逴前后。而篇中所载惠公之事与言,细大毕举矣。

晋杜预《春秋经传集解序》称:《左传》释经,"或先经以始事,或后经以终义,或依经以辩理,或错经以合异,随义而发"。或先、或后、或依、或错,皆从义而变,得董仲舒说《春秋》之妙,可与方苞所提"义以为经,而法纬之",相互发明。以义为统领,可以要逴前后,细大毕举,"放之,则弥六合;收之,则退藏于密",差堪比拟。《左传》解说《春秋》如此,叙事传人亦本此而发明之。晋惠公先事而败德,临事而失谋,故本篇之大义,聚焦在"职竞由人"("孽由己作")。方苞《左传义法举要》详加举证,如云:

> 失德失谋致败由人,则守义好谋,而转败以为功,亦由人。并晋群臣之戚忧以从君,惕号以致众,驰辞执礼以喻秦,皆一以贯之。而庆郑之孽由己作,亦包括无遗矣。叙事之义法,精深至此,此所谓出奇无穷。

"职竞由人"("孽由己作"),为《左传》秦晋韩之战一篇史义所在,亦惩劝经世之所在。叙事之先之、后之、依之、错之,皆准此而发。晋君之失德失谋,致败由人不由天;晋臣之守义好谋,转败为功,亦由于人事。晋群臣之从君,惕号致众,驰辞喻秦,一以贯之,皆由于人。甚至庆郑之自我作孽,亦不离"职竞由人"之篇旨。方苞《左传义法举要》称:"古人叙事或顺或逆，或前或后，皆义之不得不然。"义为经为先，法为纬为后，法以义起，法随义变，董仲舒所谓"从变从义"，杜预所谓"随义而发"，要皆叙事义法之要领与真言。

（四）评林

1.（《左传》叙秦晋相失本末）按此十数句，如大具狱，然真名笔也。（宋真德秀《文章正宗》卷十六）

2. 综括诸事以发因，《左氏》每多此法。而以（晋侯之入也）此段繁简得中，错落有态，尤为妙构。西山独取之，良有以也。（明孙矿《闵氏家刻分次春秋左传》）

3. 写秦伯语，又如骄奢，又如戏谑，又如真悬，妙！写晋群臣语，满口哀求，又并不曾一字吐实，妙！写穆姬语，无限慌迫，却只说得一片瓜葛何至于此，并不是悍妇要求，妙！（清金圣叹《天下才子必读书》卷一）

4. 此一段文字有数妙：惠公之归由伯姬，却反叙其获由伯姬，有变化之妙，一也。吕甥教晋人作州兵，紧接着会秦伯于王城，插入此段，有断续之妙，二也。与卜徒父之占词，遥遥相映，有映带之妙，三也。借韩简口中，结惠公从前多少行径，四妙也。将韩简再带一见，五妙也。看他结构精紧。（清王源《左传评》卷二）

5. 文章之妙，不外奇正。奇正者，兵家之说也。文章之道亦然：如叙一事，叙其起如何，结如何，成与败如何，忠与佞如何，始终次第，有条不紊，是非得失，判然以分者，正兵也。借宾相形也，反笔相射也，忽然中断，突然离也，所谓奇兵。

然而正固人之所易见也，奇亦人之所易知；若夫以正为奇，以奇为正，如雷电鬼神变化，不知其何自来、何自去、何自出、何自没，而能不为古人乖其所之者，亦寡矣。如此文，奇正之变，固已不可端倪，然犹以正为正，以奇为奇也。若夫开首四段，固以正为奇矣，又非以奇为正、以正为奇、以奇为正乎？（清王源《左传评》卷二）

6.此文序晋惠公之丧败，全是自作之孽，故"职竞由人"一语，乃通篇之主；而岁序其获，后序其归。序其获，固见其孽由己作；序其归，更见其孽由己作。故凡正叙其事者，皆正也。正固正，奇即为奇中之正矣。凡与其事相反者，皆奇也。奇固奇，正即为正中之奇矣。（清王源《左传评》卷二）

7.《左氏》精于义法，非汉唐作者所能望，正在此。盖此篇大指，在著惠公为人之所弃，以见文公为天之所启，故叙惠公愎谏失德甚详，而战事甚略。正战且不宜详，若更叙前三战三败之地与人，则臃肿而不中绳墨。宋以后诸史冗杂庸俗，取讥于世，由不识详略之义耳。（方苞《左传义法举要》）

8.韩原之战，正面着笔无多。前后都是写晋惠见获，可恼可怜处。尤妙在卜右一段，句句说小驷，却句句是写此公。将忌克人性情举动，刻画无遗。（清冯李骅、陆浩同《左绣》卷五）

9.凡大篇段落，必多佳处。全在每段自为提结，又段段递相联络。（清冯李骅、陆浩同《左绣》卷五）

10.卜庆郑吉，偏不用；小驷不调，偏用之；闻斗士倍我，偏激其怒；闻幸而得囚，偏趣进师。迨呼救公，反失秦伯；伯方脱走，反得公以归。奇奇幻幻，若有鬼神颠倒其间，几惊叹

于共世子之五里雾也。故下段点出"妖梦是践"。(清姜炳璋《读左补义》卷九)

11. 吕甥虽称谋国人材,而试问在国数年,何无一言匡救?临行决战,何仍寂无一语?郤乞与诸大夫在军,见韩简、庆郑忠言说论,何以无一人劝君采纳者?可知惠公平时背施幸灾等项,皆若辈有以长之耳。不为曲突徙薪之计,虽焦头烂额,亦何庸之有?秦伯伐晋,虽由穆姬"怨之"始,而惠公归国,亦赖穆姬一力保全。则当日献公筮嫁伯姬于秦,未为不全吉也。晋侯至此犹不自悔,而追咎于先君,将穆姬救死情由尽情扫去,总是弃信背施故智。(清卢元昌《左传分国纂略》)

12. 左氏叙战事,每先加意形容。一骄矜,一恭逊,不待两兵接刃,已可知其胜负之所在。(清邹美中《左传约编》)

13. 如此一大战,而左氏只叙韩简与庆郑两段议论。盖惠公既以背施幸灾而致寇,又以愎谏违卜而致败,皆被获之由,所谓自作之孽也。庆郑语戆,韩简言婉,大意则同。向使早从韩简之言,请平而不战,则必不败衄。即战,用庆郑为右,而不乘小驷,亦不还泞被获。此两条,最此战大头脑,特为详叙,昌黎所谓"记事必提其要"也。(清周大璋《左传翼》)

14. 晋侯之获,以愎谏违卜,而背施幸灾之恶先之。晋侯之归,以反首拔舍,而爱田州兵之作继之,此一篇大头脑所在。篇中用此为前茅后劲,其余只作游骑点缀耳。(清周大璋《左传翼》)

15. 韩之战,其曲在晋。秦获晋侯,而因晋人之忧戚,卒归而礼之,穆公于是乎有君人之度矣!臣熙曰:"叙晋侯背施、弃亲、违卜致败，次第井然，似碎实整，读之唯恐其尽。"臣正治曰："战韩之举，秦直晋曲，其败也宜，不必史苏之占矣！"臣（徐）乾学曰："晋大夫反首拔舍，哀痛之诚，上感皇天后土，仅而得济。田单之存齐，种、蠡之霸越，狐、偃诸臣之兴晋，皆以孤忠克成其烈。"（清徐乾学《古文渊鉴》）

16. 点睛在结处，而全文字字为《诗》言写生。尤妙在层层皆以"祸降自天"相为吞吐，作"松浮欲尽不尽云，江动将崩未崩石"之势。结处引《诗》，僧繇之龙破壁飞去矣。此叙述文字否？然有一字非叙述否？于此悟叙事法全在裁剪结构，而一线文心，融贯于无字句处。鸳鸯绣出，金针已度矣。（清陈震《左传日知录》）

17. 此段叙晋侯之败，乃人事之失，非尽关天道，与卜徒父之筮相对。晋侯忌克以敛怨，多怨以取败，能合其众以释怨而复国，皆由人也，故引《诗》以结通篇。（清李文渊《左传评》）

18. 左氏叙战事，每先加意形容。一骄矜，一恭逊，不待两兵接刃，已可知其胜负之所在。（清倪承茂《古文约编》）

19. 综括诸事，以发其因，《左氏》每多此法。（清孙琮《山晓阁左传选》）

20. 此篇是晋侯及秦伯战于韩传，而叙战甚略，意在秦晋曲直之际，明惠之无后，穆之所以霸西戎也。一篇大文，以筮起，以筮结。乍看之下，如两峰对青；再看之，前筮只是一事，后筮是一篇总摄处，已极参差文致矣。又细看之，将叙前筮，先叙惠公许多结怨处。既叙后筮，而急叙韩简之言，乃知韩原之败，总是人事，毫不得委之于数也。局阵整齐，又极变幻。

道理极平实，又极深婉。（清王系《左传说》，清稿本）

21. 历叙晋侯失德，为取祸之由，正以见秦伯此举，却非无名之师。庆郑忠臣，然讦直太甚，殊非进言之体。以夷吾之愎，无怪其不悦也。宽饶少和，吾无取焉。左氏博极群书，故每论物情，皆精微入理："乱气"四言，绝似《内经》中语。"请战"二语，与楚子玉"能进不能退"一样口气。写一时战状，他人数百言方尽者，此只以一二言了之，可谓简括之极。此等境界，万难学到。（吴曾祺《左传菁华录》）

22. 此篇前半，记惠公无道，明韩战之必败。后记晋诸臣败而不屈，以起晋侯之复归。（吴闿生《左传微》卷二）

23. 左氏叙诸大战，每于已败之国特见其长，不肯埋没，倍觉生动。才了战事，便提笔急写晋诸臣战后气概凛凛，所以能复其君。（吴闿生《左传微》卷一）

24. 朱氏受谷曰："子桑之言，主于欲取姑与；百里之言，主于作善降祥；秦伯之言，主于济人利物。然其实有沽名钓誉心肠在内，方是伯者真面目。"按：输粟耳，叙得轰轰烈烈，惊天动地。固是点染，亦以起下韩之战。（韩席筹《左传分国集注》卷五）

五、宋楚泓之战（僖公二十二年）

（一）原典

〔传〕僖公八年冬，宋公疾。大子兹父固请曰："目夷长，且仁，君其立之！"公命子鱼。子鱼辞，曰："能以国让，仁孰大焉？臣不及也，且又不顺。"遂走而退。

九年冬，宋襄公即位。以公子目夷为仁，使为左师以听政，于是宋治。故鱼氏世为左师。

十六年春，陨石于宋，五，陨星也。六鹢退飞，过宋都，风也。周内史叔兴聘于宋，宋襄公问焉，曰："是何祥也？吉凶焉在？"对曰："今兹鲁多大丧，明年齐有乱，君将得诸侯而不终。"退而告人曰："君失问！是阴阳之事，非吉凶所生也。吉凶由人，吾不敢逆君故也。"

十九年春，宋人执滕宣公。夏，宋公使邾文公用鄫子于次睢之社，欲以属东夷。司马子鱼曰："古者六畜不相为用，小事不用大牲，而况敢用人乎？祭祀，以为人也。民，神之主也。

用人，其谁飨之？齐桓公存三亡国，以属诸侯，义士犹曰薄德。今一会而虐二国之君，又用诸淫昏之鬼，将以求霸，不亦难乎？得死为幸。”

秋，宋人围曹，讨不服也。子鱼言于宋公曰："文王闻崇德乱而伐之，军三旬而不降。退修教而复伐之，因垒而降。诗曰：'刑于寡妻，至于兄弟，以御于家邦。'今君德无乃犹有所阙，而以伐人，若之何？盍姑内省德乎，无阙而后动。"

二十年冬，宋襄公欲合诸侯。臧文仲闻之，曰："以欲从人，则可；以人从欲，鲜济。"

二十一年春，宋人为鹿上之盟，以求诸侯于楚。楚人许之。公子目夷曰："小国争盟，祸也，宋其亡乎！幸而后败。"秋，诸侯会宋公于盂。子鱼曰："祸其在此乎！君欲已甚，其何以堪之？"于是楚执宋公以伐宋。冬，会于薄以释之。子鱼曰："祸犹未也，未足以惩君。"

二十二年夏，宋公伐郑。子鱼曰："所谓祸，在此矣！"

楚人伐宋以救郑。宋公将战，大司马固谏曰："天之弃商久矣！君将兴之，弗可赦也已。"弗听。

冬十一月己巳朔，宋公及楚人战于泓。宋人既成列，楚人未既济。司马曰："彼众我寡，及其未既济也，请击之。"公曰："不可。"既济而未成列，又以告。公曰："未可。"既陈而后击之，宋师败绩。公伤股，门官歼焉。

国人皆咎公。公曰："君子不重伤，不禽二毛。古之为军也，不以阻隘也。寡人虽亡国之余，不鼓不成列。"子鱼曰："君未知战！勍敌之人，隘而不列，天赞我也；阻而鼓之，不亦可乎？

犹有惧焉。且今之勍者，皆吾敌也。虽及胡耇，获则取之，何有于二毛？明耻教战，求杀敌也；伤未及死，如何勿重？若爱重伤，则如勿伤；爱其二毛，则如服焉。三军以利用也，金鼓以声气也。利而用之，阻隘可也；声盛致志，鼓儳可也。"

二十三年夏五月，宋襄公卒，伤于泓故也。

（二）语译

僖公八年（公元前652年）的冬天，宋桓公生病，病情很严重。太子兹父（即襄公）再三请求说："目夷（即子鱼）年长，生性仁爱，君王应该册立他为国君。"宋桓公就下令目夷（子鱼）继位。目夷推辞说："能够把国家礼让给别人，还有比这更大的仁爱吗？下臣远远不如！况且废嫡立庶，也不符合立君的顺序。"于是就快速告退。

九年春季，宋桓公逝世。宋襄公即位，当了国君，认为公子目夷仁爱，派遣他担任左师，协助处理政事，宋国由此安定太平。所以目夷的后人鱼氏，世世代代承袭左师的官位。

十六年春季，外太空五块大石头，掉落到宋国境内，这是坠落的星辰。六只鹢鸟向后退飞，经过宋国的国都，这是由于高空风大的缘故。成周的内史叔兴正在宋国聘问，宋襄公询问这两件事，说："这是什么预兆？吉凶在哪里？"叔兴回答说："今年鲁国有几件重大的丧事，明年齐国有动乱；君王将会得到诸侯拥护，然而却不得善终。"告退之后，叔兴对人说："国君询问得不恰当！这是有关阴阳的事情，和人事吉凶并无关系。是吉是凶，由人的行为做决定。我这样回答，是由于不敢违逆国君旨意的缘故。"

（十九年）夏季，宋襄公让邾文公杀死鄫子，来祭祀次睢的土地神，想借此招降东夷。司马子鱼说："在古代，马牛羊豕犬鸡六种畜牲，不能相互用来祭祀；小规模的祭祀，不杀大牲口；何况敢于用人作为牺牲呢？祭祀是为了人。百姓，是神的主人。杀人祭祀，有什么神会来享用？齐桓公恢复三个被灭亡的国家，以使诸侯归附，义士还说他薄德。现在君王主持一次会盟，而虐害滕、鄫两个国家的国君，又用来祭祀邪恶昏乱的鬼神。想要凭借这个来求取霸业，不是很困难吗？能够善终，就算幸运了。"

秋季，宋军围攻曹国，为了讨伐曹国的不肯臣服。子鱼对宋襄公说："文王听说崇国德行昏乱，就去攻伐他。攻打三十天，崇国不投降。文王退兵回国，修明教化，再去攻打，驻扎在过去所筑的营垒里，崇国就投降了。《诗经·大雅·思齐》说：'当嫡妻的模范，影响他的众兄弟，以此推广到一家一国。'现在君王的德行恐怕还有所欠缺，而以此攻打曹国，能拿它怎么样？何不暂且反省自己的德行，等到没有缺陷了，再采取行动。"

二十年，宋襄公想要会合诸侯。臧文仲听了，就说："委屈自己的愿望，服从众人的良善，是可以的；要勉强别人，屈从自己的愿望，就很少有成功的。"

二十一年春季，宋国和齐国人、楚国人在鹿上举行了会盟。便请求楚国，责成当时归附楚国的中原诸侯，奉宋襄公为盟主，楚国人答应了。公子目夷说："小国抢当盟主，这是灾祸。宋国或许会被灭亡吧！能失败得晚一点儿，就算幸运了。"

同年秋季，楚成王、陈穆公、蔡庄公、郑文公、许僖公、曹共公在盂地会见宋襄公。子鱼说："祸根应该就在这里吧！国君的欲望太过分，诸侯怎么忍受得了？"于是就在盟会上，楚国逮住了宋襄公，借此来攻打宋国。

　　冬季，诸侯在薄地会盟，释放了宋襄公。子鱼说："祸害还没有完了！一捉一放，还不足以惩罚国君。"

　　二十二年（公元前638年）夏季，宋襄公进攻郑国。子鱼说："所谓的祸乱，就在这里了！"

　　楚人进攻宋国，以救援郑国。宋襄公准备作战，大司马子鱼坚决劝阻说："上天抛弃我们殷商已经很久了，你力图复兴宋国，这是违背天意，不能赦免的啊！"宋襄公不听。

　　冬天，十一月初一日，宋襄公和楚人隔着泓水作战。宋军已经排好阵势，组成队列，楚军还没有全部渡河。司马子鱼说："楚军人数多，我军人数少，趁他们军队还没有全部渡过河，我请求君王下令，攻击他们。"宋襄公说："不行。"楚军完全渡过河了，但还没有排开阵势，司马子鱼又请襄公下达攻击令。宋襄公说："还是不行。"等待楚军排好阵势，然后宋襄公才下攻击令。宋国军队被打得溃不成军，宋襄公大腿受到箭伤，侍卫也牺牲了。

　　都城里的人都责怪宋襄公。宋襄公说："君子作战，不可以加重伤害敌人，不擒捉头发花白的敌人。古人行军作战，不靠关塞险隘取胜。寡人虽然是殷商亡国的后裔，也不会攻击没有摆开阵势的敌人！"司马子鱼反驳说："君王根本不懂战争！强敌当前，由于地形阻隘而来不及摆开阵势，这是上天在帮助我！把他们拦截，加以攻击，不也是可以的吗？这样做，尚且担心不能取胜。目前强大的国家，都是我们的对手，即使是老年人，俘虏了就不能放，管什么头发花白不花白。说清楚什么是耻辱，以此来教导士兵作战，就是要求多杀死敌人。敌人受伤而没有死，为什么不可以再伤害他一次？如果爱惜敌人伤患，而不再次加害，就不如不伤害他；爱惜他们头发花白的人，就不如向他们投降。军队，由于有利，才加以使用；鸣金击鼓，是用声音来鼓励士气。有利可用，在狭路上阻击，是可以的；鼓声大作，鼓舞了士气，攻击没有摆开阵势的敌人，自然可行。"

僖公二十三年（公元前 637 年）夏天五月，宋襄公去世。这是由于在泓水之战大腿受到箭伤的缘故。

（三）鉴赏

世所谓春秋五霸，历代指称不同。《荀子·王霸》，以齐桓、晋文、楚庄、吴阖闾、越勾践为五霸。此战国时所定。汉王褒《四子讲德论》，指五霸为齐桓公、晋文公、秦穆公、楚庄王、越王勾践。但是，东汉赵岐《孟子章句·告子下》、唐司马贞《史记索隐》，以齐桓公、晋文公、秦穆公、楚庄王，配上宋襄公为五霸，此乃汉儒之言。以《左传》所载史事看来，王褒列举的五伯（霸），较得理实。五霸中的齐桓、晋文、秦穆、楚庄，皆称霸于春秋前期，唯有晋国霸业持续一百二十余年。至春秋晚期，晋霸中衰，楚氛不竞，吴王夫差联晋制楚，越王勾践克吴胜吴，遂称霸一时。添一越王勾践，较合史实情理。司马贞《索隐》虽特提宋襄公，然宋襄公徒有求霸的雄心壮志而已，泓水一战，功败身亡，毕竟未克成霸。何况，论人品、胸襟、行事、格局，宋襄公在在与霸主之形象相去甚远。

《公羊传》表彰宋襄公，以为足以媲美周文王。衡事品人，不宜只截取泓水之战与子鱼论战之门面语，作片面之论断，应该原始要终，听其言，观其行，考察襄公十余年之动静云为。宋襄公之志，在兴复殷商，继踵齐桓，然而好大喜功，倒行逆施，其所作所为，枉道速祸一语足以概括。《左传》以史传经，僖公八年、九年、十六年、十九年、二十年、二十一年，以及二十二年，对于襄公志在求霸之心路历程，已作始、微、积、渐的原叙、类叙、语叙、琐叙，以及张本继末的系统叙事。（参考张高评《左传之文学价值·叙事》）吾人惟有实事求是，系统解读，始悟宋苏轼《宋襄公论》所云："宋襄公，非独行仁义而不终者也，以不仁之资，盗仁者之名尔。"虚仁假义，欺世盗名如此，而欲厕身五霸，难矣！

宋襄公即位以来，就处心积虑效法齐桓公，企图称霸天下。所以像"讨不服""合诸侯"、会盟、修好，甚至伐楚的这些霸主风范，宋襄公以齐桓公为榜样，萧规曹随，悉数照做。但是他的道德声望不够，政治实力不足，却又妄动干戈，介入国际纷争，妄想当霸主。从执滕子、祭邻君、伐曹国诸事件，足见襄公行事乖张，率性而为之一斑。所以司马子鱼常为他担心，再三警告他："祸犹未也！""祸在此矣！"可惜忠言逆耳，宋襄公根本听不进去。他可以杀无亏，用鄫子来祭社；何以独不能杀重伤、擒二毛？明陈禹谟《左氏兵略》卷九称："仁义可以治国，而不可以治军；权变可以治军，而不可以治国。"诚如子鱼论战所云："明耻教战，求杀敌也。"宋公不擒二毛，不喋血于楚军，是以仁义治军，其不可通可知。清高士奇《左传纪事本末》批评宋襄公："饰虚名以取实祸，此所谓妇人之仁也。以是图伯，不亦难乎！"（卷二十八）理或然也。

宋襄公既然志在图霸，因此，"以力假仁"，尊王攘夷，讨平叛逆，攻伐荆楚，以维持国际秩序，捍卫中原文化，就成了他经营霸业的重要措施。本篇涉及的伐郑、攻楚，以至于爆发宋楚泓之战，都是宋襄公一心图霸的行动。楚自春秋以来，日益强大，威逼中原，齐桓创霸二十年，最终未能克楚，只是盟于召陵而已。宋襄公不修内政，不恤民人，而且骄纵轻敌，刚愎自用，却妄想胜楚求霸，终致兵败泓水，国辱身死，图霸不成，为天下笑。宋襄公图霸不成，究其原因，不外好大喜功，刚愎轻敌，可为天下后世殷鉴。

宋襄公刚愎自用，不听劝谏，表现在以人祭祀、为盟为会、欲合诸侯、伐郑伐楚，导致楚人扣留宋襄公，进而伐宋。幸好，后来楚人将他释放了。待楚人伐宋以救郑，于是有宋楚泓水之战。将战，大司马劝谏勿战，盖深知楚强不可敌，一败将不可收拾。宋襄公既未听从，执意参战，司马乃临阵献策，建议制敌于危，以求胜利。宋襄公连续以"不可""未可"，拒绝了建言，导致名败身伤，霸功不成。刚愎自用所付出的代价，实在太大了。十六年春，"陨石于宋，五。六鹢退飞，过宋都"，宋襄公问周内史叔兴："是何祥也？吉凶焉在？"对曰："君将得诸侯而不终"，预言吉凶，何等直接明快！《左氏》或以天文吉祥昭戒，或以子鱼危言示警，已多方巧用预叙法，再三提撕未来情势之发展。

宋襄图霸，见诸行事，子鱼先以"君欲已甚，其何以堪之"，警示襄公，不悟。《左传》不惮其烦，叙司马子鱼谏言，预示警戒者五，看似幸灾乐祸，实则语重心长。其一曰："祸犹未也，未足以惩君。"其二曰："祸其在此乎！"其三曰："祸犹未也，未足以惩君。"其四、其五皆曰："所谓祸，在此矣！"就叙事手法言，三番五次，皆用预叙法。《春秋繁露·祭义》所谓："书之重，辞之复，呜呼！不可不察也。其中，必有大美恶焉。"襄公枉道速祸，自我造孽，欲以此求霸，无异缘木而求鱼。公子目夷（子鱼）虽苦口婆心，提撕再三如此，无奈襄公执迷不悟。

宋襄公即位以来，以子鱼为左师。每有举措，子鱼无不劝谏，却无一听从。枉道速祸，宋襄公可谓自作自受。当初宋襄公决定迎战楚军以求霸，已是螳臂当车，全不审时量力；及至临战，反又迂阔起来：君子之战，仁义之师所谓的"三不"，实际上是贼己害民。兵败而仍执迷不悟，还要饰词曲说，无异自欺欺人。子鱼之论战当矣！宋襄公的行径，明陈懿典《读左漫笔》推想："或者自料其非楚敌也，而托于'不鼓不成列'之说以自解。不然，违礼而战，战又不克，名实两丧，其何说之辞？"其说值得采信。《公羊传》片面称美宋襄公"虽文王之战，亦不过此也"，论断恐怕有失公正。由于宋襄公的迂腐可笑，于是后人将天下愚人都说成宋人，如《孟子》所说"揠苗助长"者，《韩非子》中"守株待兔"者，《战国策》中"学成名母"者，《列子》中"负暄献芹"者，"杞人忧天"者，《淮南子·泛论》所谓"古之伐国，不杀黄口，不杀二毛，于古为义，于今为笑"，刻舟求剑，不合时宜，是造成笑话的主要原因。

的确，古之伐国者，确有"不杀重伤，不禽二毛，不以阻隘"，不弃死伤未埋，不薄人于险困的不成文戒律。这种"不推人厄，不攻人危"的精神，洋溢着人性的光辉，落实于道德的发用，曾是诸侯间相互约定的"国际公法"（详见洪钧培《春秋国际公法》），也是宋襄公心向神往的"君子之战"。但是时移势迁，诸侯图求霸业，方以侵伐为能事，并吞为目的，居今之世，思行古代之法，自然迂阔扞格，不可施行。何况治国的伦常道德，与行军用兵之策略，往往不能相容；只要能压胜对手，克敌致果，即使阴谋诡道亦在所必讲，何况救亡方能图存，胜楚始能定霸？

宋公拒谏，一曰"不可"；二曰"未可"，这跟曹刿论战有相似处，读者一时猜不透襄公胸中有多少甲兵。等到他说出君子之战的"三不"：不重伤、不禽二毛、不以阻隘时，其迂腐可笑才和盘托出。襄公之说"三不"，固然令人绝倒；若无前段"不可""未可"之故弄玄虚，精彩神韵将大为减色。子鱼之驳论，先总提一句，全盘否定襄公谬论；以下再分三股，倒转呼应，就战争的本质，一一批驳"三不"。驳论淋漓尽致，而又切中肯綮，故蔚为论战的名篇。

关于宋楚争霸事，只见于僖公二十一年，《经》书："宋人、齐人、楚人盟于鹿上。"宋襄公显然为宗主盟矣！《左传》称："宋人为鹿上之盟，以求诸侯于楚，楚人许之。"世所谓宋襄霸业，仅见于此而已。童书业《春秋左传研究》称：二十一年秋，《春秋》书"宋公、楚子、陈侯、蔡侯、郑伯、许男、曹伯会于盂。执宋公以伐宋。"所以然者，盖僖公十九年，曹已叛宋，而陈、蔡、郑皆为楚党。鲁与宋为婚姻之国，然鲁亦是楚党；而许，又未必附宋。宋襄公孤立无援如此，犹不自量力欲为盟主，故会中被执。然一得释，竟联合弱小以伐郑，遂为楚人大败于泓，所企求的霸业，乃随之而终。

述存亡之征，稽兴废之理；原始察终，见盛观衰，为史学所以经世之大蠹。司马迁著《史记》，标榜如上之理念，最为深切著明。《左传》以历史叙事解经，实已多所体现。尤其《左传》叙次战争，历记成败、存亡、祸福、古今之道，提供后世取资借鉴者不少。如《左传》叙宋楚泓之战，宋襄公之所以败亡，霸业之所以未成，观其人品、胸襟、行事、格局，思过半矣。唯左氏叙战，聚焦于成败、存亡、祸福、古今之道，劝惩资鉴之史观特浓，非一般所谓"相斫书"之流可比，亦由此可见一斑。

（四）评林

1. 宋襄公，非独行仁义而不终者也，以不仁之资，盗仁者之名尔。宋襄公执鄫子用于次睢之社，君子杀一牛犹不忍，而宋公戕一国君若犬豕然。此而忍为之，天下孰有不忍者耶？泓之役，身败国衄，乃欲以"不重伤，不禽二毛"欺诸侯。襄公能忍于鄫子，而不忍于"重伤""二毛"，此岂可谓其情也哉？齐桓、晋文得管仲、子犯而兴，襄公有一子鱼不能用，岂可同日而语哉？自古失道之君，如是者多矣，死而论定，未有如襄公之欺于后世者也。（宋苏轼《苏轼文集·宋襄公论》）

2. 张预曰：仁义可以治国，而不可以治军；权变可以治军，而不可以治国，理然也。齐侯不射君子，而败于晋；宋公不擒二毛，而衄于楚，是不以权变治军也。（明陈禹谟《左氏兵略》卷九）

3. 泓之战，观半济可击，意吴起所谓"舟楫不设"，无用车骑，直与楚徒兵步战耳。古人毁车成行，步战本利出奇。使襄公能以三军之事一委子鱼，而子鱼用孙吴之术，当宋人既成列，楚人未既济，已是一胜一负。楚虽有良将，安所用哉？襄公儒者，子鱼以为"君未知战"，信矣！（明宋征璧《左氏兵法测要》卷三）

4. 子鱼之论战当矣！然予意宋君：或者自料其非楚敌也，而托于"不鼓不成列"之说以自解。不然，违礼而战，战又不克，名实两丧，其何说之辞？（明陈懿典《读左漫笔》）

5. 孙应鳌氏曰："如勿伤""如服"，子鱼达权知变之论也。宋公欲雪盂之耻，而不度其力之不能，徒假匹夫之信以自文；后人乃比之文王，真可大噱！（明凌稚隆《春秋左传注评测义》；日本奥田元继《春秋左氏传评林》）

6. 笔快，却如剪刀快相似，愈剪愈疾，愈疾愈剪。胸中无数关隔噎欯之病，读此文便一时顿消。（清金圣叹《天下才子必读书》卷一）

7. 当日之内外，未尝不大有望于襄公也。而卒之兵败身死，以为戮笑。不惟无桓、文之烈，且无郑庄、齐僖之强，此其故何欤？其视霸也易，故其志遂骄，于是执滕用鄫，伐曹围曹，一岁之中，三国俱病。蕞尔宋国，辄欲主盟。叩鼻衄社，小国是忍，重伤二毛，强敌犹恤。师败自解，岂能要名？文王之师，岂其然也？初公之立，以子鱼为左师。自是以来，每举必谏。倘用其一言，犹堪救祸。襄公知其仁而不能听其谋，刚愎自用，莫此为甚。（清马骕《左传事纬》卷二）

8.甚矣哉！宋襄之愚也！至泓之败，或以其不从司马之言，不扼楚于险，不忍重伤与二毛，而宋襄亦至死无悔，谓其能行仁义之师，不幸而败。吁！宋襄其谁欺乎？夫祸莫憯于残人之骨肉，而以国君为刍狗。无亏之杀，鄀子之用，以视重伤与二毛，孰大？逆天害理之事，宋襄敢行之，而故饰虚名以取实祸，此所谓妇人之仁也。以是图伯，不亦难乎！（清高士奇《左传纪事本末》卷二十八）

9.前文只是未济、未列，后忽添出重伤、二毛伴说，行文欲得浓厚故也。但宋公口中虽四项平重，于叙事终有宾主。故前段顺逆交互，以还其平。后段平中寓侧，作倒煞归重之笔，以与叙事相应。笔法细密，盖毫发无遗憾也。（清冯李骅、陆浩同《左绣》卷六）

10.量敌而后进，虑胜而后会，用兵之要道。是时荆楚方强，齐桓召陵之师，草草而退；晋文城濮之战，合齐、秦诸国之兵兢兢戒惧，只得一胜，宋岂能敌楚？不战，自是胜算。即不得已而战，兵不嫌诡，用间出奇，如晋人先轸之谋，栾枝、胥臣之计，何不可者？既不量敌，又不虑胜，一味迂腐，岂不败事？未既济而击，阻隘也；不成列而鼓，鼓儳也。本文只此两层：不重伤、不禽二毛，乃其所以不阻不鼓之故。（清周大璋《左传翼》）

11. 茅坤曰："（子鱼论战，）尖刻快利，与战国类矣。但彼率此炼，彼薄此浓，风气胜之耳。""爱其二毛"以下，申前三意，分合法变，笔锋变峭为宕。（清孙琮《山晓阁左传选》）

12. 宋襄欲以假仁假义笼络诸侯以称霸，而不知适成其愚。篇中只重险阻鼓进意，重伤、二毛带说。子鱼之论，从不阻、不鼓，说到不重、不禽。复从不重、不禽，说到不阻、不鼓。层层辩驳，句句斩截，殊为痛快。（清吴楚材、吴调侯《古文观止》）

13. （僖公）二十一年春，宋人为鹿上之盟，以求诸侯于楚，公子目夷谏而不听。诸侯会宋公于盂，为楚所执。会于薄以释之，子鱼以为祸未足以惩君。知君莫若臣，然则襄公平日之刚愎自用可知矣。及此郑伯如楚，公伐郑，子鱼曰："祸在此矣！"公将战，司马谏，而公子目夷不谏，知公之不可谏也。宋公有司马如此而不能用，有金鼓三军而不能用，即假亦不复成其假，何足当五霸之一哉？（清刘继庄《左传快评》）

14. 凡驳难文字，取其遒紧。宋公满腔迂腐，子鱼满腹牢骚。君臣对答之言，针锋极准。通篇用五"可"字。公曰："不可"，又曰"未可"；子鱼则曰"不亦可乎"，此犹作商量语。至末段用两"可也"，则直自出兵谋，为教导襄公语矣。一步紧似一步，词锋之便利，令读者动色。（林纾《左传撷华》卷上）

15. 子鱼自知力不敌楚，劝宋公勿战；与季梁"请下"之意同。及知公意乃告以先发制人之计，与季梁之请攻其右，俱合批亢捣虚之策，而二主漠然若无所闻。盖天方授楚，虽有忠臣志士，亦孰视而无如何也。用人于社，昏暴甚矣。一败之后，无以自解，乃姑托于仁人君子之言，何不知羞辱如此？窃谓宋襄公此番举动，是为后世伪道学之祖。公羊子以宋襄之战，比之文王，诚不知其用意所在。（吴曾祺《左传菁华录》）

16. 此篇专以子鱼言作眼目，犹《昭公之难》，专以子家子言作眼目，乃《左氏》之家法。（吴闿生《左传微》卷二）

17. 宋襄图霸，虽不量力，然其志量亦超绝矣。《左氏》如其分而记之，短长俱见，不失累黍，尤见定识。不似后世史官，心恶其人，便不见分毫长处也。（吴闿生《左传微》卷二）

18. 子鱼论战一段，殊凛烈有英气，可为宋襄生色。且观其所论，正惜其临战之不力，并非谓不当战也。蛮夷方张，中国不振，宋欲图霸，虽不量力，夫岂有可指之罪哉？（吴闿生《左传微》卷二）

19. 读此，知宋襄之志在兴商，非同漫举。而其罪状，徒以违天，遂在不赦；亦并无何等过恶也，乃作者寓意愤惋之处。即子鱼之言，亦但以小国争盟为祸，并无指斥宋公之语。（吴闿生《左传微》卷二）

六、晋公子重耳出亡（僖公二十三年）

（一）原典

〔传〕晋公子重耳之及于难也，晋人伐诸蒲城。蒲城人欲战，重耳不可，曰："保君父之命，而享其生禄，于是乎得人。有人而校，罪莫大焉。吾其奔也。"遂奔狄。从者：狐偃、赵衰、颠颉、魏武子、司空季子。

狄人伐廧咎如，获其二女，叔隗、季隗，纳诸公子。公子取季隗，生伯鯈、叔刘；以叔隗妻赵衰，生盾。将适齐，谓季隗曰："待我二十五年，不来而后嫁。"对曰："我二十五年矣，又如是而嫁，则就木焉。请待子。"处狄十二年而行。

过卫，卫文公不礼焉。出于五鹿，乞食于野人。野人与之块。公子怒，欲鞭之。子犯曰："天赐也。"稽首，受而载之。

及齐，齐桓公妻之，有马二十乘。公子安之。从者以为不可，将行，谋于桑下。蚕妾在其上，以告姜氏，姜氏杀之。而谓公子曰："子有四方之志，其闻之者，吾杀之矣。"公子曰："无之。"姜曰：

"行也！怀与安，实败名。"公子不可。姜与子犯谋，醉而遣之。醒，以戈逐子犯。

及曹，曹共公闻其骈胁，欲观其裸。浴，薄而观之。僖负羁之妻曰："吾观晋公子之从者，皆足以相国。若以相，夫子必反其国；反其国，必得志于诸侯；得志于诸侯，而诛无礼，曹其首也。子盍蚤自贰焉。"乃馈盘飧，置璧焉。公子受飧反璧。

及宋，宋襄公赠之以马二十乘。

及郑，郑文公亦不礼焉。叔詹谏曰："臣闻'天之所启，人弗及也。'晋公子有三焉，天其或者将建诸！君其礼焉。男女同姓，其生不蕃。晋公子，姬出也，而至于今，一也。离外之患，而天不靖晋国，殆将启之，二也。有三士，足以上人，而从之，三也。晋、郑同侪，其过子弟，固将礼焉，况天之所启乎？"弗听。

及楚，楚子飨之，曰："公子若反晋国，则何以报不谷？"对曰："子女、玉帛，则君有之；羽毛、齿革，则君地生焉。其波及晋国者，君之余也，其何以报君？"曰："虽然，何以报我？"对曰："若以君之灵，得反晋国，晋楚治兵，遇于中原，其辟君三舍。若不获命，其左执鞭弭，右属櫜鞬，以与君周旋。"子玉请杀之。楚子曰："晋公子广而俭，文而有礼。其从者肃而宽，忠而能力。晋侯无亲，外内恶之。吾闻'姬姓，唐叔之后，其后衰者也'，其将由晋公子乎？天将兴之，谁能废之？违天必有大咎。"乃送诸秦。

秦伯纳女五人，怀嬴与焉。奉匜沃盥，既而挥之。怒曰："秦、晋，匹也，何以卑我？"公子惧，降服而囚。他日，公享之。

子犯曰：“吾不如衰之文也，请使衰从。”公子赋《河水》，公赋《六月》。赵衰曰：“重耳拜赐！”公子降，拜稽首，公降一级，而辞焉。衰曰：“君称所以佐天子者命重耳，重耳敢不拜！”

二十四年春，王正月，秦伯纳之，不书，不告入也。

狄人归季隗于晋，而请其二子。文公妻赵衰，生原同、屏括、楼婴。赵姬请逆盾与其母，子余辞。姬曰：“得宠而忘旧，何以使人？必逆之！”固请，许之。来，以盾为才，固请于公，以为嫡子，而使其三子下之。以叔隗为内子，而己下之。

（二）语译

晋公子重耳遭到灾难的时候，晋军攻打蒲城。蒲城人想要迎战，重耳不同意，说：“保有父王的册命，而享有养生的俸禄，因此才得到百姓拥护。得到百姓的拥护，而对抗父王的军队，罪过没有比这更大的了。我还是逃亡吧！”于是就逃亡到白狄那里（母亲的娘家），跟随他的有狐偃、赵衰、颠颉、魏武子、司空季子。

狄人攻打廧咎如，俘虏了他两个女儿叔隗、季隗，送给公子。公子娶了季隗，生了伯鯈、叔刘。把叔隗给赵衰做妻子，生了盾。公子准备前往齐国，对季隗说：“等我二十五年！我没有回来，才可以改嫁。”季隗回答说：“我已经二十五岁了，又再过二十五年才出嫁，那时我早已不在人世了。我愿意等你！”公子重耳在白狄，住了十二年，然后离去。

经过卫国，卫文公不加礼遇。从五鹿经过，向乡下人要饭吃。乡下人给他一块泥土。公子发怒，要鞭打他。子犯说：“这是上天的赐与啊！"叩头而接受了，把它放在车上，载着走。

　　重耳到达齐国，齐桓公为他娶妻，送他八十匹马。公子重耳安逸于齐国的生活，追随的手下认为这样不行，准备离去，在桑树下商量。养蚕的侍妾正好在树上听到，把这事告诉姜氏。姜氏杀了她，告诉公子说："你有远大的志向，听闻的人，我已经杀掉了。"公子说："没有这回事！"姜氏说："走吧！留恋妻子和贪图安逸，确实会败坏名声。"公子不肯。姜氏和子犯商量，灌醉了公子，然后把他遣送出境。公子酒醒，拿起戈追逐子犯。

　　到达曹国，曹共公听说他的肋骨紧密相连，想要看他裸露的身体。安排他洗澡时，垂下竹帘子，然后观看。僖负羁的妻子说："我看晋公子的随从，都足以辅佐国家。如果有他们辅助，晋公子必定能回晋国做国君。若返回晋国，一定得到诸侯拥戴。若得到拥戴成为霸主，因而可以惩罚无礼的国家，曹国就是第一个。您何不早一点向他致敬呢！"僖负羁就馈送晋公子一盘晚餐，餐食中藏着玉璧。公子接受了晚餐，退回了玉璧。

　　到达宋国，宋襄公送他八十匹马。

　　到达郑国，郑文公也不礼遇公子重耳。叔詹劝谏说："臣听说：上天所赞襄的，凡人是阻挡不了的。晋公子具有三个条件，上天或者将要立他为国君吧？您应该以礼相待。父母同姓，后代子孙不会昌盛。晋公子是姬姓女子所生的，却能够活到今天，这是一。公子遭受逃亡在外的忧患，而上天不使晋国安定，大概是将要赞助他了，这是二。手下有三位人才，就足以当人上之人。追随公子的人，却在三人以上，这是三。晋国和郑国地位相当，他们的子弟路过郑国，本来就该以礼相待，何况是上天所要赞襄的人呢？"郑文公没有听从。

到达楚国，楚成王设飨礼款待他，说："公子如果回到晋国，用什么报答不谷？"公子回答说："子、女、玉、帛，君王有的是；鸟羽、皮毛、象牙、犀革，那是君王楚地所生长的特产。除外，那些零星波及晋国的，已经是君王的剩余了，我能用什么来报答君王呢？"楚王说："尽管这样，你究竟拿什么来报答我？"公子回答说："如果托君王的福，得以回到晋国，一旦晋、楚两国发生战争，在中原相遇，那我晋军就向后撤退九十华里。如果还见不到君王停战的意思，那我就左手执鞭执弓，右边挂着弓袋箭袋，跟君王打打交道。"子玉请求楚王杀掉他。楚王说："晋公子志向广大，而生活俭朴，文辞华美而合乎礼仪。他的随从严肃而宽大，忠诚有才能而尽力。如今晋惠公没有亲近的人，国外国内都讨厌他。我听说：姬姓是唐叔虞的后代，衰亡将会最晚，这将因晋公子为君的缘故吧！上天要兴起重耳，谁能够废掉他？违背上天，必然有大灾难。"于是，楚成王就把他送到秦国。

秦穆公送他五个女子，怀嬴也在其中。怀嬴捧着倒水的匜，伺候重耳洗脸。他洗完了，（不用手巾擦手）却甩一甩手上的水滴。怀嬴生气地说："秦与晋，是地位对等的国家，为什么轻视我？"公子害怕，褪去上衣而把自己软禁起来。

有一天，秦伯设飨礼招待重耳。子犯说："我不如赵衰那样有文采，请让赵衰跟从赴宴。"公子在宴会上赋《河水》这首诗，秦伯赋《六月》这首诗。赵衰说："重耳拜谢恩赐！"

公子退到台阶下，揖拜，叩头。秦伯走下一级台阶，表示辞谢。赵衰说："君王用辅助天子的事来吩咐重耳，重耳岂敢不拜？"

（三）鉴赏

1.《春秋》书法与叙事传统

所谓传统，指生发于过去，又持续作用于后代。《春秋》《左传》《史记》三部经典，为中国经学叙事、历史叙事、文学叙事之源头。对于后世之作用与影响，既深且远：史传、乐府、小说、戏曲之叙事，多受其沾溉；《春秋》书法、古文义法，亦皆为叙事之旁支与流裔。

叙事，或作序事，语出《周礼》，原指典礼进行之秩序、或音乐演奏之次第。据《说文解字》，其本字当作"叙"；后世作"序"者，同音通假。就语源学观之，中国传统叙事特重"叙"法，尤其关注前后、位次、措置、语序之经营。西方叙事学，渊源于小说，较注目"事"件、故"事"、情节。东西方叙事学，自源头而言，已殊途异辙，后来发展自然各有千秋。

孔子笔削鲁史，而作成《春秋》：据其史事，凭其史文，以体现褒讥、抑损、忌讳之微辞隐义，《春秋》叙事学由此形成，历史叙事、文学叙事亦自此衍化。左丘明著成《左传》，以历史叙事解释孔子之《春秋》经。晋杜预《春秋经传集解·序》称《左传》："或先经以始事，或后经以终义，或依经以辩理，或错经以合异"，所谓先之、后之、依之、错之，皆是以《经》义为指归，而致力于先后、位次之经营。清刘熙载《艺概·文概》称：《左传》释经有此四法，其实《左传》叙事亦处处体现此义。

《孟子·离娄下》称：其事、其文、其义，为孔子作《春秋》之三大元素。《礼记·经解》所谓："属辞比事，《春秋》教也。"汉司马迁《史记·十二诸侯年表序》称孔子论次《春秋》："约其辞文，去其烦重，以制义法。"统合《孟子》《礼记》《史记》三家之说，约其辞文，为属辞之能；去其烦重，笔削史事，为比事之功。排比史事，连属辞文，皆"如何书"之法。清方苞倡导古文义法，《书〈货殖传〉后》提示"义以为经，而法纬之"，强调法以义起，法随义变。换言之，排比哪些史事，连属哪些辞文？皆缘"义"而发，亦随"义"作转变。世所谓意（义）在笔先，未下笔先有意（义），差堪仿佛。如果知晓其事、其文，与其义之交互关系，就可以明白《左传》如何因比事而明义，如何借属辞以显义。了解比事明义，属辞显义，有助于中国叙事传统之阐扬，见证《春秋》书法之发用。

2.《晋公子重耳出亡》与《左传》纪事本末

《左传》《公羊传》《谷梁传》，号称《春秋三传》，各以所得，解释孔子《春秋》经。《左传》以历史叙事解经，关注《春秋》"如何书"之"法"。《公羊传》《谷梁传》偏重解读《春秋》"何以书"之"义"。就《左传》以历史叙事解经而言，所谓"叙事"，其一，指史事如何安排措置，此即"比事"之斟酌。其二，指辞文如何连缀修饰，此"属辞"之权衡。其三，古春秋纪事成法，为"爰始要终，本末悉昭"（刘师培《古春秋纪事成法考》），于是吾人解读诠释史义，亦当运用系统思维，探究始终。

《春秋》《左传》，皆编年叙事，相关史事横隔而不相连贯。其缺失，诚如《四库全书总目》所云："或一事而隔越数卷，首尾难稽。"至宋袁枢编纂《通鉴纪事本末》，"每事各详起讫""各编自为首尾"。清章学诚《文史通义·书教上》称扬纪事本末体之优长："文省于纪传，事豁于编年。"于是既有是体以后，踵事相因者多，如宋章冲《春秋左氏传事类始末》、明唐顺之《左传始末》、清马骕《左传事纬》、高士奇《左传纪事本末》、吴闿生《左传微》，皆其流亚也。由此观之，《左传》之为体，不只是编年叙事而已！细考《左传》叙事，如《重耳出亡》（僖公二十三年）、《吕相绝秦》（成公十三年）、《声子说楚》（襄公二十六年）诸篇，堪称纪事本末体之滥觞。（详参张高评《〈左传〉叙事见本末与〈春秋〉书法》，《中山大学学报》2020 年第一期）为篇幅所限，今仅就《晋公子重耳出亡》一篇，论述其纪事本末，且阐发其比事见义之书法。

纪事本末体，顾名思义，自然以叙事为主。就《左传》解释《春秋》经之面向而言，即先经、后经、依经、错经之伦，为比事见义之书法。就历史编纂学而言，方苞说义法，所谓"义以为经，而法纬之"，真可作传统叙事学诠释解读之指南。义，为著述之旨趣，一篇之主脑。意（义）在笔先，未下笔先有意（义）；犹宋苏轼述文同画竹，"画竹，必先有成竹在胸中"。义意，犹将帅，一军之进退离合随之；又如定位器，左右环绕，前后映带，要皆不离其宗。《春秋》，是一部诸侯争霸史；楚晋两大国之此消彼长，构成纷纷扰扰之《春秋》史。所谓春秋五霸，实主导其中之浮沉消长。晋文公重耳，在齐桓公小白之后，压胜荆楚，奠定中原霸业。重耳，本一公子哥儿，遭遇骊姬诬陷，不得不亡命天涯。《左传》之《晋公子重耳出亡》，以纪事本末体，叙述公子重耳流亡之历史：奔狄、过卫、及齐、及曹、及宋、及郑、及楚、及秦，前后十九年。其后得秦穆公资助，终于返国为晋君。晋文公三年文教，于城濮之战，大败楚军。周天子三次召见，荣封为霸主。代行天子事，可以讨伐无礼。践土之会，以臣召君，号令天下诸侯。晋国之霸业自此奠定，一直持续一百二十余年，到春秋中期始衰。

公子重耳何德何能，居然开创晋国之霸业？险阻艰难备尝，如何塑造一位理想之霸主？《左传》叙记公子重耳流亡期间，心智之成长、人情之练达、处事之圆融，采行纪事本末之体。十九年事迹，运以笔削、重轻、详略之叙事书法。诚如刘知几《史通·载言》所云："言事相兼，烦省合理"，令人读之，娓娓不倦，览讽忘疲。僖公二十三年《左传》，叙公子重耳出亡，正为僖公二十七年、二十八年晋楚城濮之战、温之会、践土之盟作张本，所谓"先经以始事"，皆排比史事，以见史观、史义之方法。以下，将以《左传》《晋公子重耳出亡》（以下称本篇）为探讨文本，叙说"比事见义""属辞显义"之情形。纪事本末体"爰始要终，本末悉昭"之书法，亦略加阐说论述。

3. 详略重轻，笔削示义

公子重耳遭骊姬之祸，流亡在外十九年，最终返晋得国，进而胜楚称霸。其中关键，在于"得人"。《左传》经由拟言、代言，一篇之中，曾三致其意焉。"得人"二字，乃一篇之主脑，左丘明纂叙此篇之旨义：蒲城遭伐，重耳自言，保命享禄，"于是乎得人！"拈出"得人"二字，作为一篇文眼，于是或笔或削，或详或略，或轻或重，多缘此而发；史事如何编纂排比，辞文如何损益连缀，亦多脉注绮交于"得人"之旨义中。

"奔狄"一章，《左传》所列"从者狐偃、赵衰、颠颉、魏武子、司空季子"等流亡团队成员，固然个个是人才；《史记·晋世家》尚列有先轸、贾佗，与狐偃、赵衰、魏武子，号称"贤士五人"。"及曹"一章，僖负羁妻之言："吾观晋公子之从者，皆足以相国"云云，所谓"得人"，曾获僖负羁妻之认证。"及郑"章，叔詹之谏称："有三士足以上人，而从之"，公子重耳之得人，再经叔詹确认。"及楚"章，楚子曰："其从者肃而宽，忠而能力"，公子之得人，又三经楚成王印可。其他，如子犯稽首受块而载之，公子安齐，从者以为不可；姜氏醉遣公子，与子犯谋；秦穆享重耳，赵衰曰重耳拜赐、重耳敢不拜云云，由此观之，《左传》叙事之视角，全在从者，而不在公子。盖公子重耳之得土有国，必先"得人"！善哉，叔詹之言："有三士足以上人"，何况十数人？此《左传》之人才观，作为历史资鉴，治国经世，有足多者焉，故左氏书重辞复如此。汉董仲舒《春秋繁露·祭义》："书之重，辞之复，其中必有大美恶焉，不可不察也！"吾于《左传》四称"得人"，亦云。

本篇之旨义既在"得人"，可见晋文成就霸业，主要在因人成事，《易经·系辞传》所谓"三人同心，其利断金"。一篇旨趣既在"得人"，于是笔削取舍、重轻详略，多据此表述。中国传统叙事学之着眼点，在主宾、重轻、详略之安排。换言之，在经由或笔或削以见义，篇幅之长短，字数之多寡，多准此以作斟酌：主意归趣所在，多详说、重言；至于宾位，则多轻言、略叙。至于岁月之久暂，几乎未曾考量。如重耳流亡，"处狄十二年而行"；《左传》只叙二事：叔隗、季隗纳诸公子，将适齐，与季隗对话。叙十二年事迹，全文凡一百五十二字。其余七年，安章措词，却用七十二言，每年均分一百零二字左右。由此观之，《左传》叙事传人之详略重轻，多以斯篇指归为主要考量，不以岁时之短长久暂为商榷。举凡有助于塑造公子重耳"得人"创霸之史实者，则详载、重言；反之，则轻描淡写、简言略叙。如过卫，只叙"卫文公不礼焉"；及宋，只叙"襄公赠之以马二十乘"；其他一概不及，以无补于主意大义故。举凡主宾、详略、重轻、虚实、离合之安排，攸关谋篇与属辞之丝牵绳贯。（可详见张高评《左传属辞与文章义法》第二章，不赘）

公子重耳落难出亡，顺道造访诸国，广结善缘，虽险阻艰难备尝，而民之情伪亦尽知之，诚有助于政治之应变，人情之练达。此一理想领袖之培训历程，自是本篇之主体与重点，故《左传》于"及齐""及曹""及郑""及楚""及秦"五章，详哉言之，重点强调。清章学诚《文史通义·答客问上》称："《春秋》之义，昭乎笔削；笔削之义，必有详人之所略，重人之所轻，异人之所同，而忽人之所谨"；而孔子于此中"独断于一心"，富于别裁心识，所以能成一家之言。《左传》于此，类叙相关事迹，运用烘云托月之叙事法，以凸显公子重耳心智之成长与转化。采用纪事本末体之叙事法，笔之于僖公二十三年（公元前637年），为同年《春秋》经："九月，晋惠公卒"；二十四年："冬，晋侯夷吾卒"，作为张本。此杜预《春秋序》

所谓"先经以始事";传统叙事学所谓"预叙"。更为《左传》僖公二十四年春，秦伯纳公子重耳，即位为晋君，作"原始要终，本末悉昭"之情节交代。

4.类叙事迹，表述心智之成长——比事观义之一

公子重耳性情之转换与成熟，当是本篇之主脑与大义，犹斯巴达勇士对哲学家皇帝之训练。所不同者，公子重耳出于自我调适，与斯巴达之训练注重"由外铄我"，显然有别。言事相兼，烦省合理，固是《左传》行文之特色；然就本篇而言，《左传》纯粹叙事处并不多；而借言记事，透过人物对话，以凸显人物性情、个性者，反而所在多有。此种"借乙口叙甲事"之手法，《史通·叙事》说叙事方法，其三有"因言语而可知"者，于此篇最多，最具特色。借历史情境中之人物，述说眼前之人与事，不但亲切，备感真实，同时借言记事，"因言语而可知"，旁观侧写，绝妙烘托，情韵神韵多可于此中见之。

公子重耳心智之成长转化，《左传》往往借"因言语而可知"之记言叙述之。其叙事方式有二：其一，类比见义，意在言中。《左传》笔削史乘，选取处狄，季隗之言；及曹，僖负羁妻之言；及郑，叔詹之言；及楚，楚子之言；之秦，怀嬴之言等。比事而观照之，其性情之转化，气质之提升，已呼之欲出。由季隗之言，重耳之缺乏同理心，罔顾他人感受，自私自利之公子哥儿心态，可以想见。过卫，乞食于五鹿，野人与之块，公子怒而欲鞭之；由肢体语言，知行有不得，动辄怨怒，公子哥儿之性情仍未调整。及齐，公子安于现状，未有远图。从者将行，姜氏勉以志在四方，公子不以为然。由姜氏晓以"怀

与安，实败名"，知重耳犹然怀思美眷，安于逸乐，公子之习气依然故我。以上三节载记，《左传》采用"言事相兼"之叙事艺术，除记言之外，又参以叙事，以终其义。如"处狄"篇，接叙季隗"请待子"之言，自私无情正与痴心有情相衬映。"过卫"篇，野人与之块后，接叙子犯"天赐"之言，稽首受而载之。土块之贱，顿成得土有国之天赐。将去齐，醉遣公子；及醒，"以戈逐子犯"。由醉遣、戈逐，知公子之桀骜不驯、妄自尊大。唯经一事，长一智，自有助于人情之练达。故于"及曹"一章，曹共公观其裸；而僖负羁之妻，馈盘飧、置璧玉，于是"公子受飧反璧"。公子温文儒雅形象，与前三章几乎判若两人。公子重耳之气度胸襟，从此定位，渐有领袖之气质。心智之自我成长，亦与时俱进，逐渐完成类似"哲学家皇帝"之训练。

　　《左传》叙晋公子重耳领袖人格之完成，多采借宾形主、烘云托月之陪叙法。如"及曹"章，借僖负羁妻之言，倡言"夫子必反其国"及"必得志于诸侯"；已预叙重耳将返晋国，晋文公将称霸诸侯，此自僖负羁眼中看出，从口中道出。"及郑"章，借叔詹谏言，断定晋公子重耳返国为君，乃"天之所启，人弗及也"。"及楚"之章，再借楚成王之观察"晋公子广而俭，文而有礼"，重耳形象已自鲁莽任性，提升为稳重、内敛、豁达、斯文！且谓姬姓诸侯，将由晋公子振衰起弊："天将兴之，谁能废之？"重耳王位，为天命所归，此叔詹、楚成之共识。钱钟书《管锥编》称《左传》长于拟言代言，谓是院本小说之椎轮草创。历史人物之对话，而出于拟言、代言，一则借言记事，再则推动情节，三则凸显个性身份，《史通·叙事》所谓

"因言语而可知者"，传统叙事学谓之言叙、语叙。

《左传》之言叙、语叙，有夫子自道，即自表个性襟抱者，如"及楚"一章，楚子飨重耳，直言："公子若反晋国，则何以报不谷？"楚成王公然政治勒索，公子重耳将如何应对？语云：言为心声，出辞表述，往往可以体现说者心态。此时之重耳，不过是位流亡之公子，尚未返晋，尚未得土，尚未有国。然面对强权如楚成王之要求，举凡损及晋国现有利益者，一丝一毫皆不肯退让。所谓："子女玉帛，则君有之；羽毛齿革，则君地生焉。其波及晋国者，君之余也，其何以报君？"其言外之意，分明耍赖，不愿意丝毫割爱。虽流亡公子，自见得土有国之君王气象，自非昔日之吴下阿蒙可比。楚成王闻言，哪肯放过？又赞一言："虽然，何以报我？"既然强人所难，逼人太甚，于是公子重耳亦强势回应，所谓："晋、楚治兵，遇于中原，其辟君三舍！"退避三舍，虽亦属军事冒险，若兵谋进退无虞，亦可以无害，故公子许诺之。僖公二十八年《左传》，叙晋楚城濮之战，晋师退避三舍。二十三年公子重耳对楚成王之言，堪称"先传以始事"。原始要终，张本继末，自是古春秋记事之成法，刘师培《左盦集》之说，《左传》叙事可作印证。

总之，《左氏》选取史料，针对公子重耳流亡十九年间，足以凸显其心智之成长、性情之圆融、襟抱之开通、裁断之明快者，类聚而群分之。排比前后之记言，或叙事之事迹，作本末始终之勾勒串叙，而一代霸王晋文公人格风格之形成，乃不疑而具。

5. 女德壸范，对叙显义——比事观义之二

自古以来，妇德为四德之一，所谓"女子无才便是德"。《左传》叙《晋公子重耳出亡》，叙次四位奇女子：于狄，为季隗；于齐，为姜氏；于曹，为僖负羁之妻；于秦，为怀嬴。公子重耳于流亡生涯中，先后巧遇四位妇德完备之奇女子，或安定其心，或鼓舞其行，或雪中送炭，或劝善规过，要皆流亡之奇缘，生命中之贵人。《左传》叙写流亡公子，饶富霸主气象；却又图写四位奇女子之深明大义、高瞻远瞩、观察入微、义正辞严，诸般形象，与晋公子重耳之言谈举止相较，彼此对比衬托，形成反差之效果，自然见于言语之外。《礼记·经解》称："属辞比事，《春秋》教也"；《春秋》比事之书法，有类比见义之法者，已详论于前节。又有对比显义之方，四位奇女子之言行，对叙公子重耳之德行言语，亦《春秋》书法比事观义之叙事艺术之一。

《左传》叙写四位奇女子，处处多与公子重耳之言语德行相对比。如将适齐，季隗应对重耳"待我二十五年，不来而后嫁"之言，谓待二十五年，年已五十，无所谓嫁或不嫁，答得干脆大方；且谓："请待子！"深明大义如此！痴心期待如是！相较之下，公子重耳之自私孟浪，便觉自惭形秽。及齐，公子安之。从者谋行，将去齐他往，公子不可。姜氏勉以"四方之志"，戒以"怀与安，实败名"！姜氏之高瞻远瞩，警戒宴安鸩毒，胸襟气度如是高尚，真非常人所及。重耳既不肯行，姜氏乃与子犯谋，醉遣公子。姜氏能割恩断爱，公子却一心迷恋温柔乡、安乐窝。姜氏女德足为壸范，对照公子重耳之"不可""无之"，以戈逐子犯诸负面作为，于叙事手法，是谓对叙

显义；于文学技巧，谓之对比成讽。"及曹"章，叙僖负羁妻之观人术，直言断定"晋公子之从者，皆足以相国"；据此推论"夫子必反齐国""必得志于诸侯"；若"诛无礼，曹其首也"云云，为僖公二十四年春，公子返回晋国，即位为君王；以及僖公二十八年城濮之战攻曹，预作张本。但看僖负羁妻盘飧置璧，公子重耳"受飧反璧"，即可见于取予授受之道，已颇有讲究，谦恭辞让君子之德操，跃然纸上。第四位奇女子，为怀嬴。怀嬴，先婚配予怀公，再重婚予公子重耳，可能因此引发重耳不悦。不满之情绪，引发沃盟时"既而挥之"。怀嬴义正辞严，争取平等权利："秦晋匹也，何以卑我？"反诘有力，石破天惊。公子知惧能改，降服而囚。大丈夫能屈能伸，知所进退，重耳于人情事故，已多所体悟。僖公二十八年《左传》，楚成王曾言："晋侯在外，十九年矣，而果得晋国。险阻艰难，备尝之矣；民之情伪，尽知之矣！"从上述奔狄、及齐、及曹、及秦之对比叙事，可以相互发明。

属辞比事之教，历史编纂之学，人物形象塑造之法，以及传统叙事之方，理一分殊，彼此之间多有相通相融之处。编比史料，排比史事，其法有二：或以类比，或以对比。就对比叙事而言，或得失功过相絜，或善恶贤否相较，多可收映衬、烘托之效。《左传》叙公子重耳出亡，主意旨趣在"得人"，所谓"晋公子之从者，皆足以相国"；"有三士足以上人，而从之"。因此，叙事脉络不在公子重耳，而在从者；叙事者不在公子重耳，而是季隗、姜氏、僖负羁妻、怀嬴；以及子犯、叔詹、楚子。就人物形象而言，女性为对比叙事，男性为类比叙事。对比、类比相辅相成，可谓相得益彰。

6. 原始要终，本末悉昭——纪事本末体之滥觞

中国史书有三大体例：编年体，以岁时月日为叙事经纬，《春秋》《左传》可为代表。纪传体，以人物传记为叙事焦点，《史记》《汉书》诸正史可作典范。纪事本末体，以事件发展之来龙去脉为叙事基点，迟至南宋袁枢《通鉴纪事本末》，方有成书。编年、纪传，各有优劣得失，《四库全书总目》卷四九称："纪传之法，或一事而复见数篇，宾主莫辨。编年之法，或一事而隔越数卷，首尾难稽。"于是袁枢因司马光《资治通鉴》而重编之，以事件为主，每事自具首尾。"经纬明晰，节目详具，前后始末，一览了然。"清章学诚《文史通义·书教上》称扬其优长，以为"文省于纪传，事豁于编年"，因事命篇，体圆用神，谓深得《尚书》"疏通知远"之教。清韩菼《左传纪事本末·序》称《左传》："传一人之事与言，必引其后事牵连以终之，是亦一人一事之本末也。"其实，《左传》叙事，切合纪事本末体格式者亦有之。

《左传》祖始《春秋》之编年，年月井井，人物事件系于相关岁时之下，堪称编年体成熟之作。然细勘《左传》之以历史叙事解释《春秋》，却发现有《重耳出亡》《吕相绝秦》《声子说楚》诸篇，皆攸关晋国争霸、称霸、奠霸之来龙去脉。叙述事件横越数年，却同置于一篇之中，终始本末，首尾一贯，堪作纪事本末体滥觞于《左传》历史叙事之明证。重耳流亡在外十九年，其事迹之终始本末，同时载记于《左传》僖公二十三年一年之内，并未散叙于相关岁时之篇章中。一事自具

首尾，前后始末了然，确有"疏通知远"《书》教之特色。公子重耳遭骊姬诬陷，仓皇出逃，时当周惠王二十一年，鲁僖公四年（公元前656年）。首先，奔狄，处狄十二年而行。其后七年之间，过卫、适齐、之曹、及宋、及郑、访楚、至秦，直到周襄王十年，鲁僖公二十四年（公元前636年），始自秦返晋，即位为晋君。重耳流亡之始末，《左传》同载于一篇之中，传承"原始要终，本末悉昭"之古春秋记事成法，堪称后世纪事本末体之滥觞。而《春秋》比事以见义之书法，虽经转化，亦得以考见。

晋杜预《春秋经传集解序》论《左传》之解释《春秋》，有先经、后经、依经、错经之伦。《左传》所叙纪事本末三篇，要皆攸关晋国争霸、称霸、奠霸之事件。考其作用，或先经以始事，如《晋公子重耳出亡》，为僖公二十八年城濮之战，晋文公一战而霸，预作张本。《吕相绝秦》，为秦晋外交折冲史，作一系统叙事；且为麻隧之战晋胜秦败作一历史解释，可作攻心用谋之资鉴。《声子说楚》，则细数楚才晋用之历史，亦综合叙说晋楚争霸中，人才之依违，战役之成败，兵谋之高下，以及楚晋势力之此消彼长。要皆睹一篇，而可窥数十年诸事之本末。《尚书》因事命篇，疏通知远之效应，此中有之。

（四）评林

1.晋公子重耳自狄适他国者七，卫成公、曹共公、郑文公皆不礼焉。齐桓公妻以女，宋襄公赠以马，楚成王享之，秦穆公纳之，卒以得国。卫、曹、郑皆同姓；齐、宋、秦、楚皆异姓，

非所谓"岂无他人，不如同姓"也？（宋洪迈《容斋随笔》卷四）

2. 魏礼曰：《左传》惟此篇，用数十"公子"字。中写公子英发处，骄而易怒处，好色处，随地安乐处，易恐惧处，无经络处，一一是公子行径，写得生动绰落。《史记信陵君传》，用数十公子，文之生动亦如此。此二篇，若用别样称呼，文章便减却神采也。乃知古人作文，一毫不苟，只是色色称此一篇文章而已。（清魏禧《左传经世钞》卷五）

3. 彭士望曰：《传》写重耳亡适诸国，磊落激昂，横见侧出。如大《易》次《蹇》，各成伟象。欲无兴，得乎？宜与《吴越语》，常置心目。足令忧患人坚炼体魄，担荷大事。（清魏禧《左传经世钞》卷五）

4. 禧按：惟四伯之国，皆知礼公子。若曹、卫、郑，则不然。可见能强大之国，必有本领过人处。然以宋襄之愚暴，而能知重耳；以卫文之贤明，而不加礼，何哉？图伯之君，其知虑经营多在远大处，故于过客亡人，每每留心，不肯忽略。自守之君，知虑经营只在四境之内，苟知节俭立国而已足矣。此卫文布衣帛冠，无远大之规；而宋襄愚暴，有度外之举也。（清魏禧《左传经世钞》卷五）

5. 通篇虽不着意写公子，然处处有气势。入楚入秦，气势益张。而作者却复将来尽力一按，曰"惧"、曰"降服"、曰"囚"。令读者雄心倏冷，用笔不测如此。（清王源《文章练要·左传》卷二）

6. 通篇写公子多少流离播越情状，却以佐天子篇作结。写公子乎？写从者也。到底归重"得人"。（清王源《文章练要·左

7.凡古人文字，看其着意处，便是神髓；着意于不着意处，更是神髓；于不着意处着意，更是神髓。如此文历叙重耳十九年流离患难，以为反国、争雄、取威、定伯张本，则其精神所注，全在公子，又何疑乎？乃叙公子也，于野人之块，则怒；于齐国之富，则安。僖负羁之妻，不闻其赞公子也；叔詹之谏，不闻其颂公子也。直至楚国，方一露风采；入秦之后，又缩缩焉，毫无气概矣。然而知为反国争雄，取威定伯张本者，以其处处有声势、有气焰也。夫写公子既如此，何以又处处有声势、有气焰？曰其声势气焰，不在公子，而在从者；则公子所以反国、争雄、取威、定伯，非公子之贤，非公子之才，乃从者之才也，此作者之意也。是其精神所注，全在从者，而不在公子；则其意之全在从者，而不在公子明矣，此所谓着意处也。尤妙在不着意处着意，则将"得人"二字，藏在公子口中，全不着迹。（清王源《文章练要·左传》卷二）

8.叙事，不可旁叙一事，又不可只叙一事。旁叙一事，则笔法乱；只叙一事，则笔法死。死则无文，乱则无章。然欲其不乱，不得不只叙一事；欲其不死，不得不旁叙他事。二者不可得兼，叙事者其穷乎？曰：不然！所谓不可旁叙一事者，以精神只注在一事，不可又注在一事也。所谓不可只叙一事者，以精神虽注在一事，又不可不兼叙他事为衬贴也。惟其精神只注在一事，而衬贴却不只一事；衬贴虽不只一事，而精神只注在一事，所以断乱无端，而草蛇灰线，一笔不乱。精严紧密，而离奇综变，一笔不死也。（清王源《文章练要·左传》卷二）

9. 此文精神，只在"得人"，而兼写公子，并及天命固矣，又妙在处处兼写女子。夫写女子者，岂意又重在女子乎？不过为从者诸人作衬已耳。于是一篇中，时而从者，时而女子，时而天命，时而公子，又时而从者，又时而女子。读者眼光不知所措。而孰知草蛇灰线，一笔不乱耶？（清王源《文章练要·左传》卷二）

10. 《左氏》一书，颇以成败论人，然实有细心深识。如晋文公将返国创伯，若无一篇联络文字，则前后血脉不贯串。此十九年作何着落？妙于将返国前，历叙其十九年之事，见其出亡在外，受多少侮慢，遇几许赏识。或贤明之辟，反亲而失之，或巾帼之中反有异眼，或偶为逸乐所沉溺，或难掩英雄之本色。写来咄咄逼人。（清孙琮《山晓阁左传选》）

11. 第一笔写公子，第二笔便写从者。通篇处处频点公子，即处处陪写从者，最是烘云托月妙法。有时写公子，是写公子；有时写从者，亦是写公子。若无此，即嫌于枯寂矣！（清冯李骅、陆浩同《左绣》卷六）

12. 细思排叙诸国，由卫而秦，凡七。虽逐段联络，亦必有大关键存焉。看前半卫、齐、曹三国，以"卫文公不礼焉"作提。后半郑、楚、秦三国，以"郑文公亦不礼焉"作提，遥遥相对。中间，以宋襄公作个界画。犹恐后人未暇细寻其篇法之精，故意将宋事点得极略。写来恰与九重阊阖，旋转于径寸之枢相似，奇绝妙绝！乃知千层万叠，必非信手连片掇拾也。（清冯李骅、陆浩同《左绣》卷六）

13. 处处以从者陪说：僖负羁妻以从者为主，说到公子；叔詹以公子为主，说到从者；楚子则公子、从者对起，而公子单说，都是暗写。末段与前半，则子犯、赵衰用明写。此则古文之变化也已。（清冯李骅、陆浩同《左绣》卷六）

14. 其"必返国"，其"返国必得诸侯"，却从僖负羁之妻与楚子口中说出。而又表晋文，始终得力在从亡数人。此种细心深识，自是独有千古。宜其于《经》为臣，于史为祖也。（清冯李骅、陆浩同《左绣》卷六）

15. 考《国语》：重耳在狄十二年，无行期。在齐，又安之，不知此重耳所以能大有为也。当时，夷吾行赂，子圉逃归，其心汲汲然，急图富贵，如衣绣夜行者之所为。卒之两人皆败，重耳心窃鄙之。所以，人巧固拙，人急故迟，阅历十九年，老谋而有壮事也。虎之将搏也伏，鹰之将击也必戢。英雄遵养，岂容人测其浅深？（清卢元昌《左传分国纂略》）

16. 秦、楚是争霸之国，议论别有气焰。卫、曹、郑，是用兵之国，叙述别有波澜。（清邹美中《左传约编》）

17. 春秋时，凭陵诸夏者莫如楚，能制楚者莫如晋，要自城濮一战始。故五伯虽始齐桓，要紧尤在晋文。十九年崎岖患难，艰难备尝，情伪尽知，动忍增益，所以能做出此掀天揭地事业。特为叙次一番，为文公写一生甘苦，即为晋国详累世基业；并春秋南北升降之机，亦橐籥于此，读者正须大著眼孔。（清周大璋《左传翼》）

18. 驰驱列国，所不礼者，皆同姓宗国也。齐桓、宋襄、秦穆皆霸主，一见自然倾倒。楚成才情气焰不下楚庄，只为齐桓、晋文碍手，不能得志诸夏，而其识见原非卫文、曹共诸庸主比，所以加意礼之，亦与齐、秦等。于此可知英雄怜才，两贤不致相厄。而肉眼无珠，委琐龌龊，令人气噎，千古有同恨也。（清周大璋《左传翼》）

19. 晋公子为天所启，而又得贤从者以为之助，天人交赞，所以卒能有成。篇中或于从者口中说天，或于从者身上见天，或分见，或合看，处处着眼，是一篇大关键所在。晋文一生恩怨，最是分明。此篇叙事，正为后文报施复怨张本。（清周大璋《左传翼》）

20. 用推序法，且有起无结，段段亦不多做联络。而公子从者志力襟怀，或于语言露出，或于行径见出，或于旁观说出。其所遇有不知者，有略知者，有深知者，皆借以写公子耳。读者泥于所遇有贤否，遂谓此乃历叙其由屈而伸，左氏岂真为晋公子作出亡年谱耶？眼光滞于句中，安能游于句外，与作者深意相遇乎？（清陈震《左传日知录》）

21. 写公子在外许多曲折，许多险巇，总为"佐天子"三字作波涛也。时而不礼，时而赠享，是翻簸"佐"字。忽然受块，忽然醉遣戈逐，是鼓动"佐"字。忽然怒，忽然惧，忽然请杀，是跌宕"佐"字。盖左氏未着笔之前，先有"佐天子"三字。却故意争奇，止向空中描写。或从侧面簸弄，或从反面簸弄，将公子写得十分颠倒淋漓，却已将"佐天子"三字写得十分饱满透露矣。神化至此，出奇无限。反国，所以佐天子；而所以佐天子，仍在欲反国，便处处有佐天子之重耳。只因《左氏》用笔不测，令人摸索不出，故奇。（清盛谟《于埜左氏录》）

22. 此文综晋文出亡在外之事而叙次之，为明年"秦纳之"，及一生霸业张本，并为自奔狄及秦纳共十九年作着落也。联络前后，贯通血脉，本为叙事格。即以所叙之言为议论，亦叙议兼行格，此史家列传体所从出。（清高嵣《左传钞》）

23. 详出从者五人，以后分叙其功绩，是为提纲挈领之笔。首一段似与前半篇略复，须看其词意相避处。叙出亡始末，处处以闺房琐事点缀其间，读之自得风趣。（吴曾祺《左传菁华录》）

24. 季隗、齐姜、怀嬴，及僖负羁妻，前后映带生情，以为章法，最有机趣。（吴闿生《左传微》卷三）

25. 晋侯创霸，必以攘楚为功，此事实之无可避免者。不欺楚子，即自见其大略处。（吴闿生《左传微》卷三）

26.《晋文之入国》，此篇讥晋文之无大志。以"天实置之"，及"下义其罪，上赏其奸"二语为主。（吴闿生《左传微》卷三）

七、晋楚城濮之战（僖公二十八年）

（一）原典

〔传〕僖公二十七年，楚子将围宋，使子文治兵于睽，终朝而毕，不戮一人。子玉复治兵于蒍，终日而毕，鞭七人，贯三人耳。国老皆贺子文，子文饮之酒。蒍贾尚幼，后至，不贺。子文问之，对曰："不知所贺！子之传政于子玉，曰：'以靖国也。'靖诸内而败诸外，所获几何？子玉之败，子之举也。举以败国，将何贺焉？子玉刚而无礼，不可以治民。过三百乘，其不能以入矣。苟入而贺，何后之有？"

冬，楚子及诸侯围宋，宋公孙固如晋告急。先轸曰："报施、救患、取威、定霸，于是乎在矣。"狐偃曰："楚始得曹而新昏于卫，若伐曹、卫，楚必救之，则齐、宋免矣。"于是乎搜于被庐，作三军。谋元帅，赵衰曰："郤縠可。臣亟闻其言矣，说《礼》《乐》而敦《诗》《书》。《诗》《书》，义之府也。《礼》《乐》，德之则也。德义，利之本也。《夏书》曰：'赋纳以言，明试以功，车服以庸。'君其试之。"乃使郤縠将中军，郤溱佐之；使狐偃将上军，让于狐毛而佐之；命赵衰为卿，让于栾枝、先轸。使栾枝将下军，先轸佐之。荀林父御戎，魏犨为右。

晋侯始入而教其民，二年，欲用之。子犯曰："民未知义，未安其居。"于是乎出定襄王，入务利民，民怀生矣。将用之，子犯曰："民未知信，未宣其用。"于是乎伐原以示之信。民易资者不求丰焉，明征其辞。公曰："可矣乎？"子犯曰："民未知礼，未生其共。"于是乎大蒐以示之礼，作执秩以正其官，民听不惑而后用之。出谷戍，释宋围，一战而霸，文之教也。

二十有八年春，晋侯侵曹，晋侯伐卫。

夏四月己巳，晋侯、齐师、宋师、秦师及楚人战于城濮，楚师败绩。楚杀其大夫得臣。

五月癸丑，公会晋侯、齐侯、宋公、蔡侯、郑伯、卫子、莒子，盟于践土。

（僖公）二十八年春，晋侯将伐曹，假道于卫，卫人弗许。还，自南河济。侵曹伐卫。正月戊申，取五鹿。二月，晋郤縠卒。原轸将中军，胥臣佐下军，上德也。晋侯、齐侯盟于敛盂。卫侯请盟，晋人弗许。卫侯欲与楚，国人不欲，故出其君以说于晋。卫侯出居于襄牛。

晋侯围曹，门焉，多死。曹人尸诸城上，晋侯患之。听舆人之谋曰，称"舍于墓"。师迁焉，曹人凶惧，为其所得者棺而出之，因其凶也而攻之。三月丙午，入曹。数之，以其不用僖负羁而乘轩者三百人也。且曰："献状！"令无入僖负羁之宫而免其族，报施也。魏犨、颠颉怒曰："劳之不图，报于何有！"爇僖负羁氏。魏犨伤于胸，公欲杀之，而爱其材。使问，且视之。病，将杀之。魏犨束胸见使者曰："以君之灵，不有宁也？"距跃三百，曲踊三百。乃舍之。杀颠颉以徇于师，立舟之侨以为戎右。

宋人使门尹般如晋师告急。公曰："宋人告急，舍之则绝，告楚不许。我欲战矣，齐、秦未可，若之何？"先轸曰："使宋舍我而赂齐、秦，藉之告楚。我执曹君而分曹、卫之田以赐宋人。楚爱曹、卫，必不许也。喜赂怒顽，能无战乎？"公说，执曹伯，分曹、卫之田以畀宋人。

楚子入居于申，使申叔去谷，使子玉去宋，曰："无从晋师。晋侯在外十九年矣，而果得晋国。险阻艰难，备尝之矣；民之情伪，尽知之矣。天假之年，而除其害。天之所置，其可废乎？《军志》曰：'允当则归。'又曰：'知难而退。'又曰：'有德不可敌。'此三志者，晋之谓矣。"子玉使伯棼请战，曰："非敢必有功也，愿以间执谗慝之口。"王怒，少与之师，唯西广、东宫与若敖之六卒实从之。

子玉使宛春告于晋师曰："请复卫侯而封曹，臣亦释宋之围。"子犯曰："子玉无礼哉！君取一，臣取二，不可失矣。"先轸曰："子与之！定人之谓礼，楚一言而定三国，我一言而亡之。我则无礼，何以战乎？不许楚言，是弃宋也。救而弃之，谓诸侯何？楚有三施，我有三怨，怨仇已多，将何以战？不如私许复曹、卫以携之，执宛春以怒楚，既战而后图之。"公说，乃拘宛春于卫，且私许复曹、卫。曹、卫告绝于楚。

子玉怒，从晋师。晋师退。军吏曰："以君辟臣，辱也。且楚师老矣，何故退？"子犯曰："师直为壮，曲为老。岂在久乎？微楚之惠不及此，退三舍辟之，所以报也。背惠食言，以亢其仇，我曲楚直。其众素饱，不可谓老。我退而楚还，我将何求？若其不还，君退臣犯，曲在彼矣。"退三舍。楚众欲止，子玉不可。

夏四月戊辰，晋侯、宋公、齐国归父、崔夭、秦小子慭次于城濮。楚师背酅而舍，晋侯患之。听舆人之诵，曰："原田每每，舍其旧而新是谋。"公疑焉。子犯曰："战也！战而捷，必得诸侯。若其不捷，表里山河，必无害也。"公曰："若楚惠何？"栾贞子曰："汉阳诸姬，楚实尽之，思小惠而忘大耻，不如战也。"晋侯梦与楚子搏，楚子伏己而盬其脑，是以惧。子犯曰："吉！我得天，楚伏其罪，吾且柔之矣。"

子玉使斗勃请战，曰："请与君之士戏，君冯轼而观之，得臣与寓目焉。"晋侯使栾枝对曰："寡君闻命矣。楚君之惠未之敢忘，是以在此。为大夫退，其敢当君乎？既不获命矣，敢烦大夫谓二三子，戒尔车乘，敬尔君事，诘朝将见。"

晋车七百乘，韅、靷、鞅、靽。晋侯登有莘之虚以观师，曰："少长有礼，其可用也。"遂伐其木以益其兵。己巳，晋师陈于莘北，胥臣以下军之佐当陈、蔡。子玉以若敖六卒将中军，曰："今日必无晋矣！"子西将左，子上将右。胥臣蒙马以虎皮，先犯陈、蔡。陈、蔡奔，楚右师溃。狐毛设二旆而退之。栾枝使舆曳柴而伪遁，楚师驰之。原轸、郤溱以中军公族横击之。狐毛、狐偃以上军夹攻子西，楚左师溃。楚师败绩。子玉收其卒而止，故不败。

晋师三日馆谷，及癸酉而还。甲午，至于衡雍，作王宫于践土。

丁未，献楚俘于王，驷介百乘，徒兵千。郑伯傅王，用平礼也。己酉，王享醴，命晋侯宥。王命尹氏及王子虎、内史叔兴父策命晋侯为侯伯，赐之大辂之服，戎辂之服，彤弓一，彤矢百，玈弓矢千，秬鬯一卣，虎贲三百人。曰："王谓叔父，敬服王命，以绥四国，纠逖王慝。"晋侯三辞，从命。曰："重耳敢再拜稽首，奉扬天子之丕显休命。"受策以出，出入三觐。

卫侯闻楚师败，惧，出奔楚，遂适陈，使元咺奉叔武以受盟。癸亥，王子虎盟诸侯于王庭，要言曰："皆奖王室，无相害也。有渝此盟，明神殛之，俾队其师，无克祚国，及而玄孙，无有老幼。"君子谓是盟也信，谓晋于是役也，能以德攻。

初，楚子玉自为琼弁、玉缨，未之服也。先战，梦河神谓己曰："畀余，余赐女孟诸之麇。"弗致也。大心与子西使荣黄谏，弗听。荣季曰："死而利国。犹或为之，况琼玉乎？是粪土也，而可以济师，将何爱焉？"弗听。出，告二子曰："非神败令尹，令尹其不勤民，实自败也。"既败，王使谓之曰："大夫若入，其若申、息之老何？"子西、孙伯曰："得臣将死，二臣止之曰：'君其将以为戮。'"及连谷而死。

晋侯闻之而后喜可知也，曰："莫余毒也已！蒍吕臣实为令尹，奉己而已，不在民矣。"

冬，会于温，讨不服也。

是会也，晋侯召王，以诸侯见，且使王狩。仲尼曰："以臣召君，不可以训。"故书曰："天王狩于河阳。"言非其地也，且明德也。

（二）语译

（僖公二十七年，公元前 633 年）楚王准备围攻宋国，派遣令尹子文在睽地演习作战。花一个早上，就结束了，没有处分任何一个人。子玉也在蒍地演习作战，耗费一天，活动才结束。鞭打了七个人，用箭射穿三个人的耳朵。楚国元老们都祝贺子文，子文招待他们喝酒。蒍贾年纪还轻，迟到，不表示祝贺。子文问他，蒍贾回答说："不知道祝贺什么，您把政权传给子玉，说'为了安定国家'，安定了内政，而失败于国际外交，所得有多少？子玉作战失败，是由于您的推举。推举子玉，而使国家失败，还要祝贺什么？子玉刚愎自用，不守礼法，不能让他治理人民。子玉率领兵车超过三百辆，恐怕就不能回来了。如果回得来，再行祝贺，哪会太晚呢？"

冬季，楚王和诸侯围攻宋国。宋国的公孙固前往晋国报告说情况紧急。先轸说："报答恩惠、救助灾患，取得威望、成就霸业，都在这次战役了。"狐偃说："楚国刚获得曹国友谊，最近又刚与卫国通婚，如果攻打曹、卫两国，楚国必定前往救援，那么齐国和宋国就可以免除围攻了。"因此，晋国在被庐阅兵，建立三个军，商量元帅的人选。赵衰说："郤縠可以！我屡次听到他的话，喜爱《礼》《乐》而重视《诗》《书》。《诗》《书》，是道义的府库；《礼》《乐》，是德行的法则；德行礼义，是利益的根本。《尚书·益稷》说：'有益的话全部采纳，根据后果加以试验。如果成功，用车马衣服作为酬劳。'您不妨试一下！"于是晋文公派郄縠率领中军，郄溱辅助他。派狐偃率领上军，狐偃让给狐毛，而自己辅助他。任命赵衰为卿，赵衰让给栾枝、先轸。晋文公派栾枝率领下军，先轸辅助他。荀林父驾御战车，魏犨作为车右。

晋文公一回国，就训练人民。过了两年，就想使用他们。子犯说："百姓还不晓得道义，人民还没能安居乐业。"周襄王蒙尘在外，晋侯安定了他的帝位。回国以来，致力于便利人民，人民就安于他们的生计了。文公又打算使用他们，子犯说："人民还不知道诚信，还不明白诚信的作用。"文公就攻打原国，借以显示诚信。人民买卖，不求暴利，明码实价，交易分明。文公说："可以了吗？"子犯说："人民还不明白礼仪，还没有产生发自内心的恭敬。"因此，举行盛大阅兵，来让人民知道礼仪；建立执秩制度，来规范官员的职责。等到人民听闻能够不迷惑，然后才使用他们。赶走谷地的楚国驻军，解除宋国的围困，只靠一次战役，就称霸了诸侯，这都得益于晋文公的教化。

（僖公）二十八年（公元前632年）春天，晋侯打算攻打曹国，向卫国借路通过。卫国不同意。晋军绕道，从南河渡过黄河，侵袭曹国，攻打卫国。正月初九日，占取了五鹿。二月，郄縠死。原轸率领中军，胥臣辅助下军，原轸超升（为中军主帅），是为了重视品德。晋侯和齐侯在敛盂结盟。卫侯请求加盟，晋人不答应。卫侯想结好楚国，国内的人们不愿意，所以借赶走国君，来讨好晋国。卫侯离开国都，住在襄牛。

晋文公围攻曹国，攻打城门，战死的人很多。曹军把晋军尸体陈列在城墙上，晋侯很担心。听了众人的传诵，声称"宿营在曹国先人的墓地上"。晋国的军队开始调动，曹国人很恐惧，就把他们得到的晋军尸体，装进棺材运出来。晋军就利用曹人的恐惧，而进攻城门。三月初八日，晋军进入曹国，责备（曹公共）不任用僖负羁，而乘坐有帐篷车的中级官员反倒有三百人，再说，曹公曾观看过自己洗澡。下令不许进入僖负羁的家族房里，同时赦免他的族人，这是为了报答恩惠。魏犨、颠颉发怒说："不想办法报答有功劳的人，还报答个什么？"放火烧了僖负羁的家屋。混乱之中，魏犨胸部受伤，晋侯想杀他，但又爱惜他的才能。就派人送东西去慰问，同时观察病情。如果伤得很严重，就杀了他。魏犨裹紧胸膛，出面见使者，说："托国君的威灵，我不是平安无事吗？"就向上跳了好几下，又向前跳了好多次，于是就宽恕了他。杀死颠颉，展示给全军看。另立舟之侨，作为车右。

　　宋国派门尹般前往晋军军中，报告情况危急。晋文公说："宋国来报告情况危急，如果不管他，邦交就断绝了。若请求楚国解除围困，他们又不答应。我们很想作战，齐国和秦国又不同意，怎么办？"先轸说："让宋国先撇开给我国的利益，将它转送给齐、秦两国。再凭借齐、秦两国之力，去请求楚国撤兵。我们逮住曹国国君，而瓜分曹、卫的田地，来赏赐给宋国。楚国喜爱曹国、卫国，肯定不答应齐国和秦国的请求。齐、秦喜欢宋国的财礼，而讨厌楚国的固执，能够不参战吗？"晋文公听了很赞赏，逮捕了曹伯，把曹国和卫国的田地瓜分给了宋人。

楚王进入申城，住了下来，命令申叔离开谷地，命令子玉离开宋国。说："不要去追杀晋国的军队！晋文公流亡，在外十九年，最终得到了晋国。险阻艰难，全尝过了；民情真伪，都知道了。上天多给他一些年寿，同时剪除了他的祸害，上天所安排的，难道可以改变吗？《军志》说：'适可而止。'又说：'知难而退。'又说：'有德的人不能抵挡。'这三条记载，指的就是晋国啊！"子玉派遣伯棼请求晋国开战，说："不敢说一定有功劳，愿意以此堵住奸邪小人的嘴巴。"楚王发怒，少给他军队，只有西广、东广和若敖的一百八十辆战车追随子玉。

　　子玉派宛春告诉晋国军队："请恢复卫侯的王位，而且归还曹国土地，我也就解除对宋国的围困。"子犯说："子玉无礼啊！我方是君王领军，只得到一个好处（解除宋国的围困），子玉是臣，却占了两个便宜（复卫与封曹两项）。攻伐的机会不可错失。"先轸说："君王答应他吧！安定别人叫作礼，楚国一句话，安定了三国（复卫、封曹、释宋）；我们一句话，而使他们希望破灭。我们无礼，靠什么来作战呢？不答应楚国的请求，这是抛弃宋国；前来救援，却抛弃了他，将对诸侯说什么？楚国有三项恩惠，我们有三项仇怨，怨仇已经太多了，拿什么来作战？不如私下答应归还曹国的土地，恢复卫国君王的地位，来离间曹、卫、楚的关系；逮捕宛春，来激怒楚国。等到战争开始再说。"晋文公听了，欣然同意。于是在卫国拘捕了宛春，同时私下允诺归还曹国土地，恢复卫国君王地位。曹国、卫国宣告：和楚国绝交。

　　子玉发怒，追逐晋军，晋军撤退。军吏说："以国君而退避臣下，这是耻辱；何况，楚军已经士气衰落了，为什么要退走？"子犯说："军队出兵作战，道理正直，士气就壮盛；理亏，士气就衰弱，哪能靠在外边时间的长短呢？如果没有楚成王的恩惠，我们文公不会有今天。我军撤退九十华里，躲避他们，就是用来报恩。背弃恩惠，说话不算数，来解救楚的敌人宋国，是我们晋国理亏，而楚国理直；楚军士气向来饱满，不能说是衰弱。我们退避三舍，而楚军班师回朝，我们还要求什么？如果他们不退还，那么晋君避走，而为臣的子玉进犯，理亏的就是他们了。"晋军向后撤退九十华里，楚国将士要停下来，子玉不同意。

夏季四月初一日，晋侯、宋公、齐国的国归父、崔天、秦国的小子慭，驻军在城濮。楚军背靠着险要的丘陵扎营，晋侯担心这件事。听到士兵念诵说："休耕田里的杂草茂盛，谋求抛开旧草，犁锄新种。"晋文公犹疑不决。子犯说："出战吧！争战赢得胜利，一定得到诸侯拥戴；如果不胜，晋国外有黄河，内有高山，一定没有什么害处。"晋文公说："楚国的恩惠，要怎么办？"栾枝说："汉水以北的姬姓侯国，楚国都吞并掉了。心念小恩小惠，而忘记奇耻大辱，不如出战吧！"晋侯梦见和楚王徒手搏斗，楚王伏在自己身上，吸自己的脑汁。梦醒后，因此而害怕。子犯说："吉利。我们仰面朝天，得到天助；楚王脸朝下，已俯首认罪。而且；脑汁的柔软，战胜了牙齿的刚硬，我们已经柔服他们了。"

子玉派遣斗勃请求作战，说："请和君王的斗士进行角力游戏，君王靠在战车横板上观看，子玉可以陪同君王一起欣赏呢！"晋文公派遣栾枝回答说："寡君知道意思了。楚君的恩惠，没有敢忘记，所以还待在这里。我以为大夫已经退兵了，臣下难道敢抵挡君王吗？既然大夫不肯退兵，那就麻烦大夫对你的将士们说：'驾好你们的战车，忠于你们的战事，明天早晨，咱们战场相见。'"

晋国战车七百辆，装备齐全，蓄势待发。晋文公登上有莘氏的废城，观看军容，说："年少的和年长的，进退有序，合于礼，应该可以使用了。"就下令砍伐树木，以增加武器。

四月初二日，晋军在有莘氏旧城的北面摆开阵势，胥臣以下军佐指挥部队，抵挡陈、蔡的混合军队。楚令尹子玉担任中军将，指挥若敖氏一百八十辆战车，说："今天一定会没有晋国了。"子西率领左军，子上率领右军。胥臣在马身蒙上老虎皮，率先进攻陈、蔡两军。陈、蔡两军奔逃，楚军的右翼部队溃败。狐毛设置两面大旗，假装晋军正在撤退。栾枝派遣车子拖着木柴（扬起灰尘），假装逃走。楚军（中计），随后追击；原轸、郤溱率领中军的禁卫军，拦腰截击。狐毛、狐偃率领上军，夹攻子西，楚国的左翼部队，也溃散战败了。楚军大败，溃不成军。子玉及早收兵，因此只剩他的直属部队不败。

晋军休息三天，享用楚军留下的粮食。一直到四月初六日，才凯旋荣归。四月二十七日，晋军到达衡雍，替天子在践土建造了一座王宫。

五月初十日，奉献楚国俘虏给周天子：驷马披甲的战车一百辆，步兵一千人。郑伯作为相礼，用的是周平王时的礼节。十二日，周天子设享礼，用甜酒招待晋文公，允许他向自己敬酒。周天子下令尹氏、王子虎、内史叔兴父，用策书诏示："晋侯为诸侯的领袖。"赐给他大辂车、戎辂车，以及相应的服装仪仗。包括红色的弓一把，红色的箭一百支，黑色的弓十把和箭一千支，黑黍加香草酿造的酒一卣，勇士三百人。说："天子对叔父说：'恭敬地服从天子的命令，以安抚四方诸侯，惩治王朝的邪恶怨恨。'"晋侯辞谢三次，然后接受，说："重耳谨再拜叩头，接受和宣扬天子的重大赐命。"接受了策书，离开了成周。从进入成周到离开，前后朝觐三次。

卫侯听说楚国兵败，很害怕，逃亡到楚国，又逃到陈国，派遣元咺奉事叔武去接受盟约。二十六日，王子虎和诸侯在天子的庭院盟誓，约定说："大家都辅助王室，不要互相伤害！有谁违背盟约，神灵就会诛杀他，使他的军队颠覆，不能享有国家，直到玄孙，不论老少。"君子认为这次结盟，是遵守信用的；认为晋国在城濮之战中，能用道德作为攻击的精神武器。

起初，楚国的子玉自己制作了镶玉的马冠、马鞍，还没有使用。作战之前，子玉梦见黄河河神对他说："送给我！我赏赐给你孟诸的沼泽地。"子玉没有奉献给河神。子玉的儿子大心、手下子西，派出荣黄，进行劝谏，子玉不听。荣黄说："如果死了，而有利于国家，尚且会去做，何况是美玉呢？这不过是粪土而已。如果可以使军队作战成功，有什么值得爱惜的？"子玉仍然不肯。荣黄出来告诉两个人说："不是神灵让令尹失败，令尹不以人民的事情为重，实在是自取其败啊！"

子玉战败之后，楚王派人对他说："（申、息的子弟大多伤亡了！）大夫如果回来，怎么向申、息两地的父老交代呢？"

大心说："子玉打算自杀，我们两个阻止他，说：'国君打算杀你呢。'"到达连谷，子玉就自杀死了。

晋文公听说子玉自杀的消息以后，喜形于色，说："再没有人能危害我了！接任的令尹芳吕臣，不过是维护自己罢了，不会在意人民了！"

冬季，鲁僖公和晋文公、齐昭公、宋成公、蔡庄公、郑文公、陈子、莒子、邾子、秦国人在温地会见，商量出兵攻伐不顺服的国家。

这次在温地的会盟，晋文公召请周襄王前来与会，而且率领诸侯朝见天子，安排周襄王狩猎。孔子说："以臣下而召请君王，不可以作为榜样！"因此，《春秋》记载这件事说："天王狩于河阳。"这表明河阳不是周襄王的领地，且为了表扬晋文公的功德，采取避讳的书法。

（三）鉴赏

1.《春秋》笔削显义与《左传》叙战之征存兵谋

元黄泽曾云："《春秋》书法，须考究前后、异同、详略，以见圣人笔削之旨。"（元赵汸《春秋师说》卷下）清章学诚《文史通义·答客问上》亦称："《春秋》之义，昭乎笔削。笔削之义，不仅事具始末，文成规矩已也。"所以能成一家之言者，"必有详人之所略，异人之所同，重人之所轻，而忽人之所谨"，而后"有以独断于一心"。《左传》以历史叙事解释孔子《春秋》经，"博采诸家，叙事尤备，能令百代之下颇见本末。因以求意，经文可知"。（唐陆淳《春秋集传纂例·三传得失议》）由此观之，《左传》之历史叙事，当有得于《春秋》笔削书法之启益，尤其是前后、异同、详略、重轻之取舍与斟酌。

文辞以叙事为最难，而《左传》精工于叙事艺术，为诸家所推崇。梁刘勰《文心雕龙·史传》推崇《左传》为"圣文之羽翮，记籍之冠冕"；唐刘知几《史通·杂说上》称扬《左氏》之叙事，"工侔造化，思涉鬼神，着述罕闻，古今卓绝"。清方苞《古文约选·序例》："序事之文，义法莫备于《左》《史》"；《左传义法举要》："《左传》叙事之法，在古无两。"章学诚《论课蒙学文法》特提叙事之法，"离合变化，奇正相生，如孙吴用兵，扁仓用药，神妙不测，几于化工，其法莫备于《左传》"。刘熙载《艺概·文概》云："《左氏》叙事，纷者整之，孤者辅之，板者活之，直者婉之，俗者雅之，枯者腴之。剪裁运化之方，斯为大备。"要之，从诸家之赞赏标榜，可见《左传》之工于叙事，不只是以史传经之功能而已。若论及中国叙事传统，自《春秋》开创经学叙事之后，《左传》发扬光大之，拓展为历史叙事、文学叙事。其中之笔削去取，详略、重轻、异同、前后，多发用于《左传》之叙事艺术中。方苞《史记评语》称："纪事之文，去取、详略、措置，各有宜也。"此之谓也。

《左传》工于叙事，非其他典籍所可及；叙事门类中，尤其长于叙次战争。故五代梁敬翔谓是"纪战伐之事"，三国魏隗禧指为"相斫之书"。如晋楚城濮之战（僖公二十八年）、秦晋崤之战（僖公三十三年）、晋楚邲之战（宣公十二年）、齐晋鞍之战（成公二年）、晋楚鄢陵之战（成公十六年），以及齐鲁长勺之战（庄公十年）、晋秦韩之战（僖公十五年）、宋楚泓之战（僖公二十二年）、吴楚柏举之战（定公四年）、吴越檇李之役（定公十四年）、吴楚鸡父之役（昭公二十三年）、吴越笠泽之战（哀公十七年），等等，皆节次详明，兵法娴妙。吴闿生《左传微》卷四称："《左氏》诸大战，皆精心结撰而为之，声势采色，无不曲尽其妙，古今之至文也。"清王源《左传评》卷一亦云："千古以兵法兼文章者，唯《孙子》；以文章兼兵法者，唯《左传》。"马骕《左传事纬》卷三则称："《左氏》叙韩原、城濮、鄢陵、鞍、邲诸大战，节次详明，兵法贤妙，而文气亦复郁勃，故文士良将，皆莫不好之。"由此观之，《左传》叙战之殊胜处有二：其一，征存兵法谋略，体现历史资鉴使命。其二，叙次战争成败，拓展传统叙事规模。在此拟以晋楚城濮之战为例，论述《左传》如何传承《春秋》笔削之书法，《左传》叙事如何发挥属辞比事之教，如何经由详略、重轻、前后、异同之措置安排，以表现叙事之艺术与资鉴之史观。清孔广森《公羊通义·叙》所谓："辞不属不明，事不比不彰。"诚哉斯言！

（1）《左传》征存兵谋与历史资鉴

历史编纂，必有其著述旨趣，或称之为史义、史观，以主导史料之搜罗、史事之取舍；指引辞文之损益，乃至于褒贬之依违。清方苞以《左传》《史记》二史传为典范，而倡古文义法，《书〈货殖传〉后》称："义以为经，而法纬之"，史事如何编比？辞文如何连属？此"法"之运用。于史传编纂之前、之中、之后，多已脉注绮交于史义、史观，进而体现于史传。章学诚论"《春秋》之义，昭乎笔削"，所谓"微茫杪忽之际，有以独断于一心"者，即是史义、史观之发用。

《左传》一书，于编年体之发用，远较《春秋》成熟而赅备。晋贺循称："《左氏》之传，史之极也。文采若云月，高深若山海。"宋吕祖谦谓："《左氏传》综理微密，后之为史者，鲜能及之。"（以上均见清朱彝尊《经义考》）刘知几《史通·繁省》引晋干宝《史议》，历诋诸家，而归美《左传》，以为"立言之高标，著作之良模"。近人梁启超《中国历史研究法》称美《左氏》书特色之一，为"叙事有系统，有别裁，确成为一种组织体之著述"。此与啖助、赵匡所云"叙事尤备，颇见本末"，以及章学诚所言："笔削之义，不仅事具始末，文成规矩已也"，可以彼此发明，相得益彰。清初魏禧著有《左传经世钞》二十二卷，《自序》云："《尚书》，史之太祖；《左传》，史之大宗。古今治天下之理尽于书，而古今御天下之变备于《左传》。"举凡执大事、断大案、定犹疑、决权变，古今经世御变之要领，《左传》已先具备，而颇足参考与借鉴。其中，《左传》叙次诸战役之成败，往往勾勒征存兵法谋略，盖缘于史乘之使命，为提供经验教训之资鉴为依归。

　　世之言兵法谋略者，多宗祖《太公阴符》《六韬》《三略》，或取法《孙子（武）》《孙膑》《吴子》《鬼谷子》以为足。不知前乎此者，有《左传》叙战，善言行军用兵之韬略。举凡搜卒简乘、进攻退守、奇正之道、虚实之方、离合之术，要多灿然大备（参考张高评《左传之武略》）。由于《左传》叙战争存兵谋，提供用兵者随方而取则，为将者究心以淹通，是以古来名将，如蜀汉关羽、晋杜预、宋岳飞、明戚继光、清曾国藩，无不通习《左氏传》。明陈禹谟《左氏兵略》卷首，列古今名将通晓《左传》者六十余人；揭示《左氏》之韬略近百，持历史重演运用者为佐证，可谓洋洋大观。唐太宗曾与李卫公谈《左氏》兵法："朕观千章万句，不出'多方以误之'一句而已！"案：此言典出《左传》昭公三十年，伍员对吴王阖闾问："伐楚何如？"伍子胥提出"三师肄楚"（三分疲楚）兵谋："亟肄以罢之，多方以误之"，吴王采用长期消耗战略，于是楚"无岁不有吴师"，因而吴虽小而能敌大，兵寡却能击众。"多方以误之"之诡道奏效，吴于楚一败于豫章，再败于柏举，三败及郢。由此观之，《左氏》兵法，与《孙吴兵法》不同者，《左氏》兵法征存于战役之中，体现乎史事，佐验于战役，非凭空蹈虚发论可比。《春秋》志在经世，《左氏》踵继《春秋》，成公十四年《春秋》五例，其五曰惩恶而劝善，可见经世资鉴之志无异。有此经世之志之义，故《左传》叙战，详叙重写兵谋，而略言轻点战事，此《左氏》之特识。有此别识心裁，故与后世详叙战况之如火如荼者，不可同日而语。

（2）城濮之战晋胜楚败，取决于兵谋之高下优劣

《左传》叙次春秋大小战役，为数在一百场以上。交战必有双方或多方，结局自有胜负成败。《左氏》叙战，始终不忘历史之资鉴使命，揭示各大战役所以成败胜负之因素，往往不厌其烦。综考《左传》之叙战，影响双方战役成败胜负之原因，大抵有五：太上为兵法谋略，其次为将帅性情，其三为士气盛衰，其四为武器利钝，其五为兵力多寡。五大因素之比重，依次递减，前三者最具关键。《左传·城濮之战》之叙战，可作上述命题之佐证。

《春秋》是一部霸史，重心在晋楚争霸，所以叙次晋楚二国事独详。荆楚自武王以来，吞灭小国，僭号称王，声势日益强大。整军经武，以进窥中原为终极目标。虽一挫于齐桓公召陵之盟，却于泓水之战打败宋襄公。接着楚成王于僖公二十七年再率楚、陈、蔡、郑、许诸侯之军围宋，于是宋如晋告急，请求救援。就客观形势来说，此时楚国久强，晋国方兴。晋楚对峙，兵力上是楚众而晋寡。除了《左传》原典文献所示之外，《国语·楚语》《韩非子·难一》《吕氏春秋·义赏》也都印证了这个事实。童书业《春秋左传研究》推论，楚军（含陈、蔡）兵车，当在千乘左右，而晋军仅七百乘，确实是"楚众我寡"。楚子玉"今日必无晋矣"之豪语，恃众恃强可以想见。晋独力作战，力敌楚、陈、蔡三国联军，以寡胜众，所以难能而可贵。晋胜楚败之原因，当不全在兵力，而在兵谋之高下优劣。

话说晋献公晚年宠爱骊姬，陷害诸公子，引发晋国近二十年之内乱，自僖公四年始，至僖公二十四年（公元前六五六年—前六三六年）止，骨肉手足相残，国家元气大伤。公子重耳于僖公二十四年返晋，有得于狐偃、赵衰、魏武子、先轸、颠颉、贾佗诸人才之辅佐，最终得土有国，是为晋文公。此时之晋国，百废待举，元气未复，既缺乏参加国际战争之经验，也不具备与强楚拼搏之实力，无论武器装备，军队数量，都远远不如有备而来之楚国。结果晋文公竟然允诺救宋，助宋抗楚。最终晋楚城濮之战，晋胜楚败。《孙子兵法·计》所谓："多算胜，少算不胜"，是其中因素；而晋楚将帅之个性素养，良窳不齐，亦足以影响领导风格，与军心士气。

（3）为何而战？明列指标；如何而战？攻其必救

《左传》叙战长篇，最见比事属辞之《春秋》教。就排比史事而言，多敌我相映，两两相对。就辞文之损益而言，最详于战前之酝酿，次详于战后之收拾，而正面叙写战况，多用简括之笔，不过数行，一点便足。（详见下文"叙事模式"）所谓详于战前之酝酿者，往往提示成败胜负之影响因素，作为历史解释（史观），且为此役之成败作张本。其中最为可贵，堪称《左传》叙战一大特色者，即在兵法谋略之提点。

如僖公二十七年，《左传》叙"冬：楚子及诸侯围宋。宋公孙固如晋告急"之下，紧接晋国先轸、狐偃两段言叙，确定参战救宋，才有后续"搜于被庐，作三军，谋元帅"之行动。先轸之发言，出之以提叙，所谓"报施、救患、取威、定霸"云云，已缜密勾勒出晋军为何而战之行动纲领，企图顺水推舟，层层递进，一举而四得。尤其取威、定霸二者，一旦成功，是何等政治效益？先轸因此战役提出指导方针，终极追求，其深谋远虑，盘算多方，可谓高瞻远瞩，胆大心细矣。

僖公二十八年，《左传》叙城濮之战，其情节推展，即依循先轸提叙所云：报施、救患、取威、定霸的程序。其次，狐偃之言叙，呼应先轸"为何而战"，提出"如何而战"之策略规划——攻其必救，战国孙膑围魏救赵兵法，即从此衍化。晋国既允救宋国，如何作战方能成事？狐偃提出"攻其必救"之创意兵谋，未采直接率兵解围方式，而是不犯正位，以侵曹伐卫为手段，以引诱围宋之楚师北上救援为目的。"若伐曹卫，楚必救之"，此即《史记·孙吴列传》孙膑围魏救赵方略的祖本。《孙子兵法·虚实》载"攻其所必救"之法，后世兵法家借鉴而有成效者多，可参明陈禹谟所著《左氏兵略》。

（4）假道于卫、称舍于墓；设计用谋，攻心为上

出谋划策，皆以克敌致果为最终目标，所谓谋定而后动，稳操胜券而后行。若未来形势变化，一如当初预料；客观形势，都在自我掌控之中；如此，将战无不胜，攻无不克。城濮之战，晋文公作战团队，能赢取胜利，兵法谋略优于子玉，高于敌军，自是关键，故《左传》历史叙事载录之，作为经世资鉴。

如僖公二十八年春，"晋侯将伐曹，假道于卫"。此引君入瓮、一石二鸟之策略：姑不论"楚新得曹，而新婚于卫"，曹卫因楚而有同盟之谊；故晋欲假道于卫以伐曹，卫国必无许诺之理。明知弗许而故意要求假道，是晋变直为曲之策略。重耳出亡至曹，曹共公曾观其裸，今伐曹诛无礼，可谓师出有名。过卫，虽不受礼遇，然未得罪，今于曹曰伐，于卫曰假道，可以知之。卫人既弗许假道，于是晋人"侵曹""伐卫"，师出有名，名正言顺矣。"晋侯围曹"章，晋人攻城不下，"多死，曹人尸诸城上，晋侯患之"。晋军破解之道，在"称'舍于墓'，师迁焉"！《左传》称"与人之谋"，想必是狐偃、原（先）轸等高等谋士之策略，假称众人之舆论：一方面宣称晋军将驻扎曹人之祖墓，晋军同时配合宣传，确实移动前往曹人祖坟。这个"攻心为上"的假动作，果真奏效，引发"曹人凶惧，为其所得者，棺而出之"。晋军正愁曹城难攻，于是趁棺出城门，"因其凶也而攻之"，因势利导，《孙子兵法·论将》所谓"因形用权"，要皆因敌战术之一。

（5）买空卖空，支配在我；因势利导，请君入瓮

《宋人使门尹般如晋师告急》章，晋人处心积虑"欲战"，但是"齐秦未可"；如何促使心存观望之齐秦两国参战？中军将先轸提出三个行动策略，分别针对宋、晋、齐、秦，连类而及楚人。大抵运用买空卖空，激将诱入之策略：就宋而言，原本赂晋的利益输送，转让给齐秦；就齐秦而言，获得转送的利益，任务是劝告楚国解除宋围；就晋国而言，逮捕曹君，瓜分曹卫田地以赏赐宋人，以补偿贿赂齐秦的损失。如此策略交叉运用，先轸预期结果有二：其一，楚爱曹卫，不会同意齐秦建议，而解除宋围。其二，齐秦喜得宋赂，却未完成交付之任务，必然迁怒楚之顽固。喜怒交织，齐秦两国势必参战。或者，最少也保持中立。

今考僖公二十八年《左传》传文："夏四月戊辰，晋侯、宋公、齐国归父、崔夭、秦小子慭次于城濮"，《春秋》经文："夏四月己巳，晋侯、齐师、宋师、秦师及楚人战于城濮，楚师败绩。"由《经》《传》记载看来，齐、秦二国确实参与城濮之战，则先轸谋略已达心想事成，无不如志之效应。城濮一战而胜，自是预料之中。

（6）复卫封曹，三施三怨；私许复封，偷天换日

"子玉使宛春告于晋师曰"一章，《左传》首叙楚子玉之兵谋，确实不同凡响。针对先轸所云：执曹伯，分曹、卫之田，释宋围三事，作为反击："请复卫侯而封曹，臣亦释宋之围"，看似善意回应，其中却存有楚子玉无视君臣尊卑之傲慢，借由子犯口中道出："君取一，臣取二。"依子玉之提议，为臣之子

玉赢得复卫与封曹二功；为君之晋文，却只得释宋围一利，显然子玉占了晋君的便宜。可见子玉之兵谋巧取暗渡，自有胜处。中军帅先轸于子玉之无礼求索，却触发创意解读，另提创意谋略："楚一言而定三国，我一言而亡之"；"我则无礼，何以战乎？""楚有三施，我有三怨。怨仇已多，将何以战？"先（原）轸以下军佐跃升为中军帅，以上德著称，故在乎礼义与恩怨。以为无礼与怨仇，将影响战争之胜负。于是提出"私许复曹卫以携之，执宛春以怒楚"之策略，利用主客易位，以其人之道还诸其人之身，变被动接受为主动分配，将公开承诺转换为私许让利，无异偷天换日。先轸用谋将计就计，妙不可言。

依子玉之计，"楚一言而定三国"，"楚有三施"；先轸之计，挪移乾坤，且将原初操之子玉之复卫、封曹请求，转换为操之晋人之"私许"复曹卫，于是三怨立马转为三施，可以一战！何况，"私许复曹、卫"策略，可同步达成孤立分化目的。"执宛春以怒楚"，为激将法，激怒子玉参战！而且，"私许复曹卫"后，果然"曹卫告绝于楚"。战场情势发展，几乎按部就班，料事如神，一切并未出于晋军料算之外。

（7）楚惠未报，我曲楚直；退避三舍，转曲为直

"子玉怒，从晋师"一章，旗鼓为军队之耳目，退避三舍之举动，无异于军事冒险。子犯针对军吏质疑，分两层回应：其一，士气之高下消长，和军事行动的理直理亏关系密切。其二，晋师退避三舍，既为信守承诺，且为感恩图报。抑有进者，更可转化为策略应变：原初，晋师忌讳"背惠食言"，唯恐"我曲楚直"，因此退避三舍以报之。

若进一步，则退避三舍可转化为两手策略：其一，"我退而楚还，我将何求？"此战为释宋围而发，若晋退避三舍，楚亦班师回朝，则以和平收场，功德圆满。其二，"若其不还，君退臣犯，曲在彼矣！"变被动为主动，化劣势为优势：其始，未报楚惠，若又背惠食言，以救宋围，则晋曲楚直；何况楚师素饱，加上理直气壮，对于晋师不利。其后，晋师退避三舍，坐实"以君避臣"之忌讳，此时若楚军穷追晋师，则已误蹈"君退臣犯"之无礼行径，故曰"曲在彼矣！"偷龙转换，另辟乾坤，应变之妙，从容得体。晋军叙战用谋如此，堪作行军用兵之资鉴，故《左传》以史传经，言叙存真如此其详。

（8）蒙马虎皮，出其不意；设旆曳柴，多方误敌

以上五则兵法谋略之实录，皆集中叙记于未战之前。千波万澜几度翻腾，全为此役之成败作张本。《左传》叙五大战，战争多详叙兵谋，而略写战事；至叙写战状，往往寥寥数行即止。如晋楚邲之战，为《左传》叙战长篇，只用"车驰卒奔，乘晋军"七字；叙晋军败乱，只写"中军下军争舟，舟中之指可掬也"两句。吴越笠泽之战，只用"鼓噪而进"四字。盖著神于虚，自可省力于实。

唯城濮之战，为中原文化保卫战，自《左传》开篇以来规模称最，影响既深且远之一大战。《春秋》为霸史，晋楚争霸为其中主轴，诸侯列国依违分合乃其经纬，故城濮之战正面直接叙写战况独详。"己巳，晋师陈于莘北"章，首叙晋师之阵，胥臣之当；以及楚令尹子玉之将，子西、子上之将。勾勒两军对垒，相关位次。以下，则兵谋战术夹写，绘声绘影，恍如亲

历战场实境。"胥臣蒙马以虎皮，先犯陈蔡"，蒙马以虎皮，出其不意，攻其不备，往往能奏奇功。先犯陈、蔡者，陈蔡联军，将帅非一，协调不易，犹"一国三公，吾谁适从"，于是用兵之道，在乘暇抵隙。

《左传》叙邲之战，随武子论用师，在"观衅而动"，在"兼弱攻昧"，在"取乱侮亡"，此之谓也。于是，叙城濮之战，"陈蔡奔，楚右师溃"，首传捷报，妙在用奇。其次，"狐毛设二旆而退之，栾枝使与曳柴而伪遁"，则是妙用诡道欺瞒战术，设旆伪退，曳柴伪遁，所谓兵不厌诈。唐太宗称引伍子胥之言，所谓"多方以误之"，堪称虚实相生兵谋之最佳诠释。用虚之法，在引敌军入毂，果然楚军信以为真，"楚师驰之"。于是晋师将帅兵分两路，一路以中军横击之，一路以上军夹攻之，结果"楚左师溃"。楚之右师、左师相继溃败，因而楚师败绩。楚子玉所将中军虽未败，然三军已败溃其二，大势已去，城濮之战晋胜楚败，遂成定局。

由此观之，城濮之战晋所以胜，楚所以败，自《左传》叙战看来，兵法谋略之高下得失，自是其中之关键因素。《左传》叙战，详载得失优劣之兵谋个案，明陈禹谟《左氏兵略》谓："诚用兵者所当随方而取则，为将者所宜究心以淹通"者，故《左传》叙战详之重之，以拟言、代言之言叙法出之。有兵谋、有事案，相互印证发明，较诸《孙子》《吴子》兵法之空言无事实，《左传》叙战之寓乎事，验于实，尤其深切著明。《左传》史学之资鉴使命，左丘明对于战争成败之历史解释，由此而衍生之史观、史义、历史哲学，叙战而特重兵法谋略，此中有之。

（9）个性、士气、武备、兵力，多少都会影响战争成败

影响战争成败胜负之因素，兵谋高下最重最大，已如上述。其他四者，依次为将帅性情、士气盛衰、武器利钝、兵力多寡，影响成败之系数，亦依序递减。以《左传》叙城濮之战为例，楚子玉"刚而无礼，不可以治民"，孙叔敖之父蒍贾已逆料其败。楚成王命子玉去宋，无从晋师；子玉却抗命不从，反而"使伯棼请战"，曰："非敢必有功也，愿以间执谗慝之口。"晋人私许复曹卫、执行人宛春；曹卫告绝于楚，子玉怒从晋师。晋师退避三舍，以报楚惠；楚众欲止，子玉不可。晋楚对阵于城濮，子玉率领家族精兵，将中军。曰："今日必无晋矣！"刚愎自用，目无礼法；鲁莽躁进，骄矜自大，子玉个性特质如此而治军，焉能不败？《左传》于最后补叙河神篇，引楚荣黄之言，称子玉"其不勤民，实自败也！"可谓定评。

军队士气之高涨还是低落，亦足以影响战争之成败。《晋楚城濮之战》叙晋师退避三舍，晋国军吏曾质疑这项军事冒险，其中一个理由是："楚师老矣，何故退？"子犯之回应称："师直为壮，曲为老，岂在久乎？""其众素饱，不可谓老！"这段问对，凸显了士气之盛衰高低，足以影响战争之成败。军吏以为，军队士气之高低，和驻守在外之久暂无关。楚师围宋，至今已五、六个月，想必精神疲惫，士气不振，正容易打败，故质疑晋师"何故退"？子犯不以为然，反驳说："师直为壮，曲为老，岂在久乎？"军队师出有名，理直气壮，则士气高涨；如果理亏、无理，则士气低落，跟军队驻防在外时间的长短，并无直接关系，诚所谓："有理走遍天下，无理寸步难行。"因

此，子犯等晋帅才妙用退避三舍策略，落实"以君避臣"之场景；若楚子玉罔顾君臣进退之伦理，君退而臣犯，则子玉已陷入"楚曲晋直"之泥淖中不可自拔。子犯不惮其烦，申说曲与直，则士气于战争成败之影响，亦由此可见。晋楚邲之战，栾武子料楚，亦再三称引子犯之言："师直为壮，曲为老"；"我曲楚直，不可谓老"；则士气攸关战争成败可知。

晋侯登有莘之虚观师之后，以为军队可用于作战，于是接叙"遂伐其木，以益其兵"。所谓伐木益兵，指"伐其木"，所以"益其兵"也。晋国历经二十年内乱，元气未复，实力不强，一般军队恐装备不全、不足、不精。军人执干戈以卫社稷，若干戈不足，将如何作战？晋师乃就地取材，砍伐其木，作为棍棒尖锐之器，自有利于刺杀攻伐，故曰"以益其兵"。不过，伐木益兵，于城濮之战未见产生实质性影响。

至于兵力多寡，是否影响战争成败？《左传》叙战，明载楚军兵力有二处：僖公二十七年，蒍贾评子玉："过三百乘，其不能以入矣！"杜《注》"三百乘"，为二万二千五百人，数据未必精确。楚成王命子玉去宋，无从晋师；子玉使伯棼请战，王怒，少与之师，"唯西广、东宫与若敖之六卒实从之"。由此看来，子玉围宋时，已有楚国的基本部队在，外加西广、东宫及若敖之六卒，再加上陈蔡等盟邦兵力。故学界估算，一说十五万，或说二十万大军。至于晋师，有中军、上军、下军，兵力在五万左右。总之，楚军兵力当为晋军三倍左右。城濮之战，结果晋胜楚败，以寡击众，以兵法谋略战胜强权楚国，成为后世行军用兵之典型。

《左传》叙战，往往征存兵法谋略，故历代名将兵家多研习之。《四库全书存目丛书》子部兵家类，著录明清兵学演绎诠释《左传》兵法谋略者不少。明陈禹谟《左氏兵略》、宋征璧《左氏兵法测要》，清魏禧《左氏兵法》《左氏兵谋》、李元春《左氏兵法》，为其中较著者。

陈禹谟有《进〈左氏兵略〉表》，列举《左传》许多兵谋，而称："括之万句千章，不出多方误敌；统及九军亿旅，无如师克在和"；《进〈左氏兵略〉表》亦云："古今用兵家，有不出其彀中而能逸其域外者谁哉？尝博稽古名将渊源《左氏》者，殆更仆未易数也。"李元春《左氏兵法·序》，更胪举用奇、兵势、励士、虚实、应变、校计、料敌诸谋略，或《孙子》《吴子》未尝明言，或《孙》《吴》所未能言，唯《左传》先发之，唯后世犹有不尽发用者。

此单就兵法谋略之借鉴参考而言，不妨再经转化，作为领导统御之经典，亦可移作为企业管理之宝鉴。商场犹如战场，应变、料敌、知人、制先、励士、用众云云，要皆相通相融。若多作会通触发，将无往而不可，何必执着于叙战？

2.《左传》叙战与《春秋》笔削——论《晋楚城濮之战》之叙事义法

孔子参考鲁史记，作成《春秋》。或笔或削，多出于孔子之独断与别识，微辞隐义，其实难知。因此，及门高弟子夏亦不能赞一辞。于是乎，推求《春秋》之指义，遂成为历代《春秋》学之志业。《孟子·离娄下》称孔子作《春秋》，就生成论而言，有其事、其文、其义三元素。而义，为孔子所"窃取"，指或笔或削，多出于孔子自觉之取舍。

（1）史之大原本乎《春秋》，《春秋》之义昭乎笔削

司马迁《史记·十二诸侯年表序》谓孔子纂次《春秋》："约其辞文，去其烦重，以制义法。"《礼记·经解》亦云："属辞比事，《春秋》教也。"综要言之，司马迁谓"约其辞文"，即是《礼记》所云"属辞"，《孟子》所述"其文"。《史记》所谓"去其烦重"，指史事之笔削，相当于《孟子》所云"其事"，《礼记》所云"比事"。《孟子》《史记》《礼记》所言，彼此可以相通互明。若能洞明《春秋》或笔或削之书法，即可以考索言外之"义"。排比相近相反之史事，连属上下前后之辞文，亦可以求得《朱子语类》所谓"都不说破"之《春秋》史义。简言之，破译孔子《春秋》之微旨隐义，其方法策略有三：一曰笔削；二曰比事；三曰属辞。而其诠释视野，则在运用系统思维，作原始要终、张本继末之探究。

就司马迁《史记·十二诸侯年表序》所提"义法"而言，笔削、比事、属辞，皆可作为凭借，以求"义"、求"法"。清章学诚《文史通义·言公上》云："载笔之士，有志《春秋》之业，固将惟义之求。其事与文，所以借为存义之资也。"《春秋》之指义，既寓存于其事、其文之中，故考察史事如何排比编纂，辞文如何连属修饰。自《春秋》三传以下，遂成历代《春秋》学者考义、求义之津筏。清孔广森《公羊通义·叙》称《春秋》重义："然而辞不属不明，事不比不章。"研讨比事属辞，有助于求义、观义；对于《春秋》之笔削去取，亦可以即器以求道。

《春秋》三传中，《左传》以历史叙事解经，《公羊传》《谷

梁传》以历史哲学说经。就求义之法而言，章学诚称："其事与文，所以借为存义之资"，故《左传》释经之功独高。汉桓谭《新论》谓："《左氏传》于经，犹衣之表里，相待而成。《经》而无《传》，使圣人闭门思之，十年不能知也。"唐陆淳《春秋集传纂例》引啖助之说，亦称《左氏》"博采诸家，叙事尤备。能令百代之下，颇见本末。因以求意，经文可知。"一称《左传》与《春秋》，互为表里；再称《左传》叙事见本末，可因以推求《春秋》经之指义。啖氏所谓"因以求意（义）"，大抵指《左传》之历史叙事、以史传经而言。

《左传》以历史叙事方式解释《春秋》经，简称以史传经，遂与《公羊》《谷梁》以义解经，殊途异辙。《左传》与《春秋》，同为编年史书，有关之历史事迹分隔异处，不相连贯。统合之道，即在经由事之比，辞之属，而求得《春秋》或笔或削之义，以及褒贬予夺之旨。清章学诚曾云：

> 史之大原本乎《春秋》，《春秋》之义昭乎笔削。笔削之义，不仅事具本末，文成规矩已也。以夫子义则窃取之旨观之……必有详人之所略，异人之所同，重人之所轻，而忽人之所谨。……而后微茫杪忽之际，有以独断于一心。（《文史通义·答客问上》）

章学诚称笔削之义，体现在两大方面：其一，事具本末，文成规矩，此比事属辞之功。其二，夫子窃取之义，微茫杪忽。推求《春秋》之义，可借由详略、异同、重轻、忽谨之对比烘托，寻得孔子独断于一心之历史哲学。《春秋》之经学叙事，为中国传统叙事学之滥觞，《左传》之历史叙事薪传之，踵事增华，变本加厉，乃成历史叙事之宗祖与典范。《左传》发明《春秋》经之义，于《经》阙《传》存，最为显著。学者指出，《经》无《传》有者，或作《经》义之旁证，或明《经》文之笔削，或详究不书、不言、不称之故，或称说《经》文之不及与阙漏。要之，多可以"笔削"二字概括之。《左传》阐发《春秋》经之微辞隐义，亦以笔削见义为依归。

一部春秋史，堪称诸侯争霸之历史。其中，晋楚两大国势力之消长，尤其攸关霸业之兴衰，及诸侯于国际之依违关系。春秋以来，五霸唯齐桓公为盛，九合诸侯，一匡天下，诸侯皆归之。桓公既没，诸侯叛齐即楚。楚乘诸夏之衰，蚕食中国，凌虐诸姬。虽宋襄图霸，然泓水之战功败垂成。若非晋文公崛起于其间，城濮一战克敌制胜，则天下皆南面事楚矣。晋文创霸，固在城濮之战；从此晋主夏盟，天下翕然宗之。迨平公失政，霸业始渐衰，前后长达一百二十年。

由此观之，城濮之战在春秋史、争霸史，以及晋国霸业史方面，都极具关键意义。更何况，晋楚城濮之战，为春秋以来规模最大之一场战争。因此，《左传》以十分笔力，惨淡经营，"序得声满天地，气撼山河"，不愧为大块文章。今以城濮之战为例，论述《左传》叙战于《春秋》笔削之转化与运用，叙战之模式、叙事之义法，亦由此可见一斑。

①探讨《春秋》笔削，要领在"义以为经，而法纬之"

《周礼·春官·宗伯》载内史之职责，为掌理天王有关爵、禄、废、置、杀、生、予、夺之八柄之法，以诏告王治。而且，"掌叙事之法，受纳访，以诏王听治"。史官主书主法，以诏王治天下，于是或书或不书，或笔或削，多攸关王柄王治。（参考阎步克《史官主书主法之责与官僚政治之演生》,《国学研究》第四卷）

《孟子·滕文公下》称："《春秋》，天子之事也。"盖内史掌叙事之法，所以诏王听治。而生杀予夺之权柄，仍归天王掌理。是以孔子作《春秋》，无异替代天子施行赏罚。于是原为赞诏王治之废、置、予、夺柄法，转换成史官叙事之予夺书法，再衍化为褒贬劝惩之历史叙事。《汉书·艺文志·诸子略》称史官："历记成败、存亡、祸福、古今之道"，一语道出史官主书主法之原委。从内史"掌王之八柄之法"，至《孟子》称说《春秋》原本乃"天子之事"，可知笔削褒贬之所由来，以及《左传》历史叙事之渊源所自。

汉董仲舒《春秋繁露·精华》称："《春秋》无达辞，从变从义。"《竹林》篇亦云："《春秋》无通辞，从变而移。……辞不能及，皆在于指。"孔子作《春秋》，必将指义先存有于心中，然后能施行笔削去取。义，既经一心之独断，于是史事之忽谨、详略，辞文之重轻、措置，方有定夺，始有规准。故曰"从变从义""从变而移"。不但辞文如何连属，皆在于指义；即史事如何排比，亦"皆在于指"。清方苞倡古文义法，由《春秋》书法转化而来。（参考张高评《比事属辞与古文义法》，新文丰出版公司，2016 年）方氏倡"义法"说，追本到司马迁著《史记》，更溯源至孔子作《春秋》。以为：义法之操作策略，二言可以蔽之，曰"义以为经，而法纬之"；法以义起，法随义变，亦由此可见。（方苞《又书货殖传后》《史记评语》）换言之，义先法后；先有"义"，而"法"后之、随之。孔子作《春秋》如此，左丘明著《左传》，司马迁成《史记》，要皆不例外。所谓未下笔，先有意；犹文同画竹，必先成竹于胸中。作经、撰文、修史、绘画，要无不同。

晋楚城濮之战，自是左丘明惨淡经营、匠心独运之叙战名篇。千军万马，驰骋战场；生死格斗，存亡所系，祸福所倚，更攸关华夷形势之消长。身为史家，叙战将如之何而可？战争结局，晋胜楚败；晋文创霸，楚焰销歇，史家将如何着墨，方见精神，方不负使命，始可以鉴往而知来？凡此，皆攸关《左传》叙战之或笔或削，以及左氏之史观、历史哲学。要之，《左传》之以史传经，叙事传人，皆缘于资鉴之史观。

②《左传》史观，聚焦于资鉴，往往侧笔见义

《左传》成公十四年"君子曰"，曾提示圣人修《春秋》之五例："微而显，志而晦，婉而成章，尽而不污，惩恶而劝善。"前四者或曲笔，或直书，示载笔之体；惩恶而劝善，则示载笔之用（钱钟书《管锥编》）。此所谓善恶，泛指成败、存亡、祸福、荣辱、是非、得失、毁誉，等等，包含一切正能量与负能量之历史裁判。劝勉及惩戒，即历史资鉴之作用与功能。回顾过往，展望将来，历史重演既有其可能，于是"前事不忘后事之师"，遂为资鉴之信条。（参考陈登原《历史之重演》）娴熟前言往行，观其成、其福，固值得见贤思齐；苟知其败、其祸，亦足以戒慎恐惧，思患预防。故资鉴劝惩之教化，为史官之天职，史书

之使命。

城濮之战开战之前，客观形势颇不利于晋国。四年前，公子重耳结束十九年流亡生涯，甫返国即位为晋君。晋国历经二十年之内乱，元气大伤，尚未恢复。晋国在此之前，理乱之不暇，未有参加国际战争之实际经验。更何况晋文公已近花甲之年，企图称霸诸侯，虽曰"老骥伏枥，志在千里"，不免有日暮途远之顾虑。何况争霸之对手，为南方久强之楚国，能不惶恐？楚历武王、文王、成王以来，日益强大，论者以为"入春秋以来，灭国之多，无过于楚；而灭国之易，亦无过于楚"。（清马骕《左传事纬》卷二，《楚灭诸小国》）楚于是幅员渐广，甲兵日盛，其威逼中原之态势，业已形成。城濮之战若非晋文告捷，中原华夏或许南面事楚矣。战前之较短量长如此，哪知战争结果出乎意料之外，居然晋胜楚败。晋何以胜？楚何故败？成败存亡之理为何？祸福得失之道何在？提示其中所以然之故，作为天下后世之资鉴，乃《左传》历史叙事之重要使命。《左氏》叙战之发想与取义，大抵如是。取义既定，然后或笔或削，"义以为经"，其事其文（法）纬之，历史叙事乃告完成。

晋楚两大国，为城濮之战交战之主体。《左传》之历史叙事，于其事、其文，多不采等量齐观方式，但传承《春秋》笔削见义之书法，侧笔叙事晋国一边，叙楚国事迹只用带叙、略叙。综观晋楚城濮之战，决定成败胜负之关键因素，以兵法谋略为上，故《左传》叙城濮之战，笔之书之，不惮其烦详说之。《春秋繁露·祭义》："书之重，辞之复，呜呼？不可不察也，其中必有大美恶焉。"城濮之战，聚焦于资鉴，不惮其烦载记晋军之兵法谋略，详略重轻之际，自有笔削见义之资鉴精神在。《左氏》以史传经，薪传《春秋》书法而光大之，即此是也。（《春秋》笔削，参考张高评《笔削显义与胡安国〈春秋〉学》，《新宋学》第五辑）

综考城濮之战，《左传》叙写晋军之兵法谋略，笔者曾撰文阐发其微，如：为何而战？明列指标；如何而战？攻其必救。假道于卫，称舍于墓；设计用谋，攻心为上。买空卖空，支配在我；因势利导，请君入瓮。复卫封曹，三施三怨；私许复封，偷天换日。楚惠未报，我曲楚直；退避三舍，转曲为直。蒙马虎皮，出其不意；设斾曳柴，多方误敌，等等，说已详前文。《孙子兵法·谋攻》云："上兵伐谋，其次伐交，其次伐兵，其下攻城"；城濮之战晋之胜楚，切合《孙子兵法》"上兵伐谋"所云。故《左氏》提供成败之历史资鉴如是，因笔削而见详略重轻之书法，亦由此衍生。

③详略重轻见笔削，比次史事显指义

属辞比事，堪称《春秋》之生成论，学者以意逆志读之解之，即成《春秋》之阅读论、诠释学。清姜炳璋《读左补义》释之云："属辞者，聚合其上文下文之辞。比事者，连比其相类相反之事。"晚清钟文烝《春秋谷梁经传补注·论经》则以为："《春秋》之义，是是非非，皆于其属合、比次、异同、详略之间见之。"属合、比次，指辞之属，事之比而言。就比事而言，比，指排比、编比、比次史事。凡史事之相近似、相关合者，为类比；相反、相对、相乖违者，为对比。就历史叙事而言，即是类叙与对叙。无论对叙或类叙，要皆缘于指义而发。在史料取舍过程中，大抵以义为指归，来进行筛选抉择。因此，自有详略重轻之取舍分际，于是与《春秋》笔削见义之书法同功。

《左传》叙城濮之战，多以比事显义，见历史叙事之义法。叙次晋楚，或作对叙，或作类叙。叙战而用对叙，则彼此相形，而得失见；前后相累，而是非昭。如僖公二十七年，叙将战之前，楚子将围宋，令尹子文、子玉先后治兵，一宽松，一严峻，已烘托出新任令尹治军之风格来。且芳贾断言子玉："刚而无礼，不可以治民！"开篇叙楚事如此，即与晋军相对。晋军为救宋围，亦搜于被庐，作三军，谋元帅。然三军将佐，温和礼让，领导人之气度，自与子玉有别。《左传》详叙元帅郤縠之说《礼》《乐》而敦《诗》《书》，又详叙晋侯教其民以义、信、礼，亦与子玉之"刚而无礼"相反相对。《左传》说楚，以言叙凸显子玉必败；叙晋，则预叙："一战而霸，文之教也。"战前之叙事，晋楚对叙已如此。

晋侯伐曹、假道于卫；围曹，因其凶而攻之；且以精于兵谋类叙，以连属篇章。"宋人告急"章，则又比物联类，以及晋侯、先轸之答问。答问之际，已促成齐秦之参战，亦展示晋国君臣之诸般兵法谋略，见胜战良非侥幸。读者方见晋文公君臣同心协力，排难解危，《左传》忽叙楚成王使子玉去宋，下达"无从晋师"之命令。子玉不但不受令，反而"使伯棼请战"。抗命、自用至于如此，已触犯为将之忌讳，埋下战败之祸因（参张高评《〈左传〉之武略·〈左传〉论为将之忌》）。前后叙晋叙楚君臣关系如此，即是以对叙显义。子玉公开提出"复卫封曹"之条件，不可谓不精明，然子犯、先轸之论辩，将之转换为"私许复曹卫"，无异入室操戈，将计就计，以其人之道还诸其人之身，于是化危机为转机。《左传》叙晋楚兵谋之攻防，亦用对叙：晋报楚惠，实践退避三舍诺言，不料"楚众欲止，子玉不可"。于是，晋军之劣势变为优势。子玉之"刚而无礼，不可以治民"，由《左传》之对叙，昭然若揭。战场之一切变数，晋军多能掌控；危机困境，亦多长于化解与突破。如此用兵作战，安能不胜？

晋文公对楚作战，基于前文所述之外在因素，一直缺乏胜利之把握。故晋楚于城濮对阵，《左传》叙其担忧、犹豫、恐惧、害怕，一则曰晋侯患之，再则曰公疑焉，三则叙其忧思成噩梦，四则曰是以惧，皆是类叙见义，形象历历。晋君如此，犹能克敌致果者，关键不在于明君领导，而是晋有贤臣辅佐，如先轸、狐偃、赵衰、郤縠、栾知、胥臣、狐毛之属，《左传》僖公二十三年所谓"得人"，所谓"有三士，足以上人"。由此言之，晋文公于《左传》中之形象，所谓因人成事者欤？无怪乎吴闿生《左传微》引诸家说，以为战前之重信义，皆临时措办，所谓假仁假义；叙晋侯患之、公疑焉、是以惧云云，是写晋侯之狐疑虚怯；入曹而亟报私惠，是写其器量浅小；城濮之战，只是侥幸成功而已（吴闿生《左传微》卷三，《晋文之霸》）。清韩菼《左传句解》亦批评晋文公："纳王示义，似矣；而河阳之狩，请隧之举，大义安在？伐原示信，似矣，而宛春怒楚，曳柴败荆，大信安在？大搜示礼，似矣，而降服请囚，将殡有声，大礼安在？"此利用系统思维，就《左传》全书所叙晋文事迹，进行大属辞比事，而突出"谲而不正"之晋文公形象，足与《论语》孔子所云相发明。果如上述所云，城濮之战叙事，晋国君臣行事之相反相衬，楚成王与令尹子玉君臣亦二三其德，要皆因对叙而显义者。

就城濮之战大势言之，晋胜而楚败。此就对比叙事，可以明其所以然。至于晋何以胜？楚何以败？则类比叙事，足以见其大凡。林纾《左传撷华》称："城濮之战，（晋）君臣辑睦，上下成谋，故胜。"就《左传》叙战原始要终，张本继末观之，晋国所以制胜，在于君臣上下辑睦与成谋，此则最富于经世资鉴之价值。反之，楚之所以战败，君臣矛盾，离心离德；子玉身为令尹，却抗命、轻敌、躁进、自用，亦足作殷鉴与诫惕。若就局部类叙言之，《尚书》《国语》《战国策》《史记》叙战，从来未有叙其为何战、如何战者。城濮之战，分叙晋军于楚右师、左师之攻略，奇正相生，不满百字，写尽战事。或以正兵，或以奇兵；或以奇为正，或以正为奇（韩席筹《左传分国集注》）。要之，皆是凸显兵法谋略之克敌制胜，所谓上兵伐谋。类叙前后四番之攻防兵谋，而千军万马奔腾之气势，跃然纸上。历史叙事之存实传真，千载之下读之，犹如见如闻。"上兵伐谋"，真堪作历史之资鉴。

比事显义，作为历史叙事之重要手法，有对叙与类叙二端。类叙，以连属零散、比物联类为其功能，有助于人物形象之塑造。对比叙事，以相反相对，映衬烘托为其要领。以反差冲突碰撞出意味，因对比衬托，而回互激射，而意象浮现，旨趣凸显。清方苞著《左传义法举要》，于城濮之战叙事之两两相对，有极详尽之列举。且以为：两两相对之叙事法，可以有三大作用：其一，可以改善文章之散漫无检局；其二，有助于通篇大义之贯穿；其三，有功于抒轴而成章。方苞所称叙事文之两两相对，即指对比叙事而言。

（2）《左传》叙战言事相兼，属辞有序

《汉书·艺文志》称"左史记言，右史记事；事为《春秋》，言为《尚书》"。夷考其实，不必皆然："古人事见于言，言以为事，未尝分事言为二物也。"章学诚《文史通义·书教上》论辩之，极明。唐刘知几《史通·载言》，早已发现《左传》之为书，"言之与事，同在《传》中"。而且推崇此种表述方式，"言事相兼，烦省合理。故使读者寻绎不倦，览讽忘疲"。叙事，为古《春秋》之成法。然单一直书史事，不免直率乏味，故《尚书》虽号称记言，然典谟诸篇记事，而言亦具焉；训诰诸什记言，而事亦杂见。《左传》以叙事为主，又杂以记言，言事相互辉映，其引人入胜或在于此。

自《春秋》载记，纯粹记事；《左氏》以史传经，兼用记言，故刘知几《史通》称："《左氏》为书，不遵古法。"由单一记事，衍变为兼采记言，于是发展为历史叙事，盖从内史掌理叙事之法而来（《周礼·春官宗伯·内史》）。《史通》立有《叙事》专篇，其中言："叙事之体，其别有四：有直纪其才行者，有唯书其事迹者，有因言语而可知者，有假赞论而自见者。"换言之，凡叙才行、书事迹；记言语、假赞论者，皆可统名为叙事。今就言事相兼之视角，论《左传》叙晋楚城濮之战，分两方面述说之：一曰借言记事，寓论断于叙事；二曰拟言代言，妙传人情事势。左氏临文之际，或叙事，或记言，或言事相兼，依违之际，自以取义为依归，而有或取或舍，或笔或削之书法。于是《左传》叙战之属辞有序，亦由此可见。

①借言记事，寓论断于叙事

对话，作为一种表意方式，或刻画人物才情，或推动情节发展，可以替代说明解释，统理枝节琐碎。《左传》以历史叙事解释《春秋》，其“言事相兼，烦省合理”，深得《史通》所推崇。《左传》对话美妙处，在以记言为叙事。其中最大宗、最美妙者，莫如借言记事。《左传》固以记事为主，然又不时参伍记言、穿插对话，于是姿态横生，文情活泼。如战前，叙晋国“作三军，谋元帅”，于是接续赵衰推荐郤縠“说《礼》《乐》而敦《诗》《书》”一番言论，见郤縠之堪将中军，此《史通》所谓因言语而可知者。晋文公急于求战，始入而教其民，因“欲用之”“将用之”“可矣乎”，而引发与子犯之三次答问。以有血有肉之对话，替代沉闷单调之记事，且有助于推动史事情节之发展。《左传》叙楚成王“使子玉去宋”，下接“无从晋师”云云，为后文叙“王怒，少与之师”作张本。如此叙事，不但书其事迹，又纪其才行，借言记事，堪称曲折有味。“楚师背酅而舍，晋侯患之”，于是缀以舆人之诵、子犯与栾贞子之安慰语、激励语，亦言事相兼，烦省合理。子玉不予河神琼弁玉缨，荣黄二谏，二“弗听”下，各接续一段对话，不惟纪其才行，书其事迹，亦皆因言语而可知。传神阿堵，尽在记言之妙。

清顾炎武《日知录》卷二十六曾言：“古人作史，有不待论断，而于序事之中即见其指者，惟太史公能之。”于是举《史记》《汉书》七则文例，以见"史家于序事中寓论断"之法。《史》《汉》二书固然妙用此能，笔者以为，《左传》之叙事传人之讲究此法，亦略无逊色。如《左传》叙晋楚城濮之战，凸显晋军之兵法韬略，林纾《左传撷华》所谓"上下成谋"者，多在借言记事。顾炎武所谓"于序事中寓论断"，即此是也。如先轸说为何而战："报施、救患、取威、定霸，于是乎在！"狐偃论如何而战，在攻其必救。晋文公问："我欲战矣，齐秦未可，若之何？"先轸答以赂诱齐秦，借之告楚；出谋划策，可谓能多算而多胜矣。不但叙才情，亦书事迹，不止于记言语而已。楚子玉提出复卫封曹条件，堪称犀利，子犯、先轸一番辩难后，先轸反客为主，"私许复曹卫"；翻转三怨为三施，于是曹卫告绝于楚。"上兵伐谋，其次伐交"，种种韬略论断，亦多经由借言记事表出。晋军作出退避三舍之军事冒险，其中有谋有计，多借子犯回应军吏之问，曲折巧妙道出，不只为报楚惠、完承诺而已。

凡此，多可于叙事之中，即见其论断之指义。《左传》叙战，虽出谋划策之玄妙，读者犹能"寻绎不倦，览讽忘疲"者，言事相兼，能于叙事中带出论断，自有关系。清沈德潜论诗，以为贵有理趣，忌讳理障。若移以论文，又何尝不然？

②拟言代言，妙传人情事势

司马迁《史记·十二诸侯年表序》称孔子编次《春秋》："去其烦重，约其辞文，以制义法。"史料文献之或取或舍，或笔或削既已初定，促成骨骼生血生肉，进而气运神行者，莫过于约文属辞。气与骨潜藏于内，辞与文表露于外。故孔子纂作《春秋》，主要在修其辞，晋徐邈所谓"事仍本史，而辞有损益"；钱穆《中国史学名著·春秋》所谓"由事来定辞，由辞来见事"，辞文实为表义之关键媒介。宋胡安国《春秋传·进表·纲领》称：仲尼因事而属辞，学者即词以观义。钱钟书谓："《春秋》之书法，实即文章之修词"（《管锥编·全后汉文卷一》)，言语、文辞，为事与义之所托，良有以也。

《春秋》之书法，无异于文章之修辞学，此就属辞约文之表层言之（张高评《文章修辞与〈春秋〉书法》，《中国经学》第十九辑）。若更深层论，约文属辞又多绮交于其事之比次，脉注于一篇之取义。因此，对于《左传》之记言，钱钟书《管锥编》以为："实乃拟言代言，谓是后世小说、院本中对话、宾白之椎轮草创，未遽过也。"史传叙事传人所以传神美妙，钱钟书以为：

> 史家追叙真人实事，每须遥体人情，悬想事势，设身局中，潜心腔内，忖之度之，以揣以摩，庶几入情合理。盖与小说、院本之臆造人物，虚构境地，不尽同而可相通；记言特其一端。（《管锥编·左传正义·杜预序》）

《左传》以历史叙事方式，解说孔子《春秋》经，叙事传人之际，既要"遥体人情，悬想事势"，以求客观论世；又得"设身局中，潜心腔内"，以便如实知人。故《左传》叙事传人，不得不发挥历史想象，甚至于近乎文学想象，"忖之度之，以揣以摩"，惨淡经营之心路历程自不可少。代远年荒，事非身经目历，欲追述示现历史场景，谈何容易！《左传》叙事传人，出于拟言代言者，每多能妙传人情，再现事势。晋文公志在求霸，"出谷戍，释宋围"二事，只是"得志于诸侯"之必要步骤与手段。其壮志企图，《左传》借先轸曰："报施、救患、取威、定霸"八字代言，如实传真。《左传》叙晋文公为君，乃"天之所启""天之所置""天将兴之，谁能废之"；天命不可违，"违天必有大咎"。为传达此一天道史观，《左传》于《晋公子重耳出亡》篇，既已借僖负羁之妻、郑叔詹、楚成王代言之，城濮之战再请出楚成王做第二次代言。楚成王真知晋文公，亦极明大势，故左氏借楚成王之口，以体现《左传》天命有归之象征式叙事。推而广之，《左传》叙战，有极明确之资鉴史观，多假城濮之战诸历史人物之口曲曲传出，要皆代言之妙者。

代言，为替代史家发言抒论。拟言，则模拟历史人物之声情謦欬。晋文公既然志在求霸，故处心积虑促成一战，《左传》之《晋楚城濮之战》，传写其声情，一则曰："可矣乎？"再则曰："我欲战矣，齐秦未可，若之何？"三则曰："若楚惠何？"四则曰："少长有礼，其可用也！"其企图、激进、焦虑、矛盾、患得患失，由此可见。待子玉兵败自杀，晋侯然后喜形于色，曰："莫余毒也已！"城濮虽胜，子玉虽败，晋文之志忑忧虑犹在；待确认子玉已亡，晋文公心中块垒方才放下。《左传》揣摩晋文公当下喜悦心情，拟言"莫余毒也已！"从此天下无敌，有喜声传出。

左氏揣摩忖度楚令尹子玉之才德性情，堪称传神妙肖。如子玉使伯棼请战，曰："非敢必有功也，愿以间执谗慝之口！"

轻佻躁进，刚而无礼可见。子玉使宛春告于晋师曰："请复卫而封曹，臣亦释宋之围！"子玉一言而定三国之策，先发制人，而不制于人。其于兵谋之雄杰圆融如此，实非无才寡识者可比。子玉使斗勃请战，曰："请与君之士戏，君凭轼而观之，得臣与寓目焉！"挑衅戏弄，草菅民命，出以《左氏》拟言，主帅骄兵轻敌如此，安能不败？《左传》叙写楚令尹子玉"以若敖之六卒将中军，曰今日必无晋矣"！轻敌骄兵，为兵家之大忌，《老子》不云乎："祸莫大于轻敌！"子玉之轻敌躁进，《左氏》拟写其心曲，模拟其口吻，放言："今日必无晋矣！"目无余子，师心自用之形象，如在目前。晋齐鞌之战，《左传》叙齐顷公称："余姑剪灭此而后朝食！"与此有异曲同工之妙。

3.《左传》叙战原始要终，比事有法

古者，凡载事之史，皆名《春秋》。古《春秋》有其记事之成法，所谓"爰始要终，本末悉昭"者是也（刘师培《古春秋记事成法考》）。载事既有书法，故即事可以考义。南宋赵鹏飞《春秋经筌》卷三称："《春秋》虽因文以见义，然不稽之以事，则文不显；苟徒训其文，而不考其事，吾未见其得《经》意也。"唯有稽事、考事，方能求得经义。故元赵汸《春秋师说》谓："《春秋》本是记载之书，学者当考据事实，以求圣人笔削之旨。"明湛若水《春秋正传·自序》："圣人之心存乎义，圣人之义存乎事"，故学者比次史事，探究终始，可以推求《春秋》之微旨隐义。

《春秋》因或笔或削，而微旨隐义难知。《左氏》以史传经，"或《经》著其略，《传》纪其详；《经》举其初，《传》述其终"。

（宋家铉翁《春秋集传详说》）《左传》补阙增益《春秋》之功独大。故晋杜预《春秋序》称《左氏》解经："或先经以始事，或后经以终义，或依经以辨理，或错经以合异，随义而发。"叙事，必先有主意，如《传》之有《经》。主意既定，则先此者为先经，后此者为后经，依此者为依经，错此者为错经（清刘熙载《艺概·文概》）。就史事之比次而言，亦有先之、后之、依之、错之之别。比事之法，有对叙、类叙、侧叙诸法，已论述举例于前。今再说提叙、预叙；补叙、结叙；并顺带略及原叙、追叙；带叙、插叙、琐叙。

提叙、预叙者，先为文以引发后续之事，犹先经以始事。亦有补叙、结叙，乃后为文以终结前昔之事，犹后经以终义。比事之位次措置虽有先后之别，其于指义之显微阐幽，则无二致。唯提叙于纲举目张、预叙于引人入胜，成效颇佳。补叙，以著其是非；结叙，以传其远韵。要皆可以令学者原始要终，究其所穷。至于原始要终，寻其枝叶，究其所穷，就比次历史以叙事而言，尚有原叙、追叙、带叙、插叙、琐叙诸法，皆是依经错经之演变。至于语叙，则是救济直书之直纪才行、唯书事迹，令读者经由言语而知人情事势，传神姿致要在于此。已于前文"拟言""代言"中举例阐说，此不再赘。

孔子作《春秋》，于字句之位次措置，颇费斟酌考量；位次之调配，往往可见微旨隐义。如书侵、书战，主兵首恶例多先书，以示惩戒。《春秋》虽编年叙事，然有后发之事先书，先发之事反而后书者。位次若颠倒而书，则其中必有重轻、予夺之微旨隐义褒贬书法在。（张高评《属辞见义与中国叙事传统》，《中国古籍文化研究·稻畑耕一郎教授退休纪念论集》）《左传》踵事增华，以叙事解经，于是有先经、后经、依经、错经之叙事诸法。刘知几《史通·浮词》云："古之记事也，或先经张本，或后传终言。分布虽疏，错综逾密。"《左传》比事以见义之法多元，或先之、后之，或依之、错之，不一而足，是《史通》所谓"分布虽疏，错综逾密"，传承发明之功可以想见。

（1）提叙、预叙之先发先导，犹先经以始事

《春秋》之开章，君之始年必书曰"元年春王正月"，此孔子《春秋》之书法。《左传》以史传经，原始要终，张本继末，发展为先经以始事。于叙事义法，则衍变为提叙、预叙诸法。

提叙，指提纲挈领之叙事方式。语云："万山磅礴，必有主峰；龙衮九章，但挈一领。"史家取舍史料，编比史事，下笔属辞之际，若能理清头绪，揭示纲领，自有助于史传原始要终之理解。何况，画龙点睛有助于引发阅读兴趣。

晋楚城濮之战，晋文公一心一意企图称霸。因此，《左传》叙诸侯围宋，宋公孙固如晋告急。晋国君臣讨论要不要参战？为何而战？先轸拈出"报施、救患、取威、定霸"八字四事，作为晋国出兵之最高指导方针，可谓画龙点睛，警策动人。试想，此项军事行动，可以一举四得，振奋民心士气，莫过于此。此八字，精简醒豁，高瞻远瞩，从宏观视野，为晋国未来指出向上一路，何乐而不为？于是，此八字之提叙，因作为僖公二十八年《左传》城濮之战叙事之纲领。晋国如何经由参战，完成报施？达成救患？获得取威？遂行定霸？

种种举措，看似率性随意，其实早经设计规划，方可循序渐进，终底于成。《孙子兵法·始计》所谓："多算胜，少算不胜！"其此之谓。大凡叙事之法，先将大意大局提明，则理之是非，人之贤否，势之成败，事之祸福，国之兴亡，不待词费，而昭然若揭。此，乃提叙之要领。

城濮之战，晋胜楚败乃其结局。《左传》以史传经，其历史叙事先后四提"晋胜楚败"微指。于叙事，为提叙；于文章，为逆摄后事，真有神施鬼设之效。如芮贾称子玉败国，一提。左氏于战前，提点"一战而霸"，是二提。楚成王说子玉，引《军志》云"有德不可敌"，是三提。晋侯观师，曰："少长有礼，其可用也"，四提。或醒提于前，又复诵于中，更微示于后。提叙再三如此，可免散漫无归，兼收提醒之效。芮贾不贺子玉，称其"刚而无礼，不可以治民"！拈出"刚而无礼"四字，写尽子玉性情，与将帅忌讳。下叙子玉违抗君命，使伯棼请战；使宛春告于晋师，请复卫侯而封曹；使斗勃请战，欲偕观士戏；临战而曰："今日必无晋矣！"以及惜爱琼弁玉缨，而弗致河神，诸臣屡谏弗听。凡此叙事，多未尝偏离开篇"刚而无礼"之提叙点醒。

预叙者，先叙一事，以为后文照眼作地，兼以蓄积文势。妙用预叙法者，犹如东海霞起，总射天台，预占地步，便于张本继末（张高评《左传之文学价值·叙事》）。预叙与提叙，相似而实不同。提叙，侧重在纲领之提示。预叙，则注重结局之预告。提叙所提点，有可能同时为预告。然预叙人与事之结局，却不必然以提纲方式呈现。

以城濮之战而言，芍贾不贺子玉，铁口直断"子玉之败""不能以入"；预言成败，在楚治兵之后，交战之前。晋国大搜示礼之后，侵曹伐卫之前，《左传》大书"一战而霸，文之教也"，亦预示争霸之结局为晋国称霸中原。子玉弗纳谏，荣黄预告令尹"实自败也"！亦在先战之时。凡此，皆所谓"吉凶未至，辄先见败征"；吴闿生《与李又周进士论左传书》所谓"逆摄"（《左传微》）。凭空特起，亿则屡中。要皆祸福未至，而征兆先显，犹奇葩未放，早见满庭绿影；明月未来，先见一天星斗。提醒暗示结局，富于悬念指引之阅读效果。由此可见，预叙之法，实即《左传》以史传经，先经以始事之法。

（2）结叙、补叙之收束添缀，犹后经以终义

结叙，为历史叙事之收笔、结穴。犹《左传》释《春秋》之后经以终义。《左传》叙城濮之战，从战前到战后，各有巧妙之结叙。"楚子将围宋"章，终以"文之教也"，既是晋文公教义、教信、教礼之收束，亦是文教发用之结叙。至于城濮之战全篇之结叙，在"君子谓是盟也信"，牵上搭下，收结践土之盟誓言。再以"谓晋于是役也，能以德攻"二语，作为通篇大块文章之结束。上章结以"文之教也"，此章称"能以德攻"，彼此映衬，相互辉映。吴曾祺《涵芬楼文谈》谓："两两相照，以示与穷兵黩武者有别。"晋文公称霸，诸家评为假仁假义者多；孔子曾评价晋文公"谲而不正"，《孟子》亦称：以力假仁者霸。不过，晋文公称霸，主盟华夷，毕竟与穷兵黩武者不可同日而语。观《左传》之结叙，可悟其分野。

于事，为细节描写，看似可有可无；于文，为声气潜通，

传神处正在阿堵，此之谓补叙。凡一事一意于正文阙略未叙，则留心闲处，补缀于文尾者，即是补叙。凡叙事端绪多者，不能于一处并写，《左传》每于闲处出以补缀。如楚令尹子玉致命之个性特质，除芮贾提出"刚而无礼"四字可作定评外，《左传》叙战之正文，未再多作着墨。如是空言无事实，形象未免空洞。作为楚国最高统帅，性情才能足以决定战争成败。故《左传》叙事，结叙"能以德攻"之下，接写子玉梦河神一段，作为城濮之战全篇之补叙。河神求送琼弁玉缨，子玉梦中弗致；大心与子西使荣黄谏，弗听；荣黄再谏以琼玉可以济师，亦弗听。梦中弗致琼玉，不畏河神；梦觉弗听劝谏。不媚神，不听人，则其刚愎桀傲，私心自用可知。持此形象以覆核子玉之性情，不但目无神明，目无君王，亦目无余子，堪称目空一切。前幅所谓"刚而无礼"云云，正可作为《河神》篇之注脚。《河神》篇出于补叙，以形写神，因象传意。于子玉形象之凸显，楚败于城濮之缘由，多有绝妙之呼应，以及关键性之补充。而且，又提供资鉴史观之佐证。

孔子《春秋》极用心于字句之序列位次，以及时措从宜。于是三传释《经》，亦因而关注先书、后书之叙事。程颐《春秋传》曾感叹"微辞隐义，时措从宜为难知"；《左传》出以历史叙事，故有先经、后经、依经、错经之阐发与光大。循是，逐渐发展为历史叙事学如《左传》《史记》之序列见义，继而演变为传统叙事学之关注先后位次（张高评《〈春秋〉〈左传〉〈史记〉与叙事传统》，《国文天地》三十三卷第五期）。就叙事而言，大抵注重如何"叙"，于是致力于"属辞"之法，似乎更胜于尽心"比事"之方。以《左传》城濮之战之叙事言，提叙、预叙之先发先导，结叙、补叙之收束添缀，犹杜预《春秋序》所云"先经以始事，后经以终义"，此其彰明较著者。其他，见于《左传》以史传经之叙事，尚有原叙、追叙、带叙、插叙诸叙事法，则与"依经以辨理，错经以合异"之解经策略，一致百虑，殊途同归。受限于篇幅，不赘。

"天时不如地利，地利不如人和"，《孟子·公孙丑》对战争成败之领会，有其独到之处。就城濮之战而言，楚军"背酅而陈"，占了地利之便；晋国"君臣辑睦，上下成谋"，获得了人和。最终，晋胜楚败，印证了地利果然不如人和。城濮之战，晋军之人和，犹麻隧之战孟献子所云"晋帅乘和"，要皆能克敌致果，赢得战争之胜利。《左传》叙战，以成败之资鉴为首务，故晋军所以胜，叙记较重较详。而楚子玉之所以败，叙写颇略颇轻。《春秋》笔削书法之发用，化为详略、重轻、异同、忽谨之历史叙事，有如此者。

史义、史观、历史哲学，即是章学诚《文史通义》所谓"笔削之义"。夷考其实，在"事具始末"之初，"文成规矩"之前，作为发想与领航之史义，已隐然存有；方能以其义为经，以其事、其文为纬，而裁成一部史著。"君臣辑睦，上下成谋"，既为城濮之战晋胜楚败之基调，故《左传》提供后世资鉴，多侧叙晋国兵法谋略之殊胜。叙写战争，晋国亦特详特重，叙楚事则较略较轻，此之谓笔削显义。借其事之排比纂次，则或笔或削、或详或略、或重或轻之书法可见；比事可以显义，亦由此知之。（详参《左传属辞与文章义法》，第二章《谋篇》。）

《左传》叙战，事每见于言，言以为事。其中，借言记事，寓论断于叙事，融历史解释于历史叙事之中，一笔两意，最为巧妙。孔子作《春秋》，盖因事而属文；《左传》叙事传人，则工于拟言代言，弥缝史之阙，妙传人与事。所谓由事来定辞，即辞可以观义。可见史义因属辞而逾明。"原始要终，本末悉昭"，为古《春秋》记事之成法。一变为《左传》之以史传经，遂有先经、后经、依经、错经之叙事。再变为《左传》之历史叙事，而有提叙、预叙；结叙、补叙；原叙、追叙、带叙、插叙之属。（详参张高评《左传之文学价值·叙事》和《〈左传〉叙事法举要》）一本而万殊，万派而同源，故《春秋》《左传》为中国传统叙事学之祖始。

清章学诚云："史之大原，本乎《春秋》；《春秋》之义，昭乎笔削"；方苞说义法，以"言有物"为"义"，"言有序"为"法"；且谓："义以为经，而法纬之。"掌握章、方二氏之说，对于诠释《春秋》，解读《左传》，梳理历史叙事，以及阐发传统叙事学，多有触发启示之功。

（四）评林

1.晋文始见于《经》，孔子遽书爵者，与其攘夷狄、救中国之功，不旋踵而建也。昔者，齐威（桓）既殁，楚人复张，猖狂不道，欲宗诸侯，与宋并争。会盂、战泓，以窘宋者数矣。今又围之逾年，天下诸侯莫有能与仇者。晋文奋起，春征曹、卫，夏服强楚，讨逆诛乱，以绍威（桓）烈。自是楚人远屏，不犯中国者十五年。此攘夷狄、救中国之功，可谓不旋踵而建矣。故召陵之盟、城濮之战，专与齐威（桓）、晋文也。（宋孙复《春秋尊王发微》卷五）

2. 非有城濮之战，则民其被发左衽矣。宜有美词称扬其绩，而《春秋》所书如此其略，何也？仁人明其道，不计其功；正其义，不谋其利。文公一战胜楚，遂主夏盟。以功利言，则高矣；语道义，则三王之罪人也。（宋胡安国《春秋传》卷十三）

3. 楚自齐桓没，为中国害。晋一战，败之，威震诸侯。诸侯之附会楚者，皆会践土而请盟焉。晋于是遂霸诸侯也。（宋高闶《春秋集注》卷十六）

4. 《左氏》叙晋文君臣求霸，以信义礼行之。如医用急药疗急病，一病必应一药。城濮之战，宛然战国楚汉间事，与齐桓迥殊，不谓峙变如此之亟。至策命侯伯，又不止楚、汉，莽、操之风见矣！譬之诈力，如鱼肉既成羹胾；小小错综以礼义，犹盐、梅、醯、酱调和之。吁！可畏哉！"晋文公谲而不正，齐桓公正而不谲"，桓、文之事，以二字蔽之。盖齐桓犹未至于用谲也，晋文无不谲者矣。（宋叶适《习学记言序目》卷十）

5. "仲尼曰：'以臣召君，不可以训'，故书曰'天王狩于河阳'，言非其地也，且明德也。"《左氏》特举此，见孔子改史之义，明其他即用旧文也。后世不知，以为尽孔子作，且不信《左氏》，一一笺释。虚实皆失，事义俱乱，不惟不足以知圣人，又不知古有史法矣。（宋叶适《习学记言序目》卷十）

6. 谢湜曰：城濮之战不书楚人侵伐者，楚来救卫，而晋文与之战也。城濮之战，战之善者也。文公即位四年，选材任能，和辑民庶，搜被庐、作三军，国可谓治矣！齐侯、宋公、秦伯，以师听命而从，得天下之力可谓众矣！是以奋然特起于中国萎蕤之后，覆强楚，势若振槁，而齐桓之烈复见于时。自是蛮夷不敢出为寇盗，而生民赖是以苏，惠安之功大矣！故曰：城濮之战，战之善者也。（宋李明复《春秋集义》卷二十四）

7. 城濮之战，为救宋而战也。岂惟救宋，尊天子、安诸夏、却强楚，在此一举。是以圣人爵晋侯，序于齐、宋、秦之上。（宋家铉翁《春秋集传详说》卷十二）

8. 召陵、城濮并称，最胜之遗事矣，顾有辨焉。召陵之师推尊天王，显暴楚罪，使荆蛮丧气，诸夏生色，庶几哉不战而屈人之兵者。若城濮之战，决策于舆人，占胜于吉梦，即退三舍，实背三施。及其战也，蒙马设旆，曳柴扬尘，多方误敌，无非诡道。咎犯有言："君亦诈之而已。"桓、文正谲之分，于斯较著。（明陈禹谟《左氏兵略》卷十一）

9. 晋文之霸，子犯、先轸谋居多。先轸报施、救患、取威、定霸之说，已不如管仲三不可之言。称舍于墓，一谲。分曹畀宋，一谲。私许复曹卫，一谲。执宛春，又一谲。退旆曳柴，又一谲。晋文公谲而不正，于此役亟见之。在军，则杀颠颉、祁瞒，师入则杀舟之侨，此军法所以伸，战所以胜，国人所以畏，文公霸业于是乎备矣。（明凌稚隆《春秋左传注评测义》卷十五）

10. 吕祖谦氏曰：晋文加兵曹、卫以欺楚，许复二国以携楚，又拘子玉之使以怒楚，三舍辟之，示怯以避楚，其诡计如此，孔子断之曰谲，岂不信哉！（明凌稚隆《春秋左传注评测

义》卷十五）

11. 城濮一捷，诸侯景赴，于是鸷冕上赐，牛耳独执，中国日以睦，楚人乃不敢北视矣。故召陵之师，较晋为逸；而城濮之绩，视齐为烈。时势不同，迟速异效，桓、文之事，正未可以低昂也。说者谓：文之人也，龙蛇作歌，胼胝居后，诔观状于曹国，责乘轩于卫人，请隧召王，威逼天子。凡其举动，大抵报复私仇，不顾礼义，则较之齐桓为不侔焉。然孔子不云乎："晋文谲而不正，齐桓正而不谲。"论其功，虽无大小之殊；而考其心，不无邪正之异也。（清马骕《左传事纬》卷三）

12. 魏禧曰：此一举也，后人每以分田畀宋、许复曹卫、执行人、辟三舍等事，为晋文之谲。又言其欲速亟功，于此见者，以为不齐桓。不知齐桓之时，楚势未大张，凭陵中国未甚。及执宋公之后，中国诸侯唯知有楚。楚偃然自大，目中无中国诸侯久矣！使非文公城濮一战，几何不胥中国而夷狄乎？其后数百年，得与楚迭长夏盟，有以分楚之势，而壮中国之威者，皆文公子孙也。其谲与欲速也，安得有病？（清魏禧《左传经世钞》卷六）

13. 邱维屏曰：此篇是《左传》中第一大雅之文，其平平写出他意思高深处，其隐见转拨处皆如坤轴之陂陀，委卸如大海之紫澜披回，非深心远见者，不能知也。自马、班、韩、柳而下，如此篇者，其文不少概见。余尝谓：《左传》文字最难及处，在将二百五十五年事，贯串作一篇文字，迭似苏氏《璇玑图》经纬勾曲，皆可成章也。（清魏禧《左传经世钞》卷六）

14. 邱维屏曰：晋文城濮之战，先需多以谲言之。而所以指悉其谲者，未得透露。使人见晋文攘楚之功大矣，其谲正欲攘楚耳，何害？吾谓此事，竟看至晋人秦人围郑处止。则见晋文攘楚，虽是攘夷，而实以报曹、卫之怨者，着着皆谲。并攘楚、尊王之事，其中皆有威劫势凌之隐。故《春秋》书法，一一不轻放过。如侵曹伐卫，再言晋侯；楚人于卫，得以救书；践土于温，两没王；而河阳之召，但书王狩；执曹称畀，报卫书归之；于元咺自晋围郑，称人。若竟不知晋文有尊王攘夷之功者，孔子岂故抑之耶？（清魏禧《左传经世钞》卷六）

15. 晋文公避骊姬之乱，经历狄、郑、齐、宋、曹、楚、秦诸国，备尝险阻，以老其才。凡十有九年，卒反其国。弃责薄敛、分寡救乏、振滞匡困、举善授能，官方定物诸大政，犁然一变晋国之常度。伐原示信，大搜示礼，定王示义，用能出谷戍、释宋围，一战而收馆、谷之功。齐桓以后，功烈未有如是之赫者也。（清高士奇《左传纪事本末》卷二十五）

16. 若城濮功高，而信先轸之诡谋；许复曹、卫，拘留宛春，一意败楚，而无按兵修礼之风。比之召陵，诚所谓"谲而不正"者耶？践土作宫，传三觐之美；而河阳召王，功不塞咎。非圣人原情，文其罪魁乎？（清高士奇《左传纪事本末》卷二十五）

17.（"围宋"篇，）将晋楚之将两两相形，以为城濮胜楚张本，所谓"较之以计，而索其情"也。故以前照后，后映前为章法。然一段楚，一段晋，本是两板文字。而作者化板为活，于两段之后，又复经营出一段。变两为三，灵奇生动。（清王源《文章练要·左传》卷三）

18. 看他前后照映处，如倒影澄潭，纤微毕露，妙矣。尤妙在后以两段分映：以郤縠映子玉，正也；以晋文映子玉，奇也。郤縠映子玉，以"说《礼》《乐》而敦《诗》《书》"，对其"刚而无礼"。晋文映子玉，以"示信""示礼"对其"不可以治民"。故后段既分映，又总结。示义、示信，追叙；示礼，又复叙。错综尽致，妙匪一端。（清王源《文章练要·左传》卷三）

19. 奇正虚实，阵法战法，一一传出。故文才数行，写得雷轰电掣，海涌山飞，使千军万马腾跃纸上，以其得兵法之精也。如此一段雄文，又以千岩万壑攒拥出来。所以，声光震耀，横厉千古。（清王源《文章练要·左传》卷三）

20. 齐桓既殁，楚势益横。若无晋文，天下皆为楚矣。而晋文所以取威定伯者，全在城濮一战。有此一战，而后中夏之势稍振，而后荆蛮之势稍衰。自此，晋为诸侯盟主者，百有余年。虽南北相持，而楚终不能得志；及晋之衰，而楚亦弱。则此一战之功，所关岂小哉？故作者以全力为之。序得声满天地，气撼山河，万丈光芒，贯彻古今。真足雄视百代，使晋文生气凛凛犹存，是何等笔力？（清王源《文章练要·左传》卷三）

21. 文之妙在离，离未有不合者也。顾一离便合，死规耳，曷贵乎？唯其将合复离，又将合又复离；几合矣，终复离，而后蹊径绝焉，局阵奇焉，变化生焉，光怪出焉。恍焉惚焉，无定形焉；杳焉冥焉，不知其所之焉，此则离之妙境也。（清王源《文章练要·左传》卷三）

22. 此文叙晋文取威定伯，则文之精神眼目，亦在一战。使入手数行，便叙一战，妙境何从生乎？唯于未战之前，叙晋欲战，楚却不战；楚欲战，晋又不战。晋用多少阴谋诡计，以图一战，及至将战，却又不战；楚负多少雄心横气，以邀一战，及至将战，却又不战。盘旋跳荡，只是欲战，只是不战。千回万转，方将一战叙出。使读者神荡目摇，气盈魄动，不知手之舞之，足之蹈之。而其实，不过离中之妙境而已。然则知合不知离，知离之死规而不知离之活法，曷足语于此道乎？（清王源《文章练要·左传》卷三）

23. 从来叙战功有三：一曰载其谋，二曰详其事，三曰状其势。至于两阵相当，自垓下而外，从未有叙其为何战、如何战者。盖奇正变化，多不言之秘，而文人漫不知兵，以为此不必详处，一加详便繁累，且近稗官。故非第举大要，则唯写声势而已。读《左氏》之文，亦可汗颜俯首也已。（清王源《文章练要·左传》卷三）

24. 文欲相称，此传叙城濮之战，何等声光！未战以前，何等精彩！使其后散散淡淡作结，何能称邪？于是将朝王献俘、享醴赐命，尽力铺张，以至大辂戎辂、彤弨弓矢、秬鬯虎贲，纤细不遗。而策命之词，诅盟之言，繁称不厌。写得赫赫奕奕，煌煌炳炳，如大厦高堂，继以龙楼凤阙。声光较前倍著，精彩较前倍加。呜呼！斯不亦大称矣乎？（清王源《文章练要·左传》卷三）

25. （城濮之战）先犯陈蔡，盖偏败则众携。又知特为楚人之所胁，莫有斗心也。然楚人慓疾，难与争锋，故上军急麾下军使退，勿乘胜即其坚。栾枝伪遁下军，望见其旆整，众而退也，恐楚人知之。曳柴扬尘，则真若不能支楚者。而后，楚之二师尽锐驰之，原、郤以中军横击楚之中军，左师断而为二。子玉见二师不能相救，乃收其卒以自完。而左师遂为晋之上下二军悉力夹攻，子西仅以身免矣。楚师背酅而舍，先据形胜，故必俟其动，而后击之。所谓致人而不致于人也。（清何焯《义门读书记》卷九）

26. 时温地已入于晋，则是致天子于其国中，后世所谓挟天子以令天下者也。故以天王自狩为文，明非晋之所得私狩也。（清何焯《义门读书记》卷十二）

27. 叙事之文，最苦散漫无检局。惟《左氏》于通篇大义外，微事亦两两相对。此篇言晋侯有德有礼，而能勤民，所以胜。子玉无德无礼，不能勤民，所以败。其大经也。（清方苞《左传义法举要》）

28. 城濮之战，左氏叙晋处，何等曲折，何等细密，何等谦退！君臣上下之间，同心协谋，而又用"少长有礼，其可用也"与前大搜示礼相应，那得不一战而伯？其叙楚处，君臣之间先已牴牾不合，绝不闻子玉向人采一言，绝不闻人向子玉献一计；惟写其一路壮往用罔之气，那得不丧师辱国？晋楚两君，其意似皆不欲战：先轸则以术致楚之战，子犯决计于战，而先示以如不欲战。若子玉，则直幸幸于一战尔。晋臣深谋，子玉轻躁，笔笔欲生。（清孙琮《山晓阁左传选》）

29. 取威定霸，起处一提；一战而霸，结处一掉。提笔，如高峰坠石；掉笔，如大海回风。真妙文也。（清冯李骅、陆浩同《左绣》卷七）

30. 唐锡周曰：城濮之战，是开书以来第一件惊天动地事。

《左氏》于一年前，预作一衬。如奇葩未放，先见满庭绿影；如明月未来，先见一天星斗。令人游目骋怀也。（清冯李骅、陆浩同《左绣》卷七）

31. 此篇，本叙城濮之战。而始于曹、卫之伐，终于践土之盟，凡分四大节。自首段，至"舟之侨为戎右"止，叙侵曹伐卫事，为城濮作引。末段"至于衡雍"起，叙享觐会盟事，为城濮作结。中间"宋人告急"，至"癸酉而还"，正叙其事。而开首特书一句"上德也"；著末亦特结一笔曰"能以德攻"，首尾照应精神。多许事，直作一句读。（清冯李骅、陆浩同《左绣》卷七）

32. 夫子以"谲"目重耳，朱《注》特举此事为证。今细读之，大略有三，总以欲战为主。其始，恐战之无助，则以喜赂怒顽之策激齐秦，而不虞楚子之去也。其既屈于宛春之三施，则以私许执使之策激子玉。而又碍于楚惠之将为口实也，于是终以君退臣犯之策坐楚以曲，而可以唯我之欲矣。着着暗算尽情，其余藏头露尾，莫可枚举。非《左氏》二十分灵心妙腕，亦须描摹不出。（清冯李骅、陆浩同《左绣》卷七）

33. 钟伯敬曰：晋之伐曹、卫者，收曹、卫；而楚之庇曹、卫者，反以失曹、卫。用与国，用敌国，又用敌国之与国。其绳索收放，皆在我。谲则谲矣，然而不可谓不妙也。（清冯李骅、陆浩同《左绣》卷七）

34. 俞宁世曰：齐桓既殁，楚势益横。若无晋文，天下皆为楚矣。自此战后，晋为诸侯盟主者百有余年。虽南北相持，而楚终不得志。及晋之衰，而楚亦弱。则此一战之功，所关岂

小哉？（清冯李骅、陆浩同《左绣》卷七）

35. 文章妙用，全在多作开合，此篇则开合之至奇极变者。如齐秦未可，则一开；宋人之畀，则一合。楚子入申，则一开；伯棼请战，则一合。宛春告释，又一开；曹、卫告绝，又一合。至于"子玉怒，从晋师"，竟可合矣；又退三舍，着实一开。使读者一闪一闪，急不得就，方才落到"次于城濮"。以为今而后，可以径写战事矣！忽然接写晋侯听诵而疑，则又开；再写梦搏而惧，则又开；然后跌落斗勃请战，晋侯观师，着实一合，而以叙战终焉。一路无数峰峦，层层起伏。文章巨观，其是之谓乎？（清冯李骅、陆浩同《左绣》卷七）

36. 城濮之战，写得极其奇妙，然不过数行而止。文却于未战之前，作无数翻腾；于既战之后，作无数铺衬。节节夸张，遥遥与出亡本末一篇照耀生色，大为十九年艰苦备尝人吐气。（清冯李骅、陆浩同《左绣》卷七）

37. 齐桓时荆楚虽强，凭陵诸夏犹未至于猖獗。桓公少年举事，可以从容有为。晋文入国既已垂暮，而荆楚横暴，若不迅速有为以摧其锋，何以取威，何以定霸？故于宋人告急，大搜示礼时，将前此谋略一一追叙出来，见文公复国取威定霸一腔心事，勃勃不能自遏。而意虑之周，规模之密，几与管子治齐相等，绝非宋襄卤莽妄动比。兜上起下，如福地洞天，令人游览不尽。（清周大璋《左传翼》）

38. 赏罚明，而后可以立国。故丧师辱国之臣，法所不贷。城濮败，而诛子玉；泜水退，而诛子上；鄢陵败，而诛子反；属国叛，而诛子辛，荆楚立法之严，异于他国。而复曹、封卫之谋,实能令晋人心惊胆怖。使其(子玉)不死,其为晋忧方大耳,岂止如孟明之取王官及郊已哉?《左氏》惓惓致惜,盖亦有坏汝万里长城之意。(清周大璋《左传翼》)

39. 晋文之功,君子嘉之;晋文之谲,君子疾之。然功成于战,战成于谲,褒则失理,贬又失事。一笔传出,两层骈具,张藻画松,未之若何?设如所传,应亦从此种笔法脱胎也。不特晋君臣口口道谊,心心功利,即局外点缀,亦皆诡变之气。画美人,则花草皆带韵;画虎豹,则木石皆带劲,文家须识此布景法。(清陈震《左传日知录》)

40. 用四"于是乎"字作章法,写出取威定霸心事,急不可待。而谋必万全,可云双管齐下。(清陈震《左传日知录》)

41. 俞云:城濮之役,晋侯全要以战取威,患不战,不患不胜。篇中"我欲战矣""能无战乎""何以战乎""既战图之""战也""不如战也",节节醒"战"字。"少长有礼""能以德攻",前后照应。文章需要错综,有热闹处,有寂寞处。此篇叙战城濮,如震雷掣电。盟践土,如青天皎日。杀子玉,如凄风苦雨。文境变化,读者改观。(清高嵣《左传钞》)

42. 俞桐川曰:"命将,为胜负之本,芍贾论子玉,赵衰论郤縠,并叙有眉目。后一段将晋文致霸,统举前后事总说一番,乃左氏大着眼处。"此篇叙楚所由败,晋所由霸,皆如指之掌。《眉诠》曰:"此战城濮总冒,即晋霸提纲。"(清高嵣《左传钞》)

43. 吕圭叔曰:召陵之次,一得屈完之盟而退师;城濮之役,不至败楚师不已。盖桓公所为,将以服强楚之心;晋文之举,所以挫强楚之势也。所遇不同,用计亦异,其为有功则一也。然召陵之师，规模既定，声其罪而伐之，楚亦屈服而不敢校，此正也。晋文加兵曹、卫以致楚，许复二国以携楚，又拘子玉之使以怒楚，三舍避之示怯以诱楚，其诡计如此。孔子断之曰"谲"，岂不信哉？（清高嵀《左传钞》）

44. 此《左传》五大战之一，譬犹东岱、西华，乃造化全副力量之所结构，非寻常一丘一壑可比。文公霸业在此一战，数十年之所经营，千头万绪至此结穴，而晋数世之霸，由此开基。故《左氏》一一全副精神注射此篇，学者亦以全副精神力量对之，始见古人面目。（清刘继庄《左传快评》）

45. 春秋时，去古未远，故其用兵，犹多堂堂之阵，正正之旗。独城濮此篇，全是阴谋诡计，为孙、吴先导：伐曹、卫，《孙子》所谓"攻其所必救"也；执宛春，《孙子》所谓"怒而挠之"也；退三舍，《孙子》所谓"平而骄之"也；胥臣蒙马以虎皮，《孙子》所谓"乱而取之"也；狐毛设二旆而退，栾枝使舆曳柴而伪遁，《孙子》所谓"利而诱之"也；原轸、郤溱以公族横击，狐毛、狐偃以上军夹攻，《孙子》所谓"攻其无备，出其不意也"；晋师三日馆谷，《孙子》所谓"因粮于敌"也。合而言之，则《孙子》之所谓"以正合""以奇正"，"致人而不致于人"者也。晋文创伯之时，去孙武尚远，而《十三篇》之秘，已尽泄于此矣。（清杨绳武《文章鼻祖》）

46.《左传》叙事，多于战之前后描写，不肯用正面叙；又多零星点缀，不肯一并叙，邲、鄢陵皆然。独城濮此篇，将晋楚交战事并叠作一处，又皆正面实叙，遂开《史》《汉》巨鹿、昆阳之局，五大战文字中之所独也。（清杨绳武《文章鼻祖》）

47.《左传》叙数大战，如鞌也、邲也、鄢陵也，车驰卒奔，颇极喧闹；而此篇叙计画独多。文字佳处，俱在战事之前。千澜万波，全为制胜张本。及归到战状，寥寥不过数行而结。（林纾《左传撷华》卷上）

48.凡巨篇文字，最忌相犯。城濮之战，君臣辑睦，上下成谋，故胜。鞌之战，极叙齐侯之骄，极写郤克之愤，亦胜。邲之战，则晋大夫咸有虞心，人多口杂，彘子乱之，故败。鄢陵之战，晋大夫咸不欲战，而幸胜；由子反醉，而共王伤也。故作文必先自定其局，不自相袭，则每篇始各具精神。然，亦关才学与识耳。（林纾《左传撷华》卷上）

49.纾案：是篇，叙晋文以谲谋陷曹、卫，因之败楚。文似《国策》，实非《国策》。《国策》造句甚吃力，转折旋绕，必欲读者知其设谋之深，叙事之曲；然往往为不曲之曲，匪深之深。若一二语衍文，便百索不得其解矣。观《左氏》之叙曹、卫事，简易显豁：明明是曲，读之则直而易晓；明明是深，读之似浅而无奇。凡文字头绪繁多，事体镠辖，总在下字警醒，则一目了然，不至令人思索。此等文境，亦大不轻易走到。试观先轸之谋曰云云，寥寥数行中，若入《国策》文字，必千盘百转，几令读者身入其中，无有出路。此亦关人之能用简笔、不能用简笔也。（林纾《左传撷华》卷上）

50.此数行，全着眼在"喜赂怒顽"四字，应上必使齐秦之可。"喜赂怒顽"四字，是定三国之爰书，斩截确当，归结本谋。以下再叙战事，至子玉请复卫侯而封曹，楚亦释宋之围，见得子玉千伶百俐，破此鬼蜮之机关。若入《国策》，便有曲折之议论。而《左氏》述先轸之言，只用一"携"字，一"怒"字。曹、卫见晋之许复，安得不携？楚子玉见晋之拘使，安得不怒？晋又是激他必战之策。（林纾《左传撷华》卷上）

51. 晋文独立不能制楚，必得齐、秦之助，方能取胜。观先轸之谋，已开战国时捭阖之法。楚子之言，可谓知彼知此，何不严谕子玉使之退兵，而仅以"少与之师"以泄其怒？岂子玉亦守"将在外，君命有所不受"之言，楚子固无如之何也？楚之围宋，所以救曹、卫也，晋人以计间曹卫于楚，是子玉此行，不能得宋，又失曹、卫，其何以归见国人？三舍虽避，其万不能退，决也。晋人此计，比前更狡、更毒。子玉刚愎自恃，喜作大言欺人，去圣人临事而惧之旨远矣！（吴曾祺《左传菁华录》）

52. 宗尧云：此段铺张晋文之重信义，然实写其信义皆临时措办耳。"于是乎"字凡三见，所谓假仁义也。闿生案：城濮之战，乃春秋大事。故于事前数数提顿，以见其郑重。前芳贾之论一提，此段（"文之教也"段）再提，皆极惨淡经营出之。（吴闿生《左传微》卷三）

53. 逆摄后事，子玉之败尚在后文，此时并未尝败。径称子玉之败云云，文笔奇矫无对。（吴闿生《左传微》卷三）

八、晋赵盾弑其君夷皋（宣公二年）

（一）原典

二年秋，九月乙丑，晋赵盾弑其君夷皋。

〔传〕晋灵公不君。厚敛以雕墙；从台上弹人，而观其辟丸也。宰夫胹熊蹯不熟，杀之，置诸畚，使妇人载以过朝。赵盾、士季见其手，问其故，而患之。

将谏，士季曰："谏而不入，则莫之继也。会请先，不入则子继之。"三进，及溜，而后视之。曰："吾知所过矣，将改之。"稽首而对曰："人谁无过？过而能改，善莫大焉。《诗》曰：'靡不有初，鲜克有终。'夫如是，则能补过者鲜矣。君能有终，则社稷之固也，岂惟群臣赖之。又曰：'衮职有阙，惟仲山甫补之。'能补过也。君能补过，衮不废矣。"

犹不改。宣子骤谏，公患之，使鉏麑贼之。晨往，寝门辟矣，盛服将朝，尚早，坐而假寐。麑退，叹而言曰："不忘恭敬，民之主也。贼民之主，不忠。弃君之命，不信。有一于此，不如死也。”触槐而死。

秋九月，晋侯饮赵盾酒，伏甲将攻之。其右提弥明知之，趋登曰：“臣侍君宴，过三爵，非礼也。”遂扶以下，公嗾夫獒焉。明搏而杀之。盾曰：“弃人用犬，虽猛何为。”斗且出，提弥明死之。

初，宣子田于首山，舍于翳桑，见灵辄饿，问其病。曰：“不食三日矣。”食之，舍其半。问之，曰：“宦三年矣，未知母之存否？今近焉，请以遗之。”使尽之，而为之箪食与肉，置诸橐以与之。既而与为公介，倒戟以御公徒，而免之。问何故。对曰：“翳桑之饿人也。”问其名、居，不告而退，遂自亡也。

乙丑，赵穿攻灵公于桃园。宣子未出山而复。大史书曰：“赵盾弑其君。”以示于朝。宣子曰：“不然。”对曰：“子为正卿，亡不越竟，反不讨贼，非子而谁？”宣子曰：“呜呼，‘我之怀矣，自诒伊戚’，其我之谓矣！”孔子曰：“董狐，古之良史也，书法不隐。赵宣子，古之良大夫也，为法受恶。惜也，越竟乃免。”

宣子使赵穿逆公子黑臀于周而立之。壬申，朝于武宫。

（二）语译

晋灵公所作所为，没有君王的风范：横征暴敛，用来彩绘墙壁；从高台上用弹丸打人，看他们东闪西避的样子。厨师烧煮熊掌不熟，被他杀了，放在畚箕里，让妇人搬运，走过朝廷。赵盾和士会看到死尸的手，问起杀人的缘故，感到担心，准备进谏。士会对赵盾说：“如果你劝谏，君王不听，就没有人接续劝谏了。我士会先进去，君王不听，您再接着劝谏。”

士会前进三次，到达屋檐下。晋灵公才张眼看到他，说："我知道过错了，打算改正。"士会叩头回答说："哪一个人没有过错？有了过错，而能改正，没有比这更好的事情了。《诗经·大雅·荡》说：'好开始不难，有好结果很少。'如果像这样，能够弥补过错的人就很少了。君王能够有好结果，那就是国家的保障了，难道只是臣下们仰赖它？《诗经·大雅·烝民》又说：'周宣王有了过失，只有仲山甫能弥补'，这说的是能够弥补过错。君王能够弥补过失，公职就不会废弃了。"

晋灵公还是没有改过。赵盾屡次进谏，晋灵公很讨厌他，认为他是个麻烦制造者，派遣钼麑去刺杀他。钼麑一大早去，卧室的门已经打开了，赵盾穿得整整齐齐等待入朝。时间还早，赵盾正坐着闭目养神。钼麑退下来，叹了一口气说："不忘记恭敬，真是百姓的主人。刺杀百姓的主人，就是不忠；放弃国君的使命，就是不信。两事有其一，不如死了好。"头撞槐树而死。

秋天九月，晋灵公请赵盾喝酒，埋伏甲士，打算攻击赵盾。赵盾的车右提弥明察觉了，快步登上殿堂，说："臣下侍奉君王饮酒，超过三杯，就不合礼仪了。"于是就搀扶赵盾下殿。晋灵公唆使恶狗扑向赵盾，提弥明上前搏斗，杀死了恶犬。赵盾说："搁置士人不用，而利用恶狗；虽然凶猛，又有什么用？"边斗边退出去。提弥明死在这场战斗中。

起初，赵盾在首山打猎，住在一个叫翳桑的地方。看见灵辄饥饿，问他有什么病。灵辄说："已经三天没吃东西了。"赵盾给他吃的，他留下一半。问他为什么？他说："宦游在外，已经三年了！不知道母亲还在不在。现在快到家了，请让我把这个留给她。"赵盾让他吃完食物，并且替他准备一筐饭和一些肉，放在囊袋里给他。后来灵辄当了晋灵公的禁卫军，倒过戟来抵御晋灵公的其他禁卫兵，使赵盾免于祸难。赵盾问他为什么这样做？他回答说："我就是翳桑那个饿人。"问他的姓名和住处，他未回答，就退了出去，接着逃走了。

九月二十六日，赵穿在桃园杀死了晋灵公。赵盾没有走出国境，就回来重掌卿位。太史董狐写上："赵盾弑其君。"拿到朝廷上给大家看。赵盾说："不是这样的！"太史回答说："你是正卿，逃亡没有越离国境，回来又不惩治凶手。弑君的人不是您，还会有谁？"赵盾说："哎呀！《诗经》说：'因为我的怀恋，带给自己忧心麻烦。'恐怕说的就是我了。"孔子说："董狐，是古代的优良史官，据事直书，不加隐讳。赵宣子，是古代的好大夫，为了书法而蒙受恶名。可惜啊！赵盾要是越离国境，就可以免除弑君之名了。"

赵盾派遣赵穿到成周，迎接公子黑臀，而拥立他为晋国新君。

（三）鉴赏

孔子笔削鲁史，而作成《春秋》。以一介平民，而替代周天子施行赏罚，所谓知我、罪我者，以此。书写近代现代当代史，其中触忌犯讳必多，《史记·十二诸侯年表序》所谓"为有刺讥褒讳挹损之文辞，不可以书见也"。《孟子·离娄下》述孔子作《春秋》，拈出其事、其文、其义三位一体之元素，提示后学诠释《春秋》若干法门。

1.孔子笔削鲁史与《春秋》属辞比事

《礼记·经解》谓："属辞比事，《春秋》教也"；《史记·十二诸侯年表序》称孔子次《春秋》："约其辞文，去其烦重，以制义法"，辞文之约饰，史事之取舍，多"丝牵绳贯，脉络潜通"于孔子窃取之"义"。司马迁《史记》首揭"义法"之说，其事，如何排比；其文，如何连属，即是"法"之体现。于是，如何凭借比事以显指义，如何经由属辞以见著述旨趣，如何系统思维，原始要终，比事而属辞之，以破译微辞隐义，遂成解读《春秋》，诠释《春秋》之不二策略。

义，为一书之著述旨趣。未下笔先有意，画竹必先得成竹于胸中。史事之编比、辞文之修饰，大抵"丝牵绳贯"于义。孔子作《春秋》，固因事而属辞；后人读《春秋》，治《春秋》，则即辞以观义。晋徐邈《春秋谷梁传注义》谓孔子修《春秋》："事仍本史，而辞有损益。所以成详略之例，起褒贬之意。"国史不容篡改，而辞文可以有因革损益。故自孔子作《春秋》，左丘明著《左传》，中国叙事传统即关注辞文之修饰，远远胜过史事之剪裁编比。《左传》成公十四年"君子曰"揭示《春秋》五例，前四例皆涉及《春秋》之修辞，如：

> 君子曰："《春秋》之称，微而显，志而晦，婉而成章，尽而不污，惩恶而劝善，非圣人，谁能修之？"

"微而显，志而晦，婉而成章，尽而不污"，皆是《春秋》

约文以见义之书法：微、志、婉、尽四者，皆是修辞之手法；显、晦、成章、不污，则指《春秋》指义之明朗、含蓄、张本继末、实录存真。前三者，为曲笔；尽而不污，为直书，曲笔与直书交相连用，犹作诗比兴与赋法之有机结合，于是蔚为"其文则史"之《春秋》。《春秋》"由事来定辞，由辞来见事"；可见文辞位居关键媒介。钱穆《中国史学名著》称：孔子对《春秋》旧文，必有修正无疑。但所修者，主要是其辞。钱钟书《管锥编》曾云："《春秋》之书法，实即文章之修词"；"昔人所谓《春秋》书法，正即修词学之朔，而今之考论者忽焉"。《左传》所揭示之《春秋》五例，有关"如何书"之修辞手法，高居五分之四；知徐邈所言"事仍本史，辞有损益"，固是研治《春秋》千秋不易之知言。

2. 曲笔直书与《春秋》弑君之书法

孔子作《春秋》，左丘明著《左传》时，礼乐征伐已自诸侯出，陪臣窃国命，臣弑其君者有之，子弑其父者有之。孔子欲假笔削以行权，左丘明思借著《传》以惩恶劝善，由于触忌犯讳既多，下笔实难。既知其不可为而为之，则忌讳叙事之艺术，不得不讲究。"微而显，志而晦，婉而成章"之曲笔讳书，以及"尽而不污"之直笔实录，遂成为忌讳叙事"属辞显义"之重要书法。尤其对"弑君三十六，亡国五十二"之叙事，何者曲笔？何者直书？正考验史官之道德勇气，与书写智慧。于是朱熹所谓"都不说破""盖有言外之意"（《朱子语类·春秋纲领》）之《春秋》经典，持以文章修辞之解读，遂转玄妙为艺术，示解读以门径。借形可以传神，即器可以求道矣。

汉刘熙《释名》云："下杀上曰弑。弑，伺也，伺间而后得施也。"弑君大恶，以下犯上，败坏伦常，人人得而诛之。弑，一也；然《春秋》书法内辞外辞不同。《公羊传》成公十五年载："《春秋》内其国而外诸夏，内诸夏而外夷狄"；隐公十年亦云："《春秋》录内而略外：于外，大恶书，小恶不书；于内，大恶讳，小恶书"；此即唐刘知几《史通·曲笔》所称："史氏有事涉君亲，必言多隐讳；虽直道不足，名教存焉。"内辞讳恶，故于弑君多推见至隐，运用曲笔讳书；外辞，则据事直书，不隐不讳，此其大较也。

见于《春秋》者，外辞多直书不讳，如卫州吁弑其君完（隐四）、齐无知弑其君诸儿（庄八）、晋赵盾弑其君夷皋（宣二）、郑公子归生弑其君夷（宣四）、陈夏征舒弑其君平国（宣十）、齐崔杼弑其君光（襄二十五）、卫宁喜弑其君剽（襄二十六）、楚公子比弑其君虔于乾谿（昭十三）诸例，何国弑君？何人弑君？何君遭弑，皆据事直书，了无掩饰。又如宋督弑其君与夷及其大夫孔父（桓二）、宋万弑其君接及其大夫仇牧（庄十二）、晋里克弑其君卓子及其大夫荀息（僖十）三例，皆弑君及其大夫者也。又如齐乞弑其君荼（哀六），为庶孽初立见弑之例；齐公子商人弑其君舍（文十四），弑未逾年君之例；晋里克弑其君之子奚齐（僖九），弑而不称君之例。

弑君，大恶，故孔子于外辞皆直笔书弑，不作曲笔隐讳。至于内辞，则往往推见至隐，曲笔讳饰。鲁，为孔子之宗祖国，故鲁君见弑，死而不得其所，《春秋》但书"公薨"，不书地，不书葬。考察《左传》之历史叙事，曲笔讳书"弑"，但书"公蠚"之书法，通考全经书例，而《春秋》笔削之义可见。

若手弑其君，《春秋》据事直书其人弑君，固其所也。《春秋》直书弑君中，有"不手弑而书弑"者，其例有五，此乃孔子之特笔：如《春秋》书晋赵盾弑其君夷皋（宣二）、郑公子归生弑其君夷（宣四）、楚公子比自晋归于楚，弑其君虔（昭十三）；许世子止弑其君买（昭十九）、齐陈乞弑其君舍（哀六），此皆当国任权者弑君。手弑其君者虽另有他人，然唆使怂恿者往往为当国卿佐任事者，则《春秋》书弑之书法不隐不讳，仍归罪此人。（详参张高评《从属辞比事论〈公羊传〉弑君知书法——〈春秋〉书法之修辞观》，《东华汉学》第十八期；张高评《〈春秋〉曲笔直书与〈左传〉属辞比事——以〈春秋〉书蠚、不手弑而书弑为例》，《高雄师大国文学报》第十九期）此犹汉末高贵乡公之弑，"抽戈者成济，唱谋者贾充，而当国者司马昭"，《三国志》书曰："高贵乡公卒"，世皆知司马昭弑君矣。据事直书，是非自见。

《春秋》于不手弑而书弑者，易生疑惑；然《左传》以历史叙事解说《春秋》，排比其事，连属其辞，原始要终，张本继末，《春秋》不手弑而书弑之所以然，不难考索得之。今以《春秋》书"晋赵盾弑其君夷皋"为例，述说直书不讳，书法不隐的实录传统。

3. 赵盾弑而不弑与《左传》之比事显义

南宋家铉翁《春秋集传详说》曾云："《春秋》，为诛乱贼而作也。弑君，恶之大者。人莫有非弑君，而《春秋》加之以弑君之罪者也。"弑君之人，罪大恶极，天下人人得而诛之。

然乱臣贼子，包藏祸心，或借刀杀人，或因人成事，虽欺瞒于一时，终难逃史官之裁判揭伪，所谓诛奸谀于既死，发潜德之幽光。

"赵盾弑其君"之公案，似是而非，乱人耳目。盖手弑晋灵公者为赵穿，赵盾"未出山而复"，确有不在场之证明。何以号称良史之董狐，书曰"赵盾弑其君"？而孔子称扬其"书法不隐"？其中谜团，《左传》之历史叙事足以破译释疑。而《左传》之历史叙事，清代冯李骅《左骃》卷十点出：功在"错经以合异"，堪称一语破的：

> 此篇，亦错经以合异也。《经》书赵盾弑君，《传》则叙不弑君，而书弑君之故。以太史语为断案，以夫子语为论定。……宣子弑而不弑之故，暗叙于前；不弑而弑之故，明断于后。

杜预《春秋序》称《左传》释经，或先经以始事，或后经以终义，或依经以辨理，或错经以合异。错经以合异，孔颖达《疏》指"于文虽异，于理则合"；虽有异同，可以相互发明者。《史记》有互见之例，本此。此就史事之叙次、载记之排比而言，持属辞比事之《春秋》教，可作诠释。《四库全书总目》《春秋左氏传事类始末》提要曾称："《春秋》一书，经则比事属辞，义多互发。《传》文则或先经以始事，或后经以终义，或依经以辨理，或错经以合异，丝牵绳贯，脉络潜通。"先经、后经、依经、错经，为《左传》以历史叙事解说

《春秋》书法之四大向面。就宣公二年《左传》叙事而言，相对于《春秋》经，除依经以辨理外，主要在错经以合异：诚如冯李骅、陆浩同《左绣》所言："宣子弑而不弑之故，暗叙于前；不弑而弑之故，明断于后。"欲解读赵盾弑君之疑谳，运用比事属辞之《春秋》教，可以有功。

赵盾弑君之公案，《左传》出于历史叙事，错经以合义。《左传》叙事，以"赵穿攻灵公于桃园"一句为分水岭：前幅叙晋灵公之不君，赵盾之忠爱恭敬，左氏取舍史料，以重轻、详略体见笔削之义。一方面取厚敛雕墙、台上弹人、宰夫脯熊事，渲染晋灵之不君；又详写其有过不改，骤谏不听；重叙钽麑往杀、饮酒伏甲、弃人用犬种种乖张行径，强化开宗明义"不君"之提叙。此一"不君"之晋灵公形象，与赵盾之不忘恭敬，人饥己饥之仁爱胸襟，相反相对。此即姜炳璋《读左补义》所谓"彼此相形，而得失见；前后相絜，而是非昭"之属辞比事手法。相近相关者以类比，相反相对者以对比，此《左传》比事见义之大凡。史事如此编比，赵盾之"不弑"形象呼之欲出，此正《左传》叙事吊诡之妙。晋灵公既"不君"如此，赵盾又忠爱恭敬如彼，如何可能发生弑君事件？此即《左传》错经以合异之处。

《左传》叙士会之恭谨劝谏，以反形赵盾之处心谋逆。接叙钽麑触槐、提弥明斗死、灵辄倒戈三事，比事而观之，吴汝纶评点以为："见赵盾收召奸侠，君臣相图。"《左传》叙事走笔至此，对于赵盾，文无一字之贬词。与后幅晋太史董狐铁口直断"赵盾弑其君"，形成极为强烈之反差与张力，此之谓比事显义。左丘明取舍史料，借笔削以凸显史观，对比叙事远较类比叙事成效良好。

唐刘知几《史通·叙事》论叙事之体有四，其三曰因言语而可知，此即传统叙事学之语叙法。依钱钟书《管锥编》之见，《左传》之载言，大多为拟言代言，所谓"设身处地，依傍性格身分，假之喉舌，想当然耳"之话语，《左传》特假借历史人物喉舌，以之叙事传人而已。如士会之恭谨周到，从劝君补过知之；赵盾之恭敬，自钼麑之叹言知之；提弥明之机智，自趋登进言知之。《左传》之记言，率多借言记事，除刻画个性外，又代言情怀。千载之下，犹栩栩如生。《史通·载言》称《左传》："言事相兼，烦省合理"，此之谓也。

4. 赵盾不弑而弑与《左传》之属辞观义

赵盾弑君疑谳，集中于《左传》叙事之后幅，由董狐与赵盾之问对辩难，与孔子之评价论断三组载言连缀成篇。《春秋左氏传》连属辞文之叙事书法，由此可见一斑。解读《经》《传》，善用属辞，有助于观测指义，此可作范例。赵盾不弑而弑之疑案，此中可以推求。

当"赵穿杀灵公于桃园"时，宣子（赵盾）"未出山而复"。赵盾时为正（政）卿，执掌国柄。"未出山"，指未出晋国边境，旋即返回，恢复视事。灵公见弑，为国家重大事件，惊天动地，赵盾位高权重，居然不闻不问，若无其事，此有违常理与常情。追论弑君之贼，罪大恶极，人人得而诛之，何况当国任事之赵盾。晋太史董狐深知此中虚实，于是大义凛然，执简书之曰："赵盾弑其君。"面对赵盾之否认，董狐提出"子为正卿，亡不越竟，反不讨贼"三言，作为反驳；清冯李骅《左骘》称：太史语，以"反不讨贼"为主；"亡不越竟"，乃陪衬语也。宣子一"怀"字，仅可以解"不越竟"，不能释"不讨贼"。清陈震《左传日知录》亦云："不越竟、不讨贼，紧勘此案。然不越竟，非弑君定谳，定谳在不讨贼耳。"董狐直书"赵盾弑其君"，关键在讨不讨贼，而不在越不越境。若不越境而能讨贼，方可免除弑君之恶名。诚如魏禧《左传经世钞》所云："《春秋》坐以弑君之罪者，以盾反不讨贼，有死君之心也。"董狐直书如此，孔子推许之，《春秋》书法乃因之不改。

赵盾否认弑君，清魏禧《左传经世钞》谓："观宣子'不然'之对，是有良心人认不得，辩不得口语也。"至于引用《逸诗》："我之怀矣，自诒伊戚"作为辩解，意指心有怀恋，致遗忧戚。看来，赵盾只能为"不越竟"辩护。对于董狐质疑"反不讨贼"，却避而不谈，无词以对。诚如清张昆崖《左传评林》所云："特不讨贼，莫可支吾，遂置不辩。而不越境，犹可涂饰，遂胡混数语。"回应如此避重就轻，理屈词穷可以想见。至于孔子对此一事件之评论，可分三个层次：首先，推崇董狐为"古之良史"，所书"赵盾弑其君"之书法，为据事直书，不隐不讳。"书法"，典出于此，今人或称为笔法。攻杀晋灵公者，为赵穿，《左传》与《公羊》《谷梁》皆无异辞，何以晋太史董狐书为"赵盾弑其君"？而《春秋》因之，孔子且称扬其"书法不隐"？此攸关《春秋》不手弑而书弑之书法，后面再谈。

其次，孔子评价赵盾其人，为"古之良大夫，为法受恶"。评论弑君之事，曰："惜也，越竟乃免。"赵盾辅佐灵公，骤谏君过；身为正卿，不忘恭敬，堪称良大夫；然为董狐史笔书弑，承受恶名。此一层评论，或以为左氏错会，圣人之言当不如是。其他，异议不多。历来争论，大多集中于"越竟乃免"四字。杜预《春秋左传注》云："越竟，则君臣之义绝，可以不讨贼。"孔颖达《疏》不违注，亦以为然。如是解读孔子品题，难餍人意。弑君之贼，人人得而诛之，何况"未出山而复"之当国正卿？

晋灵公之弑，赵盾"亡不越竟，反不讨贼"，其中必存有许多蹊跷。宋吕祖谦《东莱博议》卷二十四云："所谓亡不越竟者，盖责其迁延宿留，潜有所待，以为与谋之证耳。曷尝谓在竟内有罪，在竟外则无罪乎？"清何焯《义门读书记》云："亡不越境，盖有待也。不惟不讨贼，而反俾贼逆新君。盾之与于弑也，其何所逃哉？"以"亡不越境"，坐实赵盾于事发前后，一旦越离国境，则攸关权位篡窃之私已无，瓜田李下之嫌可免，故曰"越竟乃免"。实则赵盾"未出山而复"，未尝越境，尤其"反不讨贼"，自当不免于承受弑君之恶名。此自《左传》之历史叙事，连属董狐之裁断，赵孟之辩难，孔子之评论，自属辞之脉络可以观义，亦由此可见。

5. "赵盾弑其君"疑谳与《左传》叙事见本末

《春秋》体现孔子窃取（私为）之义，凭借三大法式：除比事显义、属辞观义之外，张本继末以见义，最为常见。《左传》以历史叙事解说《春秋》经，或先经、或后经、或依经、或错经，即是古春秋记事之成法："爰始要终，本末悉昭"之发用（参刘师培《左盦集》）。清张自超《春秋宗朱辨义·总论》说经有："必反覆前后所书，比事以求其可通"；方苞《春秋通论》主张：研究义例，要领在"按全经之辞，而比其事"；此即元程端学《春秋本义》所谓大属辞比事、小属辞比事，简称比属求义，或属比求义之法。要之，即是探究终始之叙事法。

孔子作《春秋》，十分凸显始、微、积、渐之历史发展概念，开启有渐无顿之历史哲学。《左传》以历史叙事解释《春秋》，遂传承此一史观而光大之。探本溯源，追踪历史发生之源头，杜预谓之先经以始事。《左传》体为编年，然以先经、后经、依经、错经叙事，可以救济编年之不足。以孔子《春秋》因晋史董狐书"赵盾弑其君"而言，《左传》原始要终之叙事，相关史事存在"丝牵绳贯，脉络潜通"之关系，读者运用系统思维，反覆而究观之，然后乃能有得。赵盾是否为弑君之元凶？赵穿显然攻杀灵公，董狐何以不书"赵穿弑其君"，而直书"赵盾弑其君"？观察《左传》之相关叙事，核以始、微、积、渐之理，了解事件之来龙去脉，自可理解《春秋》不手弑而书弑之书法。《左传》叙事，错经以合异，发挥了此种功能。

《左传》文公六年载：晋襄公卒，灵公幼少。于是朝廷引发王位继承之争。赵孟（赵盾）原先属意者为晋王室之外甥秦公子雍；后来"穆嬴日抱大子以啼于朝"，诉诸先君托孤，于是乃改立灵公，秦晋因此而有令狐之役、河曲之战。从此，赵盾专权晋国。文公七年，扈之盟，赵盾专盟齐、宋、卫、郑、许、曹六国之君，大夫主盟始于此。文公十二年经书："晋人、秦人战于河曲"；《左传》载："赵盾将中军"；赵穿以晋襄公之婿参加此役，士会称其"有宠而弱，不在军事，好勇而狂"。赵穿有宠于赵盾，故违军律而弗罪。宣公元年，"晋人讨不用命者"，而于赵穿无讨，由于得宠故。斐林之会，赵盾帅师救陈、宋。冬，《春秋》书"晋赵穿帅师侵崇"，可见赵盾、赵穿，至此已身膺将帅，坐拥兵权矣。

宋家铉翁《春秋集传详说》、清顾栋高《春秋大事表》，先后归纳《春秋》弑君之个案，提出弑君者之身份与时机，规律如下：

> 夫弑君之贼，非其国之大臣正卿，则贵介公子之用事而有权任者。彼弑其君而自立为君，或为政于国，史官能举其职而正其罪者几人哉？（宋家铉翁《春秋集传详说·春秋托始下》）
>
> 隐四年，书翚帅师，而十一年有钟巫之祸；宣二年，书公子归生帅师，而四年有解扬之祸。宣元年书赵盾帅师、赵穿帅师，而二年有桃园之祸；成六年、八年、九年连书晋栾书帅师，而十八年有匠丽之祸，此起伏之在十年以内者。盖弑君有渐，其大要在执兵权，不至弑君不止。（清顾栋高《春秋大事表·读春秋偶笔》）

家铉翁提示弑君者之可能身份，为大臣正卿，及贵介公子之用事而有权任者。顾栋高提出"弑君有渐，其大要在执兵权"之时机。据此言之，赵盾、赵穿叔侄在在切合家、顾二氏强调弑君者之充分且必要条件，嫌疑重大。令狐之役后，赵盾专政：七年，《春秋》书"公会诸侯、晋大夫盟于扈"；八年，书

"公子遂会晋赵盾于衡雍";九年,书"公子遂会晋赵孟……";十四年,书"公会宋公、陈侯……晋赵盾";大夫而参与诸侯会盟,可见赵盾权倾一时,为大臣也,正卿也,用事者,有权任者。《孟子·告子上》所谓"赵孟之所贵,赵孟能贱之",其不可一世,可以想见。其目无君长,已非一日矣!何况晋灵公为其所立,贵贱在赵盾,进退予夺亦在赵孟也。宋洪咨夔《春秋说》云:"盾无君之心久矣!灵公之立,非其本志,君臣之猜隙已深。而盾以拥翼为己恩,尽专晋政,威福己出。与穿素有成谋,特至此而动尔。"弑君之罪魁祸首,多指向赵盾,此涉及"诛心论"之《春秋》书法。宋胡安国《春秋传》有所揭示:

> 赵穿手弑其君,董狐归狱于盾,是盾伪出,而实闻乎故也。……恶莫惨乎意!今以此罪盾,乃闲臣子之邪心而谨其渐也。盾虽欲辞而不受,可乎?以高贵乡公之事观焉:抽戈者成济,倡谋者贾充,而当国者司马昭也。为天吏者,将原司马昭之心而诛之乎?亦将致辟成济而足也?然则,赵穿弑君,而盾为首恶,《春秋》之大义明矣。

《春秋》有原情定罪,诛心之论,宋张洽《春秋集注》称:"董狐'非子而谁'之言,是乃推见至隐;而归弑于盾,真至公之笔也。"赵穿手弑其君,《春秋》不书;而赵盾"亡不越竟,反不讨贼",良史董狐书法不隐,却书"赵盾弑其君",是不手弑而书弑之例。盖推原赵盾之情实,诛贬赵盾无君违情,坐观成败,有死君之心,全无正卿当国任事之担当。关于赵穿攻杀灵公事，胡安国直指："是盾伪出，而实闻乎故也"；吕祖谦《左氏传说》亦云："虽是穿弑君，实为盾弑"；赵鹏飞《春秋经筌》亦以为："弑君者，穿之手，而盾之心尔。盾将弑君，而假手于穿。穿、盾之孚也。受盾之赐，则惟所驱之，是亦鹰鹯哉？"清王源《左传评》论弑君，"孔子既书为盾，则穿不过供其驱使，或承其意旨，若司马昭之成济，公子光之专诸而已"。诸家之阐说，殊途同归，皆呼应董狐不畏强权当道，据实事直书"赵盾弑其君"之史笔与书法。宋家铉翁《春秋集传详说》参考《左传》叙事，原始要终，将弑君之来龙去脉，进行张本继末之诠释，其言曰：

> 赵氏所以谋其君者，非一朝一夕之故矣。灵公幼弱，盾为政，合诸侯，将有讨于齐、宋；已而受赂，不惟不讨，又为之定篡窃之位。灵未有知盾，实陷之于恶耳。愚于扈之会盟，知盾有他志，不能事其君矣。

家铉翁以始、微、积、渐，考察弑君事件，颇具说服力。往事历历可征，就"赵盾弑其君"之事件而言，《左传》前此之相关叙事，原始要终，要皆先经以始事之属。《左传》宣公二年之叙事，依经以辨理、错经以合异之作用显然。

《左传》以历史叙事解经，"原始要终，本末悉昭"是其书写特色。尤其最有可观者，为《左传》叙"赵盾弑其君"文尾，曲终奏雅，卒章显志，叙曰：

宣子使赵穿逆公子黑臀于周，而立之。

　　堂堂晋国之大，岂乏人才？迎立新君之大事，赵盾何以派遣攻杀先君之凶手赵穿？此一非比寻常之派遣令，足可廓清弑君案之若干疑云，此之谓后经以终义，乃《左传》绝妙之叙事艺术。清魏禧《左传经世钞》称："宣子使赵穿"再接，此五字"弑迹了然"！且终以"而立之"，尤可见赵盾与赵穿有志一同，故迎立新君不使他人。弑君大恶，所以防声讨也。乙丑，灵公见杀。壬申，新君即朝于武宫。事变，才六日耳！清卢元昌《左传分国纂略》称：六日之中，赵盾闻桃园之攻，"未出竟而即复，方复国而即逆。六七日中，攻者攻，弑者弑；随弑随复，随复随逆，其谋豫矣"！观此，董狐书"赵盾弑其君"，然后昭然若揭。

　　《春秋》不手弑而书弑之例，除宣公二年"赵盾弑其君夷皋"外，又有宣公四年"郑公子归生弑其君夷"一案。《左传》于弑君案六年之后，叙记"郑子家卒。郑人讨幽公之乱，斲子家之棺，而逐其族"。添加追戮如此（参考张高评《属辞比事与春秋诠释学》和《〈春秋〉曲笔直书与历史叙事》），要皆《左传》后经以终义之叙事。所谓"踢倒当场傀儡，劈开另地乾坤"，真有云破月来、柳暗花明之效应。《左传》工于叙事传人如此，真传统叙事学之瑰宝。

（四）评林

1. 必持亲弑然后罪之，则奸臣贼子得以计免；而庸愚无知者常当其实。……不知孔子原情定罪，而罪当其人尔。弑君者赵穿，而欲弑者盾也；盾不欲弑，何为不讨？威（桓）公不讨公子翚，而隐不书葬；宣公不讨公子遂（杀嫡立庶），而继书即位；盾不讨穿，而《经》书弑君，盖一例耳。何独至盾而疑之乎？（宋孙觉《春秋经解》卷八）

2. 赵穿手弑其君，董狐归狱于盾。是盾伪出，而实闻乎故也。假令纵贼不讨，是有今将之心，而意欲穿之成乎弑矣。恶莫惨乎意，今以此罪盾，乃闲臣子之邪心而谨其渐也。盾虽欲辞而不受，可乎？以高贵乡公之事观焉：抽戈者成济，倡谋者贾充，而当国者司马昭也。为天吏者，将原司马昭之心而诛之乎？亦将致辟成济而足也？然则，赵穿弑君，而盾为首恶，《春秋》之大义明矣！（宋胡安国《春秋传》卷十六）

3. 盖赵穿之弑，实赵盾主之也。朱氏论此，谓如司马昭之弑高贵乡公。虽非昭自下手，而所以使贾充、成济之徒抽戈用命者昭也；谓非昭弑，可乎？（宋胡安国《春秋传》卷十六）

4. 赵穿弑灵公，董狐直笔书之曰："赵盾弑其君"，盖弑虽是赵穿，其情实为赵盾出去了弑。盖盾平日所与亲厚者惟穿耳，穿为盾之出，故敢行弑君之逆，此虽是穿弑君，实为盾弑。何故见得是盾意？以穿既弑君之后，盾归既不讨其弑君之罪，反使穿逆公子黑臀于周而立之，则盾亲厚穿之情，无所逃矣。（宋吕祖谦《左氏传说》卷五）

5. 赵盾、赵穿事，当时天下共知，三传所载无异。盖董狐特立此义，与他史法不同，举世从之，虽孔子不能易也。然而圣人亦以为太重，而伤赵盾之虑不详。彼以此名不得辞也，故曰："惜也，越竟乃免。"盖昔人之所严者，孔子之所宽也。后世乃以盾为实弑君，其曰穿者，三传之妄说也。（宋叶适《习学记言序目》卷九）

6. 及至灵公欲杀盾，而盾伪出奔；穿弑公于桃园，则未出山而归复其位。若取穿尸诸市朝，犹可以自明也，乃使穿逆公子黑臀而为君。前日庇之，今日不讨而用之，董狐"非子而谁"之言，是乃推见至隐，而归弑于盾，真至公之笔也。（宋张洽《春秋集注》卷六）

7. ……盖盾之于穿，岂特不讨而已，又且使之援立新君，以固其位。观此，则穿之弑非盾使之而谁也？（宋黄仲炎《春秋通说》卷八）

8. 盾无君之心久矣！灵公之立，非其本志，君臣之猜隙已深。而盾以拥翼为己恩，尽专晋政，威福已出。……与穿素有成谋，特至此而动尔。穿攻公而盾出奔，二人相为表里，以嫁其迹，发踪不可掩也。穿为盾弑，盾为穿庇，盾首穿从，坦然明白。（宋洪咨夔《春秋说》卷十五）

9. 弑君者，穿之手，而盾之心尔。盾将弑君，而假手于穿。穿，盾之孚也；受盾之赐，则惟所驱之，是亦鹰鹯哉？舍盾而治穿，穿固受恶无辞，而盾之奸得为君子，《春秋》岂不失贼乎？《书》曰："晋赵盾弑其君夷皋"，穷恶之首，而诛其心也。（宋赵鹏飞《春秋经筌》卷十一）

10. 愚谓赵氏所以谋其君者，非一朝一夕之故矣。灵公幼弱，盾为政，合诸侯，将有讨于齐、宋；已而不讨，又为之篡弑之位。灵未有知盾，实陷之于恶耳。愚于扈之会盟，知盾有

他志，不能事其君矣。（宋家铉翁《春秋集传详说》卷十五）

11. 穿之弑，虽非盾使，盾必知情而不禁。观宣子不然之对，是有良心人认不得、辨不得口语也。其奔也，则知其非使也。其不讨而用以逆黑臀也，则知其知情也。然盾之得罪，皆由于以义匡君，为社稷之故，情不得已，亦欲效古人变置之义。故《春秋》虽书盾弑君，而孔子初未尝等之乱臣贼子之列，故曰"为法受恶""惜也！"（清魏禧《左传经世钞》卷八）

12. 彭家屏曰：《春秋》坐以弑君之罪者，以盾反不讨贼，有死君之心也。而又使穿迎黑臀于周，是使贼也。其亡君之心益明矣，此《春秋》诛心之法也。（清魏禧《左传经世钞》卷八）

13. 论《春秋》之义，必以欧阳子之言为是。使实弑君者赵穿，而盾不与，孔子断无舍穿而归其罪于无辜之盾者。孔子既书为盾，则穿不过供其驱使，或承其意旨，若司马昭之成济，公子光之专诸而已。如《传》之言，盾特为法受恶，而孔子之言偏矣。其可信邪？（清王源《左传评》卷四）

14. 夫乙丑至壬申，才六日也。桃园之攻，盾既闻之，未出竟而即复，方复国而即逆。六七日中，攻者攻，弑者弑，随弑随复，随复随逆，其谋豫矣。（清卢元昌《左传分国纂略》）

15. 亡不越境，盖有待也。不惟不讨贼，而反俾贼逆新君。盾之与于弑也，其何所逃哉？（清何焯《义门读书记》卷九）

16. 此篇，亦错经以合异也。《经》书赵盾弑君，《传》则叙不弑君，而书弑君之故。以太史语为断案，以夫子语为论定。（清冯李骅、陆浩同《左绣》卷十）

17. 宣子弑而不弑之故，暗叙于前；不弑而弑之故，明断

于后。夫子语，以董、赵并提，宾主相形，抑扬互用。收束紧严，非此不足以作长篇之结局。（清冯李骅、陆浩同《左绣》卷十）

18. 太史语，以"反不讨贼"为主；"亡不越竟"，乃陪衬语也。宣子一"怀"字，仅可以解"不越竟"，不可以解"不讨贼"。夫子"越竟乃免"，亦见此事犹有可解。若"反不讨贼"，则万无可解。此一篇之归宿，妙在浑叙"未出山而复"于前，而特点"宣子使赵穿"于后。读者自呶呶于"未出山"，而作者自了了于"使赵穿"也。真神斤鬼斧之文。（清冯李骅、陆浩同《左绣》卷十）

19. 俞宁世曰：篇首"不君"三事，特年少狂放者所为，忠臣左右匡之，未必不悟，然盾正不欲其悟也。灵公之立，非盾本心。彼将援立庶孽，崇擅其国，方欲甚灵公之恶而成之。观其玩君命于掌握，结死士为党援，嫁恶于穿，重德于己。实司马昭、萧道成一流，非凡弑君比。《左氏》据事直陈，而罪状昭然，运笔比于然犀矣。（清冯李骅、陆浩同《左绣》卷十引）

20. 不越竟，不讨贼，紧勘此案。宣子只辨得不越竟，未辨得不讨贼。然不越竟，非弑君定谳；定谳在不讨贼耳。反而讨贼，不越竟何害？结句大书"宣子使赵穿"云云，岂无他人？必穿是使？可见桃园一案，未尝不心许也，则首恶奚辞哉？俞宁世先生方之于司马昭、萧道成，且谓灵公可匡而悟。试细读桃园以前之文，岂可匡悟者？恐好深文，反涉见浅也。（清陈震《左传日知录》卷三）

21. 赵盾果不与弑君之谋，必讨穿而引罪辞职矣！乃坐视穿之弑逆而不救，又不明正其罪，则其心实利君之弑，而贪位徇私。史以罪归之，孔子仍之，诚非过也。董狐谓其"亡不越竟，反不讨贼"，为有心瞻徇，与于逆弑，正论其罪也。夫子言当早去位，虽用董狐言，而意自别。古今乱臣贼子，其始非必遂欲为逆，惟因患失之一念，遂无所不至。当戒也。（清刘沅《春秋恒解》卷四，第五十三页）

22. 通篇中弑君之罪，全在宣子。文写宣子忠爱处，却似与宣子初不干涉。董狐铁笔一书，如力排云翳，仰见皎日，宣子之罪案始定。愚细审后文，赵盾使穿迎公子黑臀，是极力为赵穿出脱。此弑君之心迹，即无董狐，亦足了了。（林纾《左传撷华》卷上）

23. 亡不越竟，是显然与穿有谋，以为反国之计。大史之言，可谓直抉其隐；而仲尼之言，亦即此意。谓越竟即为他国之人，穿之弑君，已无所利焉，以此可自明其不与谋也，然讨贼自不可已。杜氏以越竟即君臣之义绝，可以不讨贼，殊属非是。（吴曾祺《左传菁华录》）

24. 此篇专以赵盾弑君为主，眼光专为此事，前后皆烘托激射之笔也。自阳处父易帅，而贾季不能复存于晋，狐氏亡而赵盾专国之势成矣。（吴闿生《左传微》卷四）

25. 写士会之恭谨，以反形赵盾。又见赵盾之谋弑逆，士会绝不知也。士会之谏，专以补过为词，所以明灵公之过，非不可谏；而盾之逆，乃益著也。"惟仲山甫补之"，从士会口中斥责赵孟之词也。（吴闿生《左传微》卷四）

26. 此篇以赵盾为主。盾弑君之贼，文无一字贬词，最见精心结撰处。钮麑、提弥明、灵辄三事，见其收拾奸雄，得人心。先大夫（吴汝纶）评曰："叙此三人，见赵盾收召奸侠，君臣相图。（太史书曰，）正言以痛责之，所谓诛奸谀于既死也。"先大夫评曰："就董狐口中见正意。"（吴闿生《左传微》卷四）

27. 宗尧云："赵氏之难，与《史记》不同。而《史记》叙鬼怪窬梦诸事，与此文神趣略似。"闿生案：此皆游戏之笔，玩弄一切，以示鄙夷之意。（吴闿生《左传微》卷四）

28. 左氏记晋灵之弑，主罪赵盾，意至明也。而说者乃谓：《传》称赵穿弑君，太史董狐必书盾弑，盾实未弑也。《春秋》责备贤者，且以防渐，故强加之罪。在史官为谨微，在宣子为受恶。又谓：春秋弑君三十六，而实书弑君者二十三，其可疑者四。此与郑公子归生、楚公子比、齐陈乞，皆未尝亲弑其君，而书弑君者也。（韩席筹《左传分国集注》卷六）

九、晋景公梦大厉（成公十年）

（一）原典

成公十年：丙午，晋侯獳卒。

〔传〕晋侯梦大厉，被发及地，搏膺而踊，曰："杀余孙，不义。余得请于帝矣！"坏大门及寝门而入。公惧，入于室。又坏户。公觉，召桑田巫。巫言如梦。公曰："何如？"曰："不食新矣。"

公疾病，求医于秦。秦伯使医缓为之。未至，公梦疾为二竖子，曰："彼，良医也。惧伤我，焉逃之？"其一曰："居肓之上，膏之下，若我何？"医至，曰："疾不可为也！在肓之上，膏之下。攻之不可，达之不及，药不至焉，不可为也。"公曰："良医也！"厚为之礼而归之。

六月丙午，晋侯欲麦，使甸人献麦，馈人为之。召桑田巫，示而杀之。将食，张，如厕，陷而卒。小臣有晨梦负公以登天，及日中，负晋侯出诸厕，遂以为殉。

（二）语译

晋侯梦见身材巨大的恶鬼，披头散发，长发及地。捶胸顿足，跳脚愤怒地说："你杀了我的子孙，这是不义的行为。我已请求天帝，允许我复仇了！"巨大的厉鬼毁掉宫门和寝门，走了进来。晋景公害怕，躲进内室，大鬼又毁掉了内室的门户。

晋景公梦醒，召来桑田的巫人解梦。巫人所说的，像晋侯梦见的情境一般。晋侯说："这会怎么样？"巫人说："君王吃不到新收成的麦子了！"

晋景公病重，派人到秦国请求医生治疗。秦桓公派遣医缓，替晋侯治病。医缓还没有到达，晋侯又梦见疾病变成两个小孩子，一个说："秦医缓是位好医生，恐怕会伤害我们，往哪儿逃较好？"另一位说："我们待在肓的上头，膏的下边。医缓能拿我们怎么办？"医生到达，看了病，说："疾病，不能治疗了！疾病已蔓延到肓的上头，膏的下边。砭石不能用，针灸达不到，药物的效力也到不了。不能救治了！"晋侯说："真是好医生啊。"馈赠医缓丰厚的礼物，送他回去。

六月初六日，晋景公想吃麦子。让甸人奉献，馈人烹煮。召见桑田巫人，把煮好的新麦给他看，然后杀了他。景公将要进食，突然肚子发胀，去上厕所，跌进粪坑里，淹死了。

有一位宦官，早晨梦见背着晋侯登天。等到中午，他背着晋侯出厕所。于是，就用他作为景公的殉葬品。

（三）鉴赏

晋景公听信赵庄姬的谗言，杀害了赵同、赵括（《左传》

成公八年）。这是一桩冤狱。对于赵氏兄弟的冤屈，晋景公遭良心谴责，想必深致内疚。日思夜想，于是心虚生暗鬼，潜意识遂扭曲变形而显现成厉鬼索命的梦。没想到这一梦而成病，一病而死亡。本篇就是描写这段经历，其间又以巫、医、小臣、大厉、二竖等配角穿插生色，映带成趣。在描写手法与叙事技巧方面，虽寥寥几笔，要皆姿致蔚然，精善可法。《文心雕龙·正纬》所谓"神道阐幽，天命微显"，尤为此篇命意所在。

晋景公梦见大厉一段，描写十分逼真，令人有身临其境之感。林纾《左传撷华》称：起处"被发及地，搏膺而踊"八字，虽以《酉阳杂俎》之笔，亦不能到。《左传》形容这厉鬼的模样是：硕大无朋、披头散发、发长及地；摹绘厉鬼的动作是：捶胸顿足、怒气怫怫；坏宫门、坏寝门，又坏内室门户。写得怒容可掬，咄咄逼人，已营造出一个迷离惝恍、窅冥荒诞、阴风飒起的幻境，足令读者毛骨悚然，惊愕惶骇。何况是晋景公做了亏心事，冤杀赵同、赵括，梦大厉索命，自然心虚惊惧，惧而生病。如此十数字，即已写尽鬼怪。虽以《酉阳杂俎》之善写诡怪不经、荒诞无稽，还是远不如《左传》的精彩简妙。至于写晋景公的病症，为"在肓之上，膏之下"，其病位于心尖之下，横膈之上，症状为胸鬲不舒畅，故腹胀而死，亦描写真切。

本篇的经营布局，大抵以类叙"梦"字为章法：晋侯因心生愧怍而梦大厉，因梦大厉而生疾病，又因生病而梦二竖；其间则插叙巫、医、小臣三人：前者巫言如梦，中则医言如梦，末则小臣失言亦应梦兆。这种类叙之法，在《左传》中不少，如长狄绝种（文十一）、郑伯兰卒（宣三）、若敖氏之灭（宣四）、卫襄公之卒（昭七）；大致以类相从，连叙数事，事有宾主，笔有轻重；如此，立格方有剪裁，笔墨始成片段。文章如神龙腾雾，首尾都无定处，可以尽活泼变化之观。《战国策》庄辛谏楚灵王（楚策四），以及《史记》以下的叙事及多人合传法，多学此种笔调。至于巫医小臣的插叙，则有如蛱蝶穿花，游鱼戏水，令人读之色舞。凡其人其事原有关涉，可以交互成章者，皆可斟酌位置，穿插在最恰当之处，以见错综变化之妙。《史记》中的《酷吏》《廉蔺》《滑稽》《货殖》诸列传，也都是善传此秘的代表作。

略轻详重，用笔之常法。如本篇叙事，凡三写梦兆，却以中间梦疾为二竖子、秦医缓言疾如梦为主，所以重笔详写；前面梦大厉是引笔，后面小臣梦负公以登天是带笔，而巫言如梦，则是零星笔，都用轻笔略写。叙事描写择精语详，所以蓄养文势，妙在精彩；若轻描淡写，则所以竭尽情韵，妙在蕴藉。若能使蕴藉中无漏义，精彩中无费词，这得靠熔炼的功夫了。冯李骅、陆浩同《左绣》谓："凡宾位人多事多者，须将轻笔零星笔安顿，然后抽出重笔，整片写主人，则事有条理，文亦有精神。"此言甚是！这种轻重笔法，跟宾主详略大小最有关系：医言如梦，巫言小臣言也都应验梦兆，而前者详叙，后者略写，这是因前者是主文，后者是宾笔，因此轻重详略不同如是。

因复笔见文趣，也是《左传》的常法之一。如本篇，秦医缓论疾之言与梦中二竖子之言若合符节，然一详一略，一精紧一淡洁，文句变而事义不变；如此行文，方见错综尽致，文波流动。《左传》中传人、述事、写火、叙战，往往见"流水渡旁渡，夕阳山外山"之妙者，都是善用复笔见姿态，故各有面目，不自相袭。其后《战国策》得之，往往好用复笔，却失其简洁隽逸之美。且《左传》写晋景公之必死以三语：一则曰："不食新矣！"再则曰："疾不可为也！"三则曰："不可为也！"《左传》分别借巫者、医者、二竖之言，以见其病已入膏肓，不可救疗；而笔笔换、句句换，故虽同述一事而无板拙之弊，这是善用复笔的奇效。由于复笔的类句作用，自然也强化了篇章间结构的缜密性。呼应联络圆紧而有致，往往能悚动读者的视听。

本篇在段落间的呼应，除靠类叙及复笔表现外，尤赖首尾关注照射见姿态。如本篇旨在写晋侯之卒，于是梦大厉言"请于帝"，已兆死谶；桑田巫言"不食新"，已断死时；二竖言"居肓上膏下"，则预言死症，知已不可救药；秦医缓言"疾不可为也"，无异宣告死亡；果然将食腹胀，陷厕而死。大厉既请帝于前，故小臣梦负公登天于后，终以为殉。全篇脉注绮交于一"死"字，处处有回龙顾主之势，故圆整密栗如此。

左丘明有一特识，即是每以举动容止，决定人之吉凶祸福；换言之，常依道德之因果关系，作为判断吉凶祸福、成败兴废的准据。《左传》中遇有邪恶之人与事，往往取妖妄神怪以惊之弄之，这就是史书"惩恶劝善"的资鉴精神（成公十四年）。《文心雕龙·正纬》所谓神道设教，天命警世，就是这种史观。《左传》喜谈神怪，要皆有其经世的理想，像本篇中的晋景公，惧大厉，梦二竖，以至于陷厕而死，固是史家借妖妄对恶人的嘲弄，以达到其诛奸罚恶的目的；同时更是以恶人自身行为之因果关系，证明善恶所得的历史必然审判。因为《春秋经·成公八年》记载："晋杀其大夫赵同、赵括。"由于是冤杀，故不出两年，晋景公自尝恶果，惧于大厉而病，病因梦二竖而死亡。左氏谈礼教道德行为的因果报应，自较《春秋经》及《公羊传》《谷梁传》的空言判断深刻具体、警醒有力。此等处，自是《左传》由宗教迷信，通往人文理性史观转捩处的见证。

《左传》记梦，凡二十七则，涉及多方。大多梦寐先见而灾祥辄生，天机漏泄而祸福即应。如梦将战，梦将生，梦死亡，梦即位，梦淫奔，梦要求，梦畀地，梦城陷，或恩怨而梦，或疾病而梦，或梦祖而行。《周礼·占梦》其一曰致梦，其三曰思梦，晋厉公诛杀功臣之后，心生愧怍，盖缘此致梦，因思因想而有梦。天人之际，相应如此，韩愈《进学解》所谓"《左氏》浮夸"也。其清隽有味，若颊上三毫，可以助文趣，添逸兴。（参考张高评《左传之文学价值·小说》）

（四）评林

1. 晋侯以梦得疾，疾而死。因序其一梦、再梦，奇矣！衬以巫医，又奇；拖序小臣，亦以梦死，更奇。窅冥荒诞，阴风飒起，读者毛发俱竖。画鬼魅不能令人畏，画姝姬不能令人怜，必非妙手。而人之所以畏且怜者，如生耳。或曰：梦，幻境也，安得如生？曰：吾逼真写出一幻境，固如生矣，况参以人事之真境乎？然此种文字，其奇在外，不难知，亦不难为。难在刻划工，安顿妙耳。（清王源《左传评》卷五）

2. 或云：《左氏》此等文，皆有乖伦理。不知景公妄杀，抱愧于心，结而成梦，非谓实有是事也。观下二竖之梦，岂亦赵祖所为乎？盖《传》为天下好杀者示几耳。（清姜炳璋《读左补义》卷二十一）

3. 此亦类叙格也。《左氏》好奇，遂以梦成章。然剪裁贯串，段段有法。始也，因梦而病，继复病变为梦，末更复以因梦而死者。妙以巫、医穿插生色：巫则食新献麦，呼应在两头；医则复笔，呼应在中间。而二竖与大厉相应，小臣负公登天，又与坏门请帝相应。事幻，而文更奇。（清冯李骅、陆浩同《左绣》卷十二）

4. 于医，则厚礼而归之，信医不加于信梦。于巫，则示麦而杀之，又信巫不如其信医。既获疾，又怕死。相应处，使人绝倒。（清冯李骅、陆浩同《左绣》卷十二）

5. 尝观大匠作室，木石砖瓦，黝垩丹漆，所需物料，件件取其相称。及布置经营出来，却奇丽宏诡，极巧穷工，无一处相同者，斯匠心独运之妙也。行文亦然，义必欲期相配，局必欲其相杂；配则血脉不乱，杂则波浪方奇。如此《传》说梦、说鬼、说巫、说医、说死，都是一路风景，并无别色物件闯将入来，可谓称矣。乃零星叙去，段段离奇，层层幻变……如入幽岩邃壑，觉一弯一曲，俱出人意料之外，又何其杂也？呜呼！不如是，何以称才子，而不与俗隶同乎？（清张昆崖《左传评林》）

6. 是篇以梦作贯串，人谓晋侯以梦死矣；不知晋侯死于病，非死于梦也。大厉一梦，病之先声。竖子一梦，病之实证。将食如厕，气胀而陷；则病大作，而疾乃真不可为矣！病与梦搅作一团，而究之梦自梦，病自病，文固以中段为主也。大厉与竖子相应，巫医与小臣相应，大门、寝门、室户与厕，及膏肓又相应。奇幻之中，针线仍自细密，咨嗟叹绝。巫与小臣以有梦而死，但医缓以无梦而生，然则晋侯虽死于病，不可谓非死于梦也。大厉之梦，似近于罳；竖子之梦，又近于惧与思。朕兆之形，岂渺茫而无凭者欤？（清周大璋《左传翼》）

7. 晋景公入孟姬之谗，无罪而杀赵同、赵括。事后而悔，必有惧心，故鬼物得乘其衰气而悔弄之。其梦境支离，皆其心为之召也。《左氏》好言怪，然其意皆主劝惩之义，非引导人迷惑鬼神，而诱以不可知之事也。两层夹写，一是未病而梦，一是既病而梦，文境甚见浓至。（吴曾祺《左传菁华录》）

8. 纾按：《周官》三梦，一曰致梦。《藏》经中亦列四梦，一曰善恶种子。致者，有所致也。种者，因也。晋侯杀赵同、赵括，戮功臣之后，心怀鬼胎久矣，此即所谓致也，因也。通篇全说梦话，《南北史》中往往袭之，故朱子斥为小说家言。而不斥《左传》为小说者，由其用笔简古也。（林纾《左传撷华》卷上）

9. 此篇无他妙巧，得一"应"字之诀：晋侯述梦，巫应之。晋侯再述梦，医又应之。小臣亦述梦，晋人即以为殉，亦应之也。论事迹，则似为妖祥；论文字，则自圆其谎而已。然其起处八字"披发及地，搏膺而踊"，虽以《酉阳杂俎》之笔不能到也。（林纾《左传撷华》卷上）

10.《周礼·占梦》三曰"思梦"，乐广所言"想"也。"一

曰正梦，二曰噩梦，四曰寤梦，五曰喜梦，六曰惧梦。"广所
言"因"也。……叶子奇《草木子》卷二下："梦之大端二：想
也，因也。想以目见，因以类感；谚云："南人不梦驼，北人不
梦象。"缺于所见也。（钱钟书《管锥编》,《列子张湛注·周穆
王》,引清恽敬《大云山房文稿》初集卷一《释梦》)

十、麻隧之战吕相绝秦（成公十三年）

（一）原典

夏五月，公自京师，遂会晋侯、齐侯、宋公、卫侯、郑伯、曹伯、邾人、滕人伐秦。

〔传〕夏四月戊午，晋侯使吕相绝秦。曰："昔逮我献公及穆公相好，勠力同心，申之以盟誓，重之以昏姻。天祸晋国，文公如齐，惠公如秦。无禄，献公即世。穆公不忘旧德，俾我惠公用能奉祀于晋。又不能成大勋，而为韩之师。亦悔于厥心，用集我文公，是穆之成也。文公躬擐甲胄，跋履山川，逾越险阻，征东之诸侯，虞、夏、商、周之胤而朝诸秦，则亦既报旧德矣。郑人怒君之疆场，我文公帅诸侯及秦围郑。秦大夫不询于我寡君，擅及郑盟。诸侯疾之，将致命于秦。文公恐惧，绥静诸侯，秦师克还无害，则是我有大造于西也。无禄，文公即世，穆为不吊。蔑死我君，寡我襄公，迭我殽地，奸绝我好，伐我保城，殄灭我费滑，散离我兄弟，挠乱我同盟，倾覆我国家。我襄公未忘君之旧勋，而惧社稷之陨，是以有殽之师。犹愿赦罪于穆公。穆公弗听，而即楚谋我。天诱其衷，成王陨命，穆公是以不克逞志于我。穆、襄即世，康、灵即位。康公，我之自出，又欲阙翦我公室，倾覆我社稷，帅我蝥贼，以来荡摇我边疆，我是以有令狐之役。康犹不悛，入我河曲，伐我涑川，俘我王官，翦我羁马，我是以有河曲之战。东道之不通，则是康公绝我好也。及君之嗣也，我君景公引领西望曰：'庶抚我乎？'君亦不惠称盟，利吾有狄难，入我河县，焚我箕、郜，芟夷我农功，虔刘我边陲，我是以有辅氏之聚。君亦悔祸之延，而欲徼福于先君献、穆，使伯车来命我景公曰："吾与女同好弃恶，复修旧德，以追念前勋。"言誓未就，景公即世，我寡君是以有令狐之会。君又不祥，背弃盟誓。白狄及君同州，君之仇雠，而我昏姻也。君来赐命曰：'吾与女伐狄。'寡君不敢顾昏姻，畏君之威，而受命于吏。君有二心于狄，曰：'晋将伐女。'狄应且憎，是用告我。楚人恶君之二三其德也，亦来告我曰：'秦背令狐之盟，而来求盟于我。昭告昊天上帝、秦三公、楚三王曰："余虽与晋出入，余唯利是视。"不谷恶其无成德，是用宣之，以惩不壹。'诸侯备闻此言，斯是用痛心疾首，昵就寡人。寡人帅以听命，唯好是求。君若惠顾诸侯，矜哀寡人，而赐之盟，则寡人之愿也。其承宁诸侯以退，岂敢徼乱？君若不施大惠，寡人不佞，其不能以诸侯退矣。敢尽布之执事，俾执事实图利之。"

秦桓公既与晋厉公为令狐之盟，而又召狄与楚，欲道以伐晋，诸侯是以睦于晋。晋栾书将中军，荀庚佐之；士燮将上军，郤锜佐之；韩厥将下军，荀罃佐之；赵旃将新军，郤至佐之。

郤毅御戎，栾针为右。孟献子曰："晋帅乘和，师必有大功。"

五月丁亥，晋师以诸侯之师及秦师战于麻隧。秦师败绩，获秦成差及不更女父。

（二）语译

鲁成公十三年夏季，四月初五日，晋厉公派遣吕相去和秦国断绝外交关系，宣称："从前我先君（晋献公）和贵国先君（秦穆公）彼此友好，合力同心，用盟誓来表明，再用婚姻来进一步亲近两国关系。上天降祸于晋国，文公前往齐国，惠公到了秦国。不幸，献公去世。穆公不忘过去的恩德，我文公因此能在晋国主持祭祀，但又不能成全大功，却和我国有了韩地的战役。穆公心里有些懊悔，因此才成全我们文公回国为君，这都是秦穆公的功劳。文公亲自身披甲胄，跋山涉水，经历艰难险阻，征服东方的诸侯，促使虞、夏、商、周的后代都向秦国朝见，这就已经报答过去的恩德了。郑国人侵犯君王的边界，我们文公率领诸侯和秦国共同包围郑国。秦国的军官不和我们国君商量，擅自主张和郑国订立了盟约。诸侯痛恨这件事，打算和秦国拼命，文公恐惧，安抚诸侯，使秦军能够平安回国而没有受到祸害，这就是我国对于西方秦国有重大功劳之处。不幸，文公去世，穆公表现很不友善，蔑视我们故去的国君，认为我们晋襄公软弱可欺，突然侵犯我们的殽地，断绝我们与友好国家之间的往来，攻打我们的城堡，绝灭我们的滑国，敌散我们的兄弟友邦，扰乱我们的盟国，颠覆我们的国家。我们襄公不敢忘记君王过去的功劳，却又害怕国家的颠覆，这才有殽地的这一战，但还是愿意在穆公那里寻求和解、赦免罪过。穆公不听，反而亲近楚国来谋害我们。天意保佑我们，楚成王丧命，穆公因此不能在我国称心如意。穆公、襄公去世，康公、灵公即位。康公，是我国穆姬所生的，却也想损害我们的公室，颠覆我们的社稷宗庙，率领我国内奸，来动摇我们的边疆，因此我国才有了令狐这一战役。秦康公还是不肯改悔，又侵入我国河曲，攻打我国涑川，掠取我国王官，割断我国的羁马，因此我国才有了河曲这一战役。秦国往东的道路不畅通，那是由于康公同我们断绝友好外交关系造成的。等到君王继位以后，我们的国君晋景公伸长脖子望着西边说：'大概会来安抚我们吧！'但君王也不肯加惠晋国，结为盟友；却利用我国有狄人的祸难，侵入我国的河县，焚烧我国的箕地、郜地，抢割我国的庄稼，骚扰我国的边境，我国因此而有辅氏的战役。君王也后悔战祸的蔓延，而想祈福于先君晋献公和秦穆公，于是派遣伯车前来命令我们景公说：'我跟你重修旧好、抛弃怨恨，恢复以往的友好关系，以追念先人的勋劳。'盟誓还没有完成，我晋景公就去世了，因此我们国君才和秦国有令狐的盟会。

君王又再次不友善，背弃了盟誓：白狄和君王同在雍州境内，他们是君王的仇敌，却是我们的姻亲。君王前来命令说：'我国跟你们晋国一起攻打狄人。'寡君不敢顾及亲戚关系，只畏惧君王的威严，就给官吏下达攻击狄人的命令。但君王又对狄人动了别的念头，告诉他们说：'晋国将要攻打你们。'对君王的做法，狄人一方面接受秦国的情报，一方面又憎恨秦国不守信用，因此就告诉了我们。楚国人讨厌君王的反复无常，也来告诉我们说：'秦国背弃了令狐的盟约，而来向我国请求结盟。对着皇天上帝、秦国的三位先公、楚国的三位先王发誓：'我虽然和晋国时有往来，我只是一心一意求利。'寡人讨厌秦君反复无常，因此把事情揭发出来，以惩戒言行不一的人。'诸侯都听到了这些话，因此才痛心疾首，都来和我国亲近。我率领诸侯的联军（前来）听候君王的旨意，只是为了请求友好。君王如果嘉惠诸侯顾念诸侯，请同情怜悯我，恩赐我们缔结友好盟约，这是我的愿望。（若如愿结盟）那就可以安定诸侯情绪而退兵，我们晋国岂敢自求祸乱？君王如果不施大恩大惠，我很不才，恐怕就不能率领诸侯联军撤退了。谨把内心的话向您宣布，请您考虑考虑利害吧。"

秦桓公已经和晋厉公在令狐结盟，却又召来狄人和楚人，想要引导他们进攻晋国，诸侯因此跟晋国和睦。晋国的栾书率领中军，荀庚充当辅佐；士燮率领上军，郤锜充当辅佐；韩厥率领下军，荀䓨充当辅佐；赵旃率领新军，郤至充当辅佐；郤毅驾御指挥车，栾针担任车右。孟献子（预言）说："晋国的将领和甲士上下和睦，军队必然建立大功。"五月初四日，晋军率领诸侯的军队和秦军在麻隧作战。秦军大败，俘虏了秦国的成差和不更女父（两位高级将领）。

（三）鉴赏

就文体分类学来说，以叙事文最难精工；就叙事文而言，以叙述战争最难处理。桐城古文家公推《左传》为叙事文学之典范，《史记》史传文学的风格备受其影响。叙事文之中，《左传》更长于叙述战争，不仅《史记》叙战手法受其启发（详参张高评《春秋书法与左传史笔·史记叙战之书法与义法》），《资治通鉴》叙战技巧亦得其提示。理解《左传》叙事诸法，对于小说及史传诸叙事文学之鉴赏或创作，十分有益。

《左传》叙事手法，大抵因事命篇，出神入化；叙述战争，无论命意用笔，也都随物赋形，避免雷同。像本篇《麻隧之战吕相绝秦》，一般选文从金圣叹《才子古文》起，都删弃原书最后一段，纯粹欣赏外交辞令的美妙精善。此种删节，固无不可；然就文章义法而言，却大失作者谋篇命意之神理。考察《左传》原书，《吕相绝秦》这篇外交辞令，是构成叙述秦、晋麻隧之战的重要骨干；而转变叙事为辞令，是《左传》叙事的变体，所谓言叙、语叙、借言记事者是。《左传》叙战，以提供后世资鉴为主要考量，故影响战争成败的因素，最为津津乐道。《吕相绝秦》这篇文字宣传，是《孙子兵法》所谓"上兵伐谋"的利器，决定了麻隧之战晋胜秦败的关键，故《左传》作重点强调，实录转载，以提供后世行军用兵者之参考与借鉴。因为重笔详写，因此篇幅占去全文五分之四。坊本删除末后叙事文字，遂使此篇外交辞令的文宣，因何而发？收效如何？失去呼应与交代。

金圣叹《才子古文》于本篇批语称："饰辞驾罪何足道？止道其文字、章法、字法，真如千岩竞秀，万壑争流！"这在文章学上极有价值。晋国在麻隧之战中，仰赖吕相这篇"出以矫诬夸诈之词"的文宣，挫败对方士气，赢得胜利，的确"胜之不武"。然古今中外的战争，无不以克敌致果为最终目标，即就文论文，亦可见吕相以文宣服人胜敌之诀窍。就全篇义法来说，尚有下列四点做法，值得提出借鉴：

第一，一切外交辞令，无不以自我利益为最大考量：文宣攻势，亦以壮大声威，立于不败之地为努力目标；且以打压对手，丑化敌人为不二手段。本篇饰辞驾罪，矫诬夸诈之处，综合运用宾主、抑扬、重轻、详略之法，即有此妙。秦、晋交兵，由来已久，皆各自为国家利益之扩张而发，其中难断是非曲直。秦、晋外交之纠葛，在秦桓公背叛令狐之盟这件当代史上，是非功过比较清楚；其他近代史上的冲突，自秦、晋殽之战以来，则多暧昧难明。吕相发布这篇对秦断交的宣示，于秦之罪过缺失，重点强调，详细凸显，极尽颠倒是非，淆乱事理之能事。以偏概全，将无作有，为达成打压目的而不择手段，求全责备，肆情诋毁，莫此为甚。反之，晋有小德于秦，则大书特书，极力称扬邀功，唯恐不及。简言之，吕相"述己之功，过为崇护；数秦之罪，曲加诋诬"，故论者称"吕相之言，颠倒是非，于事理全悖，而其辞令之工，实为罕见"，确为知言。战国时，秦作《诅楚文》，后世骂人的艺术，都从中获得不少灵感。

第二，《左传》叙战，好以"借言纪事"预叙成败。就《左传》原典观之，交战前，孟献子以"晋帅乘和，师必有大功"预言晋胜秦败；果然，既战之后，秦师败绩，前后伏应，顺理成章。而秦、晋所以成败胜负缘故，则备载《吕相绝秦》一篇外交辞令于叙战之先。提明于前，作为麻隧之战晋、秦胜败之诠释。想当年辞令一出，秦军必感理亏气短，自惭形秽；晋军则理直气壮，敌忾同仇，孟献子之言，可窥其中消息。此篇，记载辞令极详，叙述战争却极略，与《左传》他篇敌我双方同时夹写者不同。

第三，谈说艺术，常用之法有三：或折之以是非，或动之以感情，或惧之以利害。此篇外交辞令属于"折之以是非"的说服术。尽管这种是非，全凭吕相之主观认定。《吕相绝秦》之说是非，关键在颠倒黑白、强化主题：如叙殽之战，使用"蔑死我君"以下九组排比句；令狐之役、河曲之战、辅氏之聚，亦各使用四组排比句，由一而化生无数、渲染夸饰，遂足以混淆视听，歪曲事理。其中，又重复"我是以有"五次，"我"字提明四十三次，类句类字使用频繁，重复达到了强调，也是本篇修辞效能可取之处。

第四，《左传》为编年体，其病在事迹不相连贯。为求救济，于是《左传》于长篇巨制，多出以提叙之法。一书之中，亦有其提叙之处，如本篇《麻隧之战吕相绝秦》，为春秋以来秦、晋外交关系之提叙总说。至于襄公二十六年之《声子说楚复伍举》，则是春秋中期以来晋、楚交兵之提叙与结案。《晋公子重耳出亡》，亦出于纪事本末之体，已述于前。

第五，为防止叙战长篇散漫无归，《左传》往往在战前借由一二人之口，预言战争的胜负成败，或将帅的吉凶祸福。读者对照战争结局，就会发现这些预叙"臆则屡中"，甚至应验不爽。韩愈《进学解》称"《左氏》浮夸"，就是指这种笔法。就小说技巧而言，这是一种"悬念"设计；就文章义法而言，何尝不是巧设的伏笔和绝妙的"逆摄"呢！提叙和预叙之章法，于《左传》文章表现最多且最妙，值得取法。

自殽之战以来，秦晋交兵虽各有是非曲直，大体而言，"晋实负秦，秦无负于晋"。秦人若有不是，只在"背令狐之盟，召白狄之伐"而已。然而，是非曲直经过《吕相绝秦》的辞令处理，一切罪过都推给秦国，造成了晋国无辜受害的假象。妙在善用宾主、抑扬、详略、重轻诸法，"称己之是，而饰其过；责人之非，而没其善"，深文曲笔，颠倒黑白，莫此为甚。外交辞令，往往为了达到目的，而不择手段，下开战国策士纵横之风。宋郑樵《六经奥论》称："左氏序《吕相绝秦》《声子说楚》，其为雄辩狙诈，真游说之士，捭阖之辞。"辞令之妙，能悦人耳目，又可坏人心术。《左传》叙此，足为殷鉴。

《吕相绝秦》，历数秦晋七十年来之交兵概况。见诸《左传》载记者，韩之战，在僖公十五年；殽之师，在僖公三十二年；令狐之役，在文公七年；河曲之役，在文公十二年；辅氏之聚，在宣公十五年；令狐之会，在成公十一年；而麻隧之战，在成公十三年。依《左传》编年体例，业已分属七处叙记。《吕相绝秦》辞令，化零为整，将七十年之交兵战役，通叙于一篇之中。切合"原始要终，本末悉赅"的古春秋纪事成法。《文史通义·书教下》推崇纪事本末体之特色，以为"文省于纪传，事豁于编年"，《吕相绝秦》已不疑而具。

（四）评林

1. 晋辞多诬秦，故《传》据此（令狐之盟、召狄与楚、导以伐晋）三事，以正秦罪。（宋真德秀《文章正宗》卷一《辞令》）

2. 麻隧之役，乞师诸侯，王之卿士皆会，可谓大举骚动矣。

然（《吕相绝秦》）但论秦晋恩怨曲直尔，了无毫发及公家也。（宋叶适《习学记言序目》卷十）

3. 饰辞驾罪何足道？止道其文字、章法、字法，真如千岩竞秀，万壑奔流。而又其中细条细理，异样细致，读万遍不倦也。（清金圣叹《天下才子必读书》卷一）

4. 秦、晋兵争六十九年，始于殽，而终于十三国之伐。秦历五君，晋历六君，干戈日寻，疆场暴骨，兵连祸结，未有如二国之甚者也。吕相之绝秦也，以殽师责穆，以令狐、河曲责康，以辅氏责桓，其词多文，秦不能对。而《左氏》特举其背盟召狄，以正其怀诈取败之故。虽二国之曲直，《经》不明书；要之，欲求成而先加兵，既从盟而后食言，狙诈相尚，兵戈无已。（清马骕《左传事纬》卷五）

5. 魏禧曰：秦晋曲直，各有所在。而此一片强辞责秦，何以服人乎？凡人欲争胜负、明是非于人，非圣人谁能无过？决无事事合理之事。欲言事事合理，则中间牵强附会、破绽必多故也。惟平情而论，而摘其是非之重大者，则庶几矣。（清魏禧《左传经世钞》卷九）

6. 吕相绝秦，旧注以为口宣己命。玩其文字，当是晋作此书，而遣吕相为使耳。此书情事娓娓，文字斐然；然背理饰辞，十居七八。如殽之役，以仇报德，而以为散离兄弟，倾覆国家。剞首之役，以为帅我蟊贼，尤为灭天理、丧本心之言。使秦暴其书于诸侯，按事折其诬妄，则晋之曲无以自解矣。此，辞令之最不善者。后人但赏其文章，而不知其误国事之大也。（清魏禧《左传经世钞》卷九）

7. 波澜腾踔，如海如潮。四十三"我"字，幻化万状。其气之沉郁，骨之耸秀，章法之浑成，句法之顿挫，浏漓有目共见。非有奥赜难窥，而自觉深奇逼人，如龙虎不可狎视。童而习之，而能造其域者谁乎？（清王源《左传评》卷五）

8. 虽是妙文，却非词命上品。以其言多诬，未可服秦。而围郑一案，秦之大罪，反说得不甚警切，故较他命为逊。魏叔子先生亦曾发之，不可不辨。（清王源《左传评》卷五）

9. 秦晋兵交，自败殽以至令狐，自令狐以至迁延之役，曲直各有攸归。而论其始祸，则晋实负秦，秦无负于晋也。夫殽陵覆师，其怨最为惨痛。取王官及郊，封尸而还，不足以报匹马只轮之万一，奈何又有刳首之败耶？故论秦、晋之曲直，譬如谳狱，殽其初案也，令狐其转案也。然而令狐之舛亦甚矣。（清高士奇《左传纪事本末》卷二十八）

10. 秦晋麻隧之师，亦大战也。凡叙战，皆两边夹写，此只写晋一边。又议论叙事，大都相配，此独前半叙文极详，后半叙事极略。皆作者故意作变格文字，非率笔而为之也。《吕相绝秦》非不自成结构，但删去后文，便不见《左氏》立格之变，制局之精。如《季札观乐》《宣子玉环》等篇，或割或判，皆失作者神理。（清冯李骅、陆浩同《左绣》卷十三）

11. 《绝秦》，自作一首妙文读。《绝秦》以末段为主，但单责秦桓，殊苦寥寂；远远从穆、康说来，便有波澜。若只说他不是，亦难醒豁；着着将自己好处相形，便有衬托。通篇段落顿挫，风调低回，只是工于抑扬，遂尔文情绝世。（清冯李骅、陆浩同《左绣》卷十三）

12. 吕相之言，颠倒是非，于事理全悖。而其词令之工，实为罕见。《传》于一篇之终，叙出令狐之盟，及召狄与楚事，所以证明其曲在秦，其直在晋。其胜败之端，实由于此。此为左公最着意处，非泛泛作余波也。盖秦桓导楚为虐，为左公所深恶，故特立此一段罪案。（吴曾祺《涵芬楼古今文钞》）

13. 此一篇外交至妙之文也。不知者，以为称己善，掩己恶；没人善，扬人恶。若如此说，直是谩骂之言，非词林妙品也。贵在处处皆用轻松之笔，不惟不肯没人之功，而亦不甚扬人之恶。说其无理处，无怒容；说己反颜处，又若出于不得已。（林纾《左传撷华》卷上）

14.《左氏》以吕相上半之言，均属捕风捉影，恐读者不信，故将秦桓召狄与楚，老实书出，以见吕相绝秦之非无为。以下写麻隧之捷，正为此佳文生色。综言之，此文前虚后实，前多恫恍之言，然步步多用轻笔，以委婉出之。后有着实之罪状，故必揭出证据，似一实百实。则前此指斥穆康，亦非虚语矣。（林纾《左传撷华》卷上）

15. 宗尧云：秦晋之兵，几无宁岁，为春秋战争之最剧者。文乃尽汇其源委于吕相口中，而出以矫诬夸诈之词。阎生案：吕相之书，文词颇善，为后世檄文之祖。左氏爱其文采，而录之。（吴阎生《左传微》卷五）

贰

辞令文

概　说

　　发语出辞，攸关否泰荣辱。孔子云："出辞气，斯远鄙倍矣！"（《论语·泰伯》）又曰："使于四方，不辱君命，可谓士矣。"（《论语·子路》）故孔门四科，言语居一。言语，可以用来表情达意、辨名正物，更可以排难解纷、说服信从。《左传》，为古代说话三大宝鉴之首，与《战国策》《世说新语》并列。见于《左传》者，如子产有辞，诸侯赖之（襄公三十一年）；申叔一言，楚庄封陈（宣公十一年）；烛武说秦，二患以纾（僖公三十年）；声子讽楚，伍举复归（襄公二十六年）。或劝百而讽一，是臣下讽谏君王之辞；或折冲樽俎，化干戈为玉帛，是行人外交辞令之功效。凡此，多可作为谈说之艺术，说服之典范。

　　明王鏊著有《春秋词命》，作《春秋左传详节序》，列举《左传》所载，有关列国诸侯名卿大夫往来之辞命："若臧僖伯、哀伯、晏子、子产、叔向、叔孙豹之流，尤所谓能言而可法者。

下是，虽疆场之人，亦善言焉，有若展喜、瑕饴甥、宾媚人、解扬、奋扬、蹶繇是已。方伎之贱，亦善言焉，有若史苏、梓慎、裨竈、蔡墨、医和缓、祝鮀、师旷是已。夷裔之远，亦善言焉，有若郯子、驹支、季札、声子、沈尹戍、遠启疆是已。闺门之懿，亦善言焉，有若邓曼、穆姜、定姜、僖负羁之妻、叔向之母是已。"此三十人，在《左传》辞令中，只是举例代表而已，已琳琅满目如此。考其言语辩说，短章多温润婉丽，从容不迫；长篇则语辞浩博，多或千言，堪称言文辞达，婉丽流转，可以作为语文表达、说服行销的研习范本。

郑之为国，介于晋楚之间，形势艰困，不易有为。待子产相郑，驰骋外交辞令，应对晋楚的锋芒，居然无往而不利。于是子产之辞令，蔚为弱国而有务实外交之典范。郑国外交辞令的形成，有一定的工序，《论语·宪问》载孔子之言："为命，裨谌草创之，世叔讨论之，行人子羽修饰之，东里子产润色之。"郑国的外交辞令，经由四贤之手，由草创、而讨论，再经修饰、而润色。每一辞令之出，必须走过四道程序，想象模拟、反复推敲再三，然后交付执行。因此，应对诸侯，外交折冲鲜有败事。子产之外交辞令，固然值得探究；其他行人之辞令，亦各有其特色，应该一并关注。居今之世，不妨转化外交辞令作为交际、谈判、说服、行销之利器。则其经世而致用，可以历久而弥新。

行人出辞，外交对话，皆企图解决两国的矛盾纠纷，观本书精选《左传》辞令文八篇，可以明白。其中，折冲樽俎于战前或战后，行人辞令化干戈为玉帛者，有《齐楚召陵之盟》《阴饴甥对秦伯》《展喜犒师》《齐国佐说晋人》四篇。说服强楚，辞令应对得体者，精选《王孙满对楚子问鼎》《蔡声子说楚复伍举》二篇；面对霸主强晋，辞令婉转周折者，挑选《戎子驹支对范宣子》《郑子产坏晋馆垣》二篇。如何不卑不亢，谈言微中？如何晓之以利害得失？如何确指其是非曲直？如何动之以感情好恶？《左传》辞令，多有绝佳的示范。

十一、齐楚召陵之盟（僖公四年）

（一）原典

春王正月，公会齐侯、宋公、陈侯、卫侯、郑伯、许男、曹伯侵蔡。蔡溃，遂伐楚，次于陉。夏，楚屈完来盟于师，盟于召陵。

〔传〕四年春，齐侯以诸侯之师侵蔡。蔡溃。遂伐楚。

楚子使与师言曰："君处北海，寡人处南海，唯是风马牛不相及也。不虞君之涉吾地也，何故？"管仲对曰："昔召康公命我先君大公曰：'五侯九伯，女实征之，以夹辅周室。'赐我先君履，东至于海，西至于河，南至于穆陵，北至于无棣。尔贡包茅不入，王祭不共，无以缩酒，寡人是征。昭王南征而不复，寡人是问。"对曰："贡之不入，寡君之罪也，敢不共给。昭王之不复，君其问诸水滨。"师进，次于陉。

夏，楚子使屈完如师。师退，次于召陵。

齐侯陈诸侯之师，与屈完乘而观之。齐侯曰："岂不穀是为？先君之好是继。与不穀同好，如何？”对曰：“君惠徼福于敝邑之社稷，辱收寡君，寡君之愿也。”齐侯曰：“以此众战，谁能御之？以此攻城，何城不克？”对曰：“君若以德绥诸侯，谁敢不服？君若以力，楚国方城以为城，汉水以为池，虽众，无所用之。”

屈完及诸侯盟。

（二）语译

四年春季，齐桓公率领鲁僖公、宋桓公、陈宣公、卫文公、郑文公、许穆公、曹昭公各诸侯的联军入侵蔡国。蔡军溃败，齐桓公就顺势攻伐楚国。

楚成王派遣使者来到齐国军中，说：“君王住在北方，我住在南方，即使是牛马发情狂奔，彼此也不会有瓜葛。没有想到君王竟不顾路远，来到我国的土地上，这是什么缘故？”管仲回答说：“以前召康公命令我们的先君太公说：‘五侯九伯（如有罪行），你都可以征伐他们，以便辅助王室。’赐给我们的先君征伐的范围，东边到大海，西边到黄河，南边到穆陵，北边到无棣。你不进贡王室的包茅，使天子的祭祀缺乏应有的物资，不能漉酒请神，我为此而来兴师问罪。昭王南征到楚国而没有回去，我为此而来责问（缘由）。”使者回答说：“贡品没有送去，这确是我君的罪过，今后岂敢不供给？至于昭王没有回去，君王应该去问汉水水边的人吧！”诸侯的军队前进，驻扎在陉地。

夏季，楚成王派遣屈完带兵到诸侯军驻地。诸侯军队撤退，驻扎在召陵。

　　齐桓公把所率领的军队列成战阵（向楚国示威），和屈完乘坐一辆战车，检阅队伍。齐桓公说："我们出兵，难道是为了我一个人吗？为的是持续先君建立的友好关系。我们两国共同友好，怎么样？"屈完回答说："承蒙君王惠临敝国，为敝国社稷谋求福利；同时承蒙君王安抚我君，这正是我君的愿望！"齐桓公说："用这样的军队来作战，谁能够抵御他们？用这样的军队来攻城，哪个城不被攻破？"屈完回答说："君王如果用德行安抚诸侯，谁敢不服？君王如果用武力，楚国将以方城山作为城墙，把汉水作为护城河。君王的军队即使再多，也没有什么用处。"

　　屈完与各诸侯订立了盟约。

　　（三）鉴赏

　　荆楚之动静，孔子作《春秋》屡书、累书、不一书。自桓公二年《春秋》书"邓之会"，《左传》以"始惧楚"释经之义。清康熙帝《日讲春秋解义》以为《春秋》"始书荆，继书荆人，继书楚子，著其渐盛也"。因楚之渐盛而累书之，《春秋》书法所以著世变也。自入春秋以来，楚无日不图中原：灭邓、灭息、灭权、灭弦、灭黄、灭夔。楚穆王趁中原无霸，于是亡灭江、六、沈、蓼在前，屈服陈、郑、蔡、宋于后，楚氛渐盛，中原不绝若线，正有待于齐桓公之创霸。

　　《国语·齐语》称：齐桓公即位数年，一战而帅服三十一国。《史记·齐世家》叙齐桓公灭郯、伐鲁，会诸侯于甄，于是始霸。进而北救齐、伐山戎；城楚丘，立卫君，诸侯从齐。于是因蔡姬荡舟，而伐蔡，遂伐楚，而有召陵之盟。清高士奇《左传纪事本末》称："（齐桓公）先致淮、徐之伐，旋刜令支之水，然后大合八国之兵，登熊耳而望江、汉，问昭王之不复，责缩酒之不共。楚始知中国有人，弭耳震魄而不敢朵颐神器者，则桓伯攘外之力也。"观此，有助于理解本篇。

《左传》僖公三年（公元前657年）记载："齐侯与蔡姬乘舟于囿，荡公，公惧变色，禁之，不可；公怒，归之，未绝之也。蔡人嫁之。"本是单纯的夫妻冲突失和，桓公却小题大作，以力假仁，酿成国际侵略战争。所以《左传》僖公四年（公元前656年），据事直书说："齐侯以诸侯之师侵蔡，蔡溃，遂伐楚。"这直笔中有微辞。晋杜预《注》："遂，两事之辞。"唐孔颖达《疏》："此云两事之辞，谓既有上事，复为下事，不以本谋有心无心为异也。此齐侯先有伐楚之心，因行而侵蔡耳。"《谷梁传》曰："遂，继事之辞也。"其本意皆不在前事，盖多踵前事而加甚之。据此书法，伐楚方为齐桓公的本心；侵蔡，不过借事借端而已。

或云：伐楚之举，是为了淡化侵蔡的鲁莽，管仲企图转移国际注意焦点，所做的刻意安排。《史记·管晏列传》称："桓公实怒少姬，南袭蔡，管仲因而伐楚。""因而伐楚"一句，司马迁已窥破管仲的心机。再说，楚自武王以来，势力逐渐强大，中原诸国深受威胁，齐桓公早已有伐楚的打算。《史记》称管仲事桓公，长于"将顺其美，匡救其恶"，所以既已侵蔡，遂顺水推舟，因势利导伐楚，希望能获得出奇制胜的成果，以不负诸侯联军之仰望。

《史记》曾评价管仲说：周朝政纲既已衰败，管仲不劝勉桓公实行王道，却只成全桓公称霸诸侯，难怪孔子批评他"小器"。这种论断，未免忽视了春秋当时的客观形势。自鲁桓公二年（公元前710年）邓之会，《左传》大书"始惧楚"，开始了中原诸国的恐"楚"症；接着楚国并吞小国，僭号称王，俨然成为东南天子，逐渐形成中原的巨患。周天子既已名存实亡，故能对抗东南天子——楚国者，只好退而寄望以尊周室为借口，以假仁义为手段，而以遂行个人私利为目的的霸王，来出面挽既倒之狂澜，做中流之砥柱。《论语·宪问》篇载孔子以"如其仁！如其仁"称赞管仲，又说："微管仲，吾其被发左衽矣！"以中原文化的得丧来推崇管仲的功业，评论可谓独具慧眼。认识到这些观点，再来看本篇，体会将更深刻，也将更适切。

齐桓公率领诸侯联军，因"侵蔡"，"遂伐楚"，当然引起楚国的抗议，以为师出无名。所以当楚成王以"风马牛不相及"的质问指责齐国的时候，是看穿齐桓此举的不正大、不坦荡，所以问得神闲气定，丝毫"不以齐为意"。面对如此顽强的劲敌，如果处置失当，势必引发战争，造成华夷混战，结果管仲一番外交辞令，却使得强楚俯首认罪，而免除战争之冲突。管仲的应对，先答楚问"何故"，然后再正言责楚，说得词义整赡，正大坦荡。管仲称："命我先君"，此命是天子所命；"赐我先君"，此赐亦周天子所赐；指责楚不供苞茅，诘问楚"昭王南征而不复"疑案，齐桓公简直是周天子的钦差大臣，代表周天子声讨其非，责罚其不是。这就是假天子号令，施行赏罚的霸主行径。其实，管仲声讨楚国，是舍大就小；楚国不贡苞茅，真是小事一桩；楚国"僭王猾夏"，才是大事。不过，当时楚势强国富，管仲不便明确贬责，所以专挑小事责求他。楚成王果然不出管仲料算，也舍大取小俯首认罪。管仲伐楚之事，示威性质，大于战争意义，故以和平收场。

伐楚之事，既然是示威性质，大于战争意义，故总以"不战而屈人之兵"为主要考量，于是以外交辞令来折冲于樽俎之间，变得十分重要。王源《左传评》就说："召陵以义胜干戈，而不失为玉帛，故作者但叙几段辞令，雍容不迫。当年情景如生，读之觉和风袭我衣裾也。"本篇前后载录七段辞令，段段精彩。楚国君臣前后四段辞令，总是闲闲而来，对齐之声罪致讨，乃至耀武扬威，"绝不以为意"，足见其有恃无恐。齐国君臣辞令有三段，却"三换声口"，最终则德绥诸侯，不以兵车；以德礼相招，结盟息争而不诉诸武力，孔子称管仲"如其仁，如其仁"者，真谛在此。"德绥诸侯"，为齐桓定霸根本，值得大书特书，却出自楚臣屈完对齐桓公之期许，颇见微辞反讽之效果。

《左传》召陵之盟，楚屈完对齐桓公曰："君惠徼福于敝邑之社稷，辱收寡君，寡君之愿也！"于是屈完与诸侯盟。童书业《春秋左传研究·齐桓霸业》据此断定：召陵之师，楚已屈服于齐，加入齐之联盟。故僖公十九年《经》："会陈人、蔡人、楚人、郑人盟于齐。"《左传》："陈穆公请修好于诸侯，以无忘齐桓之德。冬，盟于齐，修桓公之好也。"盖齐桓公卒后，楚成王欲利用召陵之盟，为盟于齐，以与宋襄公争霸。昭公四年《左传》椒举问楚灵王："齐桓有昭陵之师，晋文有践土之盟，君其何用？"楚灵王曰："吾用齐桓。"齐桓公召陵之师有赫赫之功，可以想见。若观《春秋》经所叙，齐桓霸业甚盛，远过晋文。若观览《左传》叙事，则晋文压胜齐桓。互有殊胜，不必轩轾。

（四）评林

1. "侵蔡，蔡溃，遂伐楚"：古者善恶是非，皆出于实，其行一途，未有为之名以借于外，使实恶而名善者也。为是者，则始于召陵，自是道德大坏，百世不复。以桀纣之实，假汤武之名，虽圣人复出，不能救也。悲夫！孟子曰："久假而不归，恶知其非有也。"害德莫甚于假，愈久则愈丧耳，焉能有乎？（宋叶适《习学记言序目》卷九）

2. 楚势日强，召陵一盟，而俛首听命，齐桓屈服之功大矣。晦翁朱熹曰："诸侯有罪，则天子讨而正之。故《春秋》每书诸侯战伐之事，必加讥贬，以著擅兴之罪，无有以为合于义而许之者。但就中彼善于此者则有之，召陵之师之类是也。"（宋黎靖德编《朱子语类》卷八十三）

3. 荆楚僭王，罪之大者；包茅不入，罪之小者也；昭王之不复，则非其罪矣！管仲不以僭王责之，而举此二罪，是舍其所当责，而责其不必责也。管仲岂懵乎哉？吁！此其所以为霸者之师也。楚，大国也，我以大恶责之，彼肯弭然受责者哉？必斥吾之恶以对。方八国之师云集，而为敌人指数其恶，岂不

为诸侯羞？攻之弗克，围之弗下，将何词以退师乎？故舍其所当责者，而及其不必责者。（宋真德秀《文章正宗》卷一）

4. 扎虱谈曰：召陵之师，以大义责楚，当春秋之世，惟此举差强人意耳。如《韩非》所载，服楚祇为谋蔡而设。且曰："此义于名，而利于实"，则人之称是师也，其谓之何？据《春秋传》，伐楚在蔡溃之后，不如韩子言，似当以《传》为正。（明陈禹谟《左氏兵略》卷七）

5. 侵蔡以伐楚，则楚不及觉，故曰"不虞"，此用兵之奇也。楚亦劲寇，桓仗义执言，不以王命震服之，楚不为屈也。当时，齐侯所恃者众也。众何可恃？以众惧敌，仅可为不知者道。齐桓结江、黄以制楚，本是虚势，非实势。惟畏楚之深，故犄角以为牵制之策也。若实用江、黄，江、黄之力亦易尽矣。当时召陵已涉楚地，且自春徂夏，师既淹久，度楚之君臣乃欲以老吾师也。师老财匮，兵家所忌。惟齐桓节制之师，亦不易败，而威名已著，足以慑敌。故结盟而退，得告成事，不然亦殆哉！（明宋征璧《左氏兵法测要》卷二）

6. 按：秦桓公霸诸侯，楚恃强不服，且屡伐郑，欲与齐争霸长。蔡，楚党也。桓公不先伐楚，而先侵蔡者，所以治其党也。《传》例曰："无钟鼓曰侵，有钟鼓曰伐。"（明张鼐《左传隽》）

7. 愚按：蔡当楚之冲，华夷之门户也。齐欲攘楚而不得蔡，无以入其境。然蔡为楚所逼，招之必不肯至，故假蔡姬故，大合诸侯，出其不意以先侵蔡，而即代楚以继之。侵蔡者，奇兵也；伐楚者，正兵也。此桓公之善于用兵也。（明凌稚隆《春秋左传注评测义》卷九）

8. 愚按：楚僭王，大恶也，桓公舍此不问，顾举其小者、与其远者，而声罪以责之，岂其智不及哉？盖楚之僭王，荐历数君，已非一日，而遽欲行天讨以正其罚。非灭其国，分其土地，不足伸大义于天下。而楚势方强，一旦兵连祸结，攻之弗克，其势有不可解者。故舍其大罪，而仅仅以其小者、远者为言，庶几楚之为辞也易，不尽力以抗我。我之服楚亦易，不劳师而有功，盖桓公筹之熟矣。噫！此其所以为霸者之用心也！（明凌稚隆《春秋左传注评测义》卷九）

9. 此篇写齐，凡三换声口。写楚，只是一意闲闲然。此为《左氏》于小白之微词也。（清金圣叹《天下才子必读书》卷一）

10. 臣正治曰："伐楚一役，是春秋大举，然不责楚以僭王，而问王祭，此伯功之所为卑也。"（清徐乾学《古文渊鉴》）

11. 召陵以义胜干戈，而不失为玉帛。故作者但叙几段词命，雍容不迫，当年情景如生。读之，觉和风袭我衣裾也。前面五番问答，针锋相对，如燕语莺歌，声声巧亮。结尾一问一答，忽尔金铁齐鸣，山排岳倒，看他笔阵之妙。（清王源《左传评》卷二）

12. 德绥诸侯，乃齐桓定伯之本，而此举尤切。宜大书特书，却只从屈完口中轻轻带出。著而不著，有镜花水月之妙。总是文无定格，化而裁之，存乎变而已。（清王源《左传评》卷二）

13. 桓二年邓之盟，《传》曰"始惧楚也"。是时，楚为中国巨患。数十年来惟有事楚、贰楚、求成于楚，否即为叛楚。孰有统八国之师以伐之者？管仲提出命我先君，天子命之也。

赐我先君，天子赐之也。包茅责贡，侃侃而谈，曰是征，曰是问，仿佛大司马张九伐之威，声罪致讨。楚使曰："寡君之罪也。"仿佛贼臣俯首伏罪。二百四十二年，列国犹知周室，管仲之力也。（清姜炳璋《读左补义》卷八）

14. 齐以伐楚召诸侯，楚必预为备；预为备，必战。战，则胜负未可知也。今因伐蔡，而猝移师临楚，楚无备必震；震而后可服也。此齐之得也。（清何焯《义门读书记》卷九）

15. 齐以伐楚召诸侯，楚素强，陵暴中夏。诸侯怀两端，必有至有不至。前此，一再谋伐楚而不果可验。惟率之伐蔡，则诸侯无所顾忌而毕至。因而劫其众以伐楚，诸侯在其术中，有不唯命者乎？虽然，非素约也。心与力之不一，其何以战？屈完来，即与之盟而退。唯用其虚声焉耳，又齐之得也。（清何焯《义门读书记》卷九）

16. 或曰："荆楚僭王，罪之大者也。包茅不贡，罪之小者也。昭王之不复，则非其罪矣。管仲不以僭王责之，而举其二罪，是舍其所当责，而责其所不必责也。"余谓不然！禹之征苗，汤之伐桀，皆明征其辞者。有诸己而后可求诸人，无诸己而后可非诸人。齐桓之伯，所谓以力服人，而非以心服者也。写楚只是闲闲然，绝不为意，真词命神品。而句调铿锵，丰神淡宕，允为用古家之金科玉律。（清孙琮《山晓阁左传选》）

17. 不知其来，不知其往，如坐春风秋月中，别有领会。《左氏》文字妙处，只令人想，愈想愈妙。若不细心想，他妙处仍藏在里，不比后人文字易于窥见也。（清盛谟《于埜左氏录》）

18. 中段是以义责楚之词，虽所责二提在会之耳，功亦足

多也。进师次于陉，慎重而不肯轻进，以待其自来屈服，亦属节制之师。（清高嵣《左传钞》）

19. 管仲提出召康公之命，典重严肃。管仲本应责其僭王猾夏，惧楚不服，难以退师，故取轻罪以责之，使彼可以受而易于和解。辞命绝善。（方宗诚《春秋左传文法读本》）

20. 吴氏汝纶曰："左氏于桓、文谲正，及以力假仁处，皆各如其分，不失铢两。与孔孟所论符同，此所以为良史也。"刘氏培极曰："《史记》：'桓公实怒少姬，南袭蔡，管仲因而伐楚。'"本《传》亦云："侵蔡，遂伐楚。"伐楚之举，侵蔡使然也。故详叙蔡姬之事，此微辞也，又直笔也。按：齐桓伐楚，自盟贯、会阳谷以来，已有成谋，特以侵蔡为奇兵耳。《史记》云云，盖借此以申管仲善将顺匡救之说也。（韩席筹《左传分国集注》卷四）

21. 终春秋之世，中原霸主以诸侯伐楚，取其成者，惟有此役。据《齐语》，齐桓时，齐亦仅为千乘之国。如以半数出征，则五百乘。召陵之师，除齐外，凡宋、鲁、卫、郑、陈、许、曹七国（宋、鲁亦皆千乘之国），如各出车三百乘，卫、郑各出车二百乘，陈、许、曹各出车百乘，则全军可能有一千数百乘之兵力。在春秋前期，此为极可惊之军数。故齐桓曰："以此众战，谁能御之？"此其所以能服楚也。召陵之师已及楚境，楚人为城下之盟。观"辱收寡君"语，楚盖已加入齐桓联盟矣。（童书业《春秋左传研究》）

十二、阴饴甥对秦伯（僖公十五年）

（一）原典

十有五年，十有一月壬戌，晋侯及秦伯战于韩，获晋侯。

〔传〕十月，晋阴饴甥会秦伯，盟于王城。

秦伯曰："晋国和乎？"对曰："不和。小人耻失其君而悼丧其亲，不惮征缮以立圉也，曰：'必报雠，宁事戎狄。'君子爱其君而知其罪，不惮征缮以待秦命，曰：'必报德，有死无二。'以此不和。"

秦伯曰："国谓君何？"对曰："小人戚，谓之不免。君子恕，以为必归。小人曰：'我毒秦，秦岂归君？'君子曰：'我知罪矣，秦必归君。贰而执之，服而舍之，德莫厚焉，刑莫威焉。服者怀德，贰者畏刑。此一役也，秦可以霸。纳而不定，废而不立，以德为怨，秦不其然。'"

秦伯曰："是吾心也。"改馆晋侯，馈七牢焉。

（二）语译

十月，晋国的阴饴甥会见秦穆公，在王城订立盟约。

秦穆公说："晋国和睦吗？"阴饴甥回答说："不和睦。小人认为失掉国君是项耻辱，对于殉难的亲属表示哀悼，不惜征赋车马，重整军队，而立太子圉为国君，他们说：'一定要报仇，宁可因此而事奉戎狄（也在所不惜）。'君子爱护国君而了解他的罪过，不惜筹集资金，重整军队来静观秦国的意向，说：'一定要报答恩德，就是死了也绝无二心。'因为这样，上下彼此才不和睦。"

秦穆公说："全国认为国君的前途会怎么样？"阴饴甥回答说："小人忧愁悲观，认为他不会被赦免；君子将心比心，以为他一定会回来。小人说：'我们恩将仇报，伤害到秦国，秦国怎么能让国君回来？'君子说：'我们已经俯首认罪了，秦国一定会让国君回来。'有离心背叛，就加以逮捕；俯首认罪，就释放他。德行没有比这再宽厚的了，刑罚没有比这再威严的了。服罪的感念秦国的恩德，离心背叛的害怕刑罚，秦归晋君这一事件，秦国可以称霸诸侯。您既已接纳他回国为君，却不帮忙他安定；甚至想废掉他而不立为国君。结果使得恩惠变为怨恨，秦国大概不会这样做的吧！"

秦穆公说："我正是这样想的啊！"于是秦国改变对晋惠公的待遇，让他住在宾馆里，馈送了七副牛、羊、猪等食用物品（将他视同诸侯，加以款待）。

（三）鉴赏

中国有三大说话宝典：《左传》《战国策》《世说新语》。《战国策》虽辞令悦目，却往往坏人心术。《世说新语》之名士清谈，传神写生有余，波澜壮阔却嫌不足。《左传》大则折冲樽俎之外交辞令，其次则影响战争成败之奇谋妙计，其次则谏诤规劝之说服艺术，乃至于人际相接之说话技巧，无不灿然可观。无论名卿大夫、边疆大臣、巫医百工、夷狄蛮戎，乃至于闺门妇女，大都善于辞令，长于谈说，堪称说话艺术的无上宝鉴。像本篇阴饴甥的外交辞令，就是很典型的范例。

秦晋韩原之战（公元前六四五年），秦胜晋败。晋惠公由于"背施、幸灾、闭谏、违卜"，而又刚愎自用，被擒受辱，可谓罪有应得。难为阴饴甥，在国家战败、国君被俘的不利形势下，跟秦穆公举行终战会盟。居然也能凭借他的应变机智及外交辞令，成功而圆满地化辱为荣，解除危机。阴饴甥前后两段外交辞令，纯从正反两面去设想，去措辞。论者称其辞令"妙绝千古"；清吴曾祺美其"婉曲周至，足为千古辞令之祖。战国说士极多，无能出其右者"。这些赞语，都不是溢美之词。

在晋惠公被擒之后，晋人为图谋拯救，在阴饴甥的策划下，曾进行"爰田""州兵"的设置，积极武装，随时备战。晋国这个举动，秦穆公不可能不知道。因此，一见面秦穆公就问："晋国和乎？"这是明知故问，只为当面做个印证罢了。没想到阴饴甥竟回答："不和！"真是出人意料，绝妙应对。更妙的是，推敲其辞令，"句句说不和，却正是句句说和"；可谓正话反说，反言显正，绝妙辞令。首先，阴饴甥运用二分法，将晋人的意见归纳为"小人"和"君子"两大类；将强硬不屈的言辞归给"小人"（一般人民）去说，以表明晋国坚定不渝的对抗立场；将"爱其君而知其罪"的感性软语归诸"君子"（朝中官员），既表明感恩图报之心，又宣达晋国不惜一切代价备战对抗的决心。疾言厉色的"愤言"，交由"小人"去宣泄；温婉有礼的"庄言"，委由"君子"口中说出。粗看之下，似乎"君子"与"小人"的意见"不一""不和"，实际上两者分别从不同的角度，去掘发同一个议题。观点虽然有差异，结论却殊途同归；阴饴甥前后重复"不惮征缮"，正是朝野上下一致的共识。同心同德，共识一致，晋国全民和睦到了极点，阴饴甥却答"不和"，这叫作"正话反说"，反言以显正，纵横捭阖，情趣无限。

至于晋惠公战败被俘，晋国上下的反应如何？阴饴甥的应对，仍然分为"小人"与"君子"来论述。将可能是最坏的处置，推给小人去揣测；至于衷心的期许，喜剧的收场，交给君子去盼望。这辞令明明出自阴饴甥之口，却不直说"我以为"如何如何，"我以为"不如何如何，跳脱个人的主观，诉诸公议，客观另提"君子""小人"，如此言说，将更能自由灵活挥洒，它的优点是"唐突而不患于亢，乞怜而不患其贬"，此真游说妙诀！简言之，其妙在不卑不亢，移花接木，这对谈说游说，极具启示意义。

阴饴甥第二段辞令，当然侧重"君子曰"部分；辞令侧重所在，故文字加详加重，必求淋漓尽致而后已，这是谈说的原则，也是文章的义法。辞令后半，"德""刑"并提，以"刑"衬托"德"，故"刑"字二见，而"德"字三见。期勉秦伯树德，标榜正大堂皇，亦有助辞令之发挥。

晋惠公由一级战俘，转变成顶级贵宾，阴饴甥外交辞令的斡旋，居功最伟。外交辞令在变危机为转机，"化干戈为玉帛"方面，很值得我们借鉴。

（四）评林

1. 无端因一"和"字，轻轻生出小人、君子两样名目。却不谓其便借一样名目来张晋，一样名目来款秦。于自家口中，自对晋国不和；而于他人耳中，却是晋未可犯，秦未可肆。凛凛然何等凛凛然，依依然却又依依然。使读者直疑"小人""君子"字，乃是天生成两峰对起，并非无端轻轻生出，真莫测之奇事也！后对仍将"小人""君子"接连复写二遍，又妙将胸中所不欲秦如此者，尽写向君子名下。天下即安有愿为小人，而不必为君子者哉？秦伯此时，欲不入玄中，不可得也。（清金圣叹《唱经堂左传释》）

2. 看他劈空吐出"不和"二字，却便随手分作小人君子。凡我有唐突秦伯语便都放在小人口中；有哀求秦伯语，便都放在君子口中。于是自己只算述得一遍，既是不当唐突，又并不曾哀求，真措辞入于甚深三昧者也。（清金圣叹《天下才子必读书》卷一）

3. 魏禧曰：如此辞令，真无一字不妙，无一着不老靠圆密。春秋时，祖此者甚多。此不特千古辞命之祖，亦千古处难济变

之师也。拜服！拜服！（清魏禧《左传经世钞》卷四）

4. 谢文洊曰：收民心，立储二，益甲兵，先固根本，使敌国知我不可动。且隐然有可战之势，然后许平可决。此吕甥实实经济，不徒靠辞令之妙。（清魏禧《左传经世钞》卷四）

5. 彭家屏曰：茅鹿门谓秦穆之归晋惠，自有主见，不关子金口舌，是也。当始获晋君之际，穆公已明言："重怒难犯，背天不祥，必归晋君。"故一闻子金之言，而即应之曰："是吾心也！"穆公之贤，其心迹岂不彰明较著哉？然子金竭忠效智，孳孳谋国，辅孺子，作州兵，安抚国人，屹然自立。而词令之善，又有以动之，使秦穆有不得不从之势，是亦返君之一助也！其功，亦胡可没欤？（清魏禧《左传经世钞》卷四）

6. 晋侯得归，全赖饴甥妙舌。然亦秦伯先有此意。看开首"晋国和乎""国谓君何"两问，分明故意挑逗。结处数语，原是泛舟本怀。而"是吾心也"，中间又明明道破。人知饴甥善于笼络，岂知秦伯胸有成竹，于此落得做人情耶？故此文饴甥辞令虽工，终以秦伯树德为主。以树德为主者，远为伯西戎埋根，近为纳重耳起本也。（清冯李骅、陆浩同《左绣》卷五）

7. 吕甥出口一说不和，秦伯已不期愕然一震。及吕甥说出报仇报德，尚不着意，而着意却在"不惮征缮"四字。似爱田州兵，已有所闻矣，故曰国谓君何。虽生死之权操于己手，亦颇惮晋人之致死。吕甥此时已露匣剑帷灯之光气，只好舍刚用柔，彼此针锋之巧利，好看煞人。（林纾《左传撷华》）

8. 此文妙处，重在用四个"必"字，又连用四个"德"字，都有来历。"必"字，根"秦伯必归晋君"一语而来。"德"字，

即为下文秦伯"姑树德焉"一语之伏脉。（林纾《左传撷华》卷上）

9.报仇，本意也；报德，谦词也。用代字诀，把报仇一节，推在无知小人之身上，已隐隐漏出爱田州兵之预备。虽假托小人之语，亦半属实事。至"必报德"之下，而曰"有死无二"；夫报德何必死？其言"有死无二"者，见得君若不归，亦但有与秦决一死战。名托君子，其实与小人连贯一气，无甚分别。又复述前语曰："以此不和！"然秦伯胸中已有成竹，见吕甥如是乖巧，知国中必有宿备，方敢放胆如此。因而再挑逗之曰："国谓君何？"此语不是问晋人，是自诩晋惠生死在我掌握之中，我如何便如何耳。吕甥一挑即动，又用小人作盾，以抵秦伯。曰：小人眼中自然谓之不免，君子眼中自然信其必归。以君子信君子，是尊秦伯为君子，且为敌国君子之所信。而秦伯又有"必归晋君"之言，自然声入心通。则小人报雠之言，此时已归无用，遂专就君子身上发论。连用三个"德"字，极力赞扬，把秦伯口舌手足，闭塞束缚，至于无可伸剖，无可转旋，使他不得不允。而秦伯亦只好顺水行舟，闲闲作答曰："是吾心也！"（林纾《左传撷华》卷上）

10.此篇辞令，妙绝千古。在本书中，亦为有数文字。（吴闿生《左传微》卷二）

十三、展喜犒师（僖公二十六年）

（一）原典

二十有六年夏，齐人伐我北鄙。

〔传〕二十六年春，王正月，公会莒兹平公、宁庄子，盟于向，寻洮之盟也。齐师侵我西鄙，讨是二盟也。

夏，齐孝公伐我北鄙。卫人伐齐，洮之盟故也。

公使展喜犒师，使受命于展禽。

齐侯未入竟，展喜从之，曰："寡君闻君亲举玉趾，将辱于敝邑，使下臣犒执事。"齐侯曰："鲁人恐乎？"对曰："小人恐矣，君子则否。"齐侯曰："室如县罄，野无青草，何恃而不恐？"

对曰："恃先王之命。昔周公、大公股肱周室，夹辅成王。成王劳之而赐之盟，曰：'世世子孙，无相害也。'载在盟府，大师职之。桓公是以纠合诸侯而谋其不协，弥缝其阙而匡救其灾，昭旧职也。及君即位，诸侯之望曰：'其率桓之功。'我敝邑用不敢保聚，曰：'岂其嗣世九年而弃命废职，其若先君何？

君必不然。'恃此以不恐。"

齐侯乃还。

（二）语译

僖公二十六年春季，周王朝历法的正月，僖公会见莒兹丕公、宁庄子，在向地结盟，重温洮地盟会的旧好。齐国军队侵伐我国西部边境，显示对两次盟会的不满。

夏季，齐孝公攻打我国北部边境。卫国军队便讨伐齐国，卫国履行了洮地的盟约。

僖公派遣展喜犒劳齐国军队，要求展喜向展禽（柳下惠）请教，究竟如何措辞。

齐孝公尚未进入我国国境，展喜就出境晋见他，说："我君听说君王亲自移驾，将要光临敝邑。所以，派遣下臣来慰劳您君王。"齐孝公问："鲁国人害怕吗？"展喜回答说："小人恐惧了，君子不害怕。"齐孝公说："鲁人室内像挂起的磬一样空，荒野里连青草都没有，凭什么不害怕？"

展喜回答说："仰仗先王的册命。从前周公、太公辅助周王朝，或左或右协助成王。成王慰劳他们，赐给他们盟约，说：'世世代代的子孙，不要互相侵犯。'这个盟约，藏在盟府之中，由太史掌管着。齐桓公因为这个盟约，联合诸侯，商讨解决他们间的纠纷，弥补他们的过失，而且救援他们的灾难，这都在彰显原有的职责。待君王即位，各国诸侯盼望说：'他大概会遵循桓公的功业吧？'我们敝邑因此不敢保护城郭，聚集民众，说：'难道他即位才九年，就背弃王命、废弃职责？他怎么对得起先王先君？他一定不会这样做的！'就是仰赖这个，所以不害怕。"

齐孝公于是班师回国了。

（三）鉴赏

"齐孝公伐鲁之北鄙，公使展喜犒师。"事情发生在僖公二十六年，即公元前六三四年。本篇妙处，全在展喜一篇外交辞令。

齐孝公前来伐鲁，鲁僖公未作迎战准备，却派遣展喜前往敌营犒师，所谓"先礼后兵"。齐鲁毕竟是兄弟之国，先输诚示好，这是春秋国际公法的惯例，也为下文外交辞令引用"世世子孙，无相害也"的盟约，预作友善的示范。兄弟相残，这是人伦的悲剧；齐鲁相攻，更是辜负"股肱周室，夹辅成王"的鲁周公和齐太公两位开国先王。柳下惠擅长辞令，展喜受命代言，针对"伐我北鄙"的齐孝公所谈说的外交辞令，就是高抬"先王"，于是高屋建瓴，遂成破竹之势。

外交辞令不同于一般谈说，既要说得冠冕堂皇，又要自己立于不败之地；既不能触犯忌讳，又要不卑不亢。像本篇第三段展喜之言，明明是"伐我北鄙"，却以轻代重地说成"亲举玉趾"，故意说得不在乎，无所谓，以显示自己对敌人的不忧不惧。其实，鲁国内部经济之萧条凋敝，齐孝公心知肚明，所以才故意调侃地问展禽："鲁人恐乎？"展禽不能说恐，也不能说"不恐"，妙在运用二分法回答："小人恐矣，君子则否。"这与阴饴甥对秦穆问"晋国和乎"的对答有异曲同工之妙。孝公今春伐鲁西鄙，早知鲁国虚实，故又进一步质问："何恃而不恐？"展喜成竹在胸地回答："恃先王之命"，可谓晴天霹雳，惊心动魄，足当百万雄师。王源《左传评》称："文如弈棋，一着得势，便任我纵横，破竹而进。"展喜对齐孝公问，用提叙法称"恃先王之命"，确有此妙。

　　清冯李骅、陆浩同《左绣》论及外交辞令之妙，不外两种：一是就其辞而入之，一是反其辞而折之；展喜之辞令，兼含二法之妙。大凡顺势而言，肯定而谈，顺理成章，是"就其辞而入之"；另辟蹊径，逆向操作，否定论说，转折顿挫叙谈，谓之"反其辞而折之"。开首"恃先王之命"，是一笔兼含二妙；中间"其率桓之功"，是就其辞而入之；辞令末尾"岂其嗣世九年"云云四句，是反其辞而折之。一往一复，交相翻映，遂成辞令妙品。阴饴甥应对穆公问，劈头便说"不和"，妙在突兀，令人神耸；展喜应对孝公问，不直说不恐，两分小人君子以对，妙在委婉，引人入胜。展喜之辞令，先强调"恃先王之命"后，其次叙写鲁、齐之先君周公、太公夹辅周室，其次强调成王赐盟，约誓"子子孙孙，无相害也"。其次提醒孝公：其父王齐桓公创霸，只不过为了"昭旧职"而已。希望孝公继志守命，光大桓公称霸之功。这不只是鲁国的心声，更是诸侯各国的共同愿望。辞令中陆续提出先王之命、成王之赐、齐鲁之盟、齐桓之守，以及诸侯之望，何等冠冕堂皇，毋庸置疑。"岂其嗣世九年"以下四句二十个字，本是唐突孝公之词，盖数说他"弃命废职"之罪，字面上却未敢以"不肖子"视之。展喜期许孝公做个"象贤之子"，则齐"伐我西鄙""伐我北鄙"的军事行动，从此可以一笔勾销。文末一味笼络抬举，不直斥其非，也不揭露其过，辞令温厚委婉之至。

由于展喜辞令正大庄重，抬举"先王"，足令齐孝公无言以对。时值卫人伐齐，齐国腹背受敌，如果不从鲁国撤军，将陷入两面作战。衡情度理，"齐侯乃还"，结束了这次伐鲁之役。

（四）评林

1. 展禽事仅一见，无子产锋锐之气，纯于义理，与事丽，意顺辞正，宜齐侯不战而自却也。（宋叶适《习学记言序目》卷十）

2. 只是短幅却有无数奇妙。如斗接"恃"字作突兀一句，一也；并举二祖同事先王，二也；赐盟至今在府，三也；忽然感颂桓公，四也；诸侯共望桓之功，不止鲁之望之，五也；自写无恐，袅袅二十五字只作一句，六也。（清金圣叹《天下才子必读书》卷一）

3. 读此等文字，可见当时诸侯犹畏名义，先王之泽未衰。水心叶适曰："展禽事仅一见，无子产锋锐之气，纯于义理与事相丽，意顺词正，宜齐侯不战而自却也。臣叔元曰：'临之以先王先公，责之以弃命废职，使齐侯无所解免，欲不还师，得乎？'"（清徐乾学《古文渊鉴》）

4. 文如弈棋，一着得势，便任我纵横，破竹而进。此文开口提出"先王之命"，便有壁立千仞之势，下靡然如霏屑矣。将命作文，厥道惟一，韩文公《祭鳄鱼文》本此。（清王源《左传评》卷三）

5. 文有反虚、正虚、反实之法。盖反正、虚实固也。而善为文者，每于反之后，正之前，著一段虚文。虚之后，实之前，著一段反文，煞是生动可爱。总之，于将入主处，仍入客也。此文之入桓公，即此法也。（清王源《左传评》卷三）

6. 辞令之选，巧变无穷。大约不外二种：一是就其辞而入之，一是反其辞而折之。此篇之妙，乃在兼此两法。"恐矣"，是就其辞；"则否"，是反其辞。随口转变，其敏妙不待言。"恃先王之命"，乃以一笔擅二妙，为尤奇也。盖"何恃不恐"，其意中分明笑我毫无所恃，我偏要对他说个"有恃"，便是反其辞而折之。他口中又若像问我"毕竟有恃？"我便实对他说个"有恃"，便是就其辞而入之。中间，将盟辞做个话头，下"率桓之功"，又是就其辞而入之。"岂其嗣世"云云，又是反其辞而折之。一往一复，粲花之舌，生花之笔。木强者，奉为换骨金丹可也。（清冯李骅、陆浩同《左绣》卷六）

7. 程明道曰：齐侯以"恐"字吓他，他却分个小人、君子来，占许多地步。"恃先王之命"，何等名正言顺？后来一劝一惩，将"恃"字首尾照应，结束精神。齐欲以兵威詟鲁，柳下氏特援大义以折之。篇中称王命，述祖德，其意极刚毅，其设辞又婉曲。折冲胜算，固筹之有素。乃其妙处，尤在安顿君子、小人两句于先。盖齐侯突地说个"恐"字，置对甚难。此独分别出两样人来：只将不恐者筹到高处；即有心恐人者，自粗浅不足数矣。立言之妙，非和而介者，未易辨此。（清孙琭《山晓阁左传选》）

8. 人未有不压于分者，曰"恃先王之命"，夺其魄矣！人未有不好名者，曰"君必不然"，刺其心矣。虽然，以邾人来而不设备之僖公，强敌压境，何恃不恐？喜曰："恃先王之命"，亦特展禽之命耳。（清卢元昌《左传分国纂略》）

9. 只是短幅，却有无数奇妙。齐侯以"恐"字喝吓，他斗然分出君子、小人字面来，占许多地步，一也。齐侯以"恃"字笑他，斗然指出先王之命来，何等名正言顺，二也。"昔周公、太公"以下，斗然并举二祖，细述先王之命一番大义凛然，三也。"桓公"以下，斗然感颂桓公，细述其能守先王之命，一番旧盟昭然，四也。"及君即位"以下，一劝一惩，婉曲沉痛，五也。至末掉转"恃"字，首尾照应，结束精神，六也。通篇得力处，只在"恃先王之命"一句。寻着这个大题目，便是压倒齐侯。（清杭永年《古文快笔贯通解》）

10. 过商侯曰：齐侯劈头以"恐"字吓之，最是小家相。展喜却分出君子、小人，措词甚妙。不但不恐，反写出无数托大语。惧之以先王，愧之以祖宗，就问齐人恐乎？则真恐矣。（清过珙《古文觉斯》）

11. 一篇大旨，止在"恃先王之命"一句。此受命展禽之教，以大义为感动，不必又赘。独是应对之语，须取给于临时，何以知齐侯必有是问？妙在乘其师未入境，先往迎犒，钓出他口中一个"恐"字。又把"恐"字分别个君子、小人，钓出他口中一个"恃"字。然后好把口授大旨，滔滔汩汩提起。大公受命，桓公修职，横说竖说，了无滞碍矣！（林云铭《古文析义》）

12. 观齐孝公之来，实袭其先公之余烈，轻藐鲁国。一开口便曰："室如悬罄，野无青草"，明明指其无恃。而展喜即拈此“恃”字，为当头之棒喝。孝公早已愕然挢舌，而展喜却雍容闲暇，述及周公太公。然周公太公之间，不着一“与”字，正有讲究：盖著一“与”字，是将二公隔膜，不成一家人矣。周、太平列者，见得二公初无分别，而子孙生出不协，即为二公之罪人。故以下清出“相害”二字，不言害鲁，而曰相害。……“率桓之功”四字，明明责他不能躬承先业，弃命废职，直是当面抹杀云云。（林纾《左传撷华》卷上）

13. 文字中有下一字，造一语，重如山岳，震如雷霆，闻者立动其颜色，即此篇“恃先王之命”五字是也。文字中有使人欢悦，使人疑骇，闻者必加以考问，即此篇“小人恐矣，君子则否”八字是也。（清林纾《左传撷华》卷上）

14. 前叙齐侯请战之辞命，矜骄而无礼；而晋帅所对之辞命，极有礼，亦两相反对。（方宗诚《春秋左传文法读本》）

15.《左传》词令之美，妙绝古今，此亦其一也。（吴闿生《左传微》卷三）

十四、王孙满对楚子问鼎（宣公三年）

（一）原典

宣公三年，楚子伐陆浑之戎。

〔传〕楚子伐陆浑之戎，遂至于雒，观兵于周疆。

定王使王孙满劳楚子。楚子问鼎之大小、轻重焉。对曰："在德不在鼎。昔夏之方有德也，远方图物，贡金九牧，铸鼎象物，百物而为之备，使民知神、奸。故民入川泽山林，不逢不若。螭魅罔两，莫能逢之，用能协于上下以承天休。桀有昏德，鼎迁于商，载祀六百。商纣暴虐，鼎迁于周。德之休明，虽小，重也。其奸回昏乱，虽大，轻也。天祚明德，有所底止。成王定鼎于郏鄏，卜世三十，卜年七百，天所命也。周德虽衰，天命未改，鼎之轻重，未可问也。"

（二）语译

楚庄王攻打陆浑的戎人，因此到达雒水，在周朝疆域内陈兵示威。

周定王派遣王孙满慰劳楚庄王，楚庄王向王孙满问起九鼎的大小、轻重。

王孙满回答说："（鼎的大小轻重）在于德，而不在于鼎本身。从前夏朝正是有德的时候，把远方的东西画成图像，让九州的长官进贡青铜，铸造九鼎，并且把图像铸在鼎上。所有物像都齐备地铸在上面了，让百姓知道神物和怪物。所以百姓进入田泽山林（渔猎时），就不会碰上不利于自己的东西。螭魅魍魉这些鬼怪都不会遇上，因而能够使上下和谐，以承受上天的福佑。夏桀昏乱无道，因此九鼎就迁到了商朝，（享国）六百年。商纣暴虐无道，九鼎又迁到了周朝。德行如果美善光明，鼎虽然小，也是很重（别人无法轻易夺走）；德行如果奸邪昏乱，鼎虽然大，也是轻的。上天赐福给明德的人，是有一定期限的。成王把九鼎固定在郏鄏，占卜的结果是传世三十代，享国七百年，这是上天的旨意。如今周朝的国运虽然衰微，天意却没有改变。因此，关于九鼎的轻重、大小，您就不必询问了！

（三）鉴赏

鼎，是青铜器中的重器，为祭祀宴享时的重要礼器，代表贵族身份地位的等级。古代天子九鼎，诸侯七鼎，大夫五鼎，士三鼎或一鼎。自天子至士，严守阶级名分，否则，就是僭礼越分。鼎，既是重器，也是烹煮或装盛鱼或肉的实用炊具。为求拥有与享有名位之长远，往往铸有"子子孙孙永宝用享"诸铭文，以见世禄之永有，而子孙之象贤。推广此义到国家朝代，鼎遂成为传国的宝物、王权的象征。《墨子·耕柱》篇、《史记·封禅书》所载，以及《左传》本篇所述，可以知其梗概。九鼎既是王权的象征，代表天命，十分神圣，所以春秋之世，列国争霸，王权衰落，周天子仍然掌有九鼎，被尊为天下之共主。所以本篇所述楚庄王问鼎轻重、大小，就被看作对王权的最大冒犯，实有挑战最高威权、觊觎王位的莫大嫌疑。

楚自文王、武王以来，蚕食诸夏，兵行中国。庄公四年，楚始见于《春秋》，从此楚势渐强。《春秋》书楚人灭国者七，称师称名称爵以灭国者亦七。春秋灭国之多，无如楚国；灭国之易，亦莫若楚国。至楚成王时，"汉阳诸姬，楚实尽之"，楚于是强大，而观兵问鼎，而威逼中原。《春秋》经书"楚子伐陆浑之戎"，《左传》以史传经，特载王孙满应对楚成王的外交辞令。一则提示楚势之强大，再则申明天命之未改。尊王攘夷之大义，《左传》有之。

《左传》于《楚子问鼎》篇，开宗明义直书：楚子伐陆浑之戎，"遂至于雒，观兵于周疆"。属辞著一"遂"字，而楚王之借事借端，志在觊觎中原之心，由"遂"字书法，而昭然若揭。其妙，与《左传》叙齐桓公"以诸侯之师侵蔡，遂伐楚"同趣。清刘继庄《左传快评》称："楚人志在九鼎，其伐陆浑之戎，似全为问鼎作地者。观《左氏》之'遂'字，可见也。""遂"，为两事之辞，继事之言。其本意皆不在前事，而在后事，盖踵事增华而加甚之，乃谓之"遂"。钱钟书《管锥编》称："《春秋》之书法，实即文章之修词"，其说可信足参。《左传》薪传《春秋》书法而光大之，亦由此可见一斑。

清代姜炳璋《读左补义》形容楚庄王："口为仁义之言，躬蹈乱贼之事，睥睨周鼎，欲取卒不敢遽取，观兵卒不敢用兵，而其欲遂万难措辞。周鼎一问，心甚暧昧，正魑魅魍魉之伎俩也。"剖析庄王问鼎心态，可谓细腻入微。当年王孙满早已透视其野心，知其居心叵测，故针对其问鼎，开门见山，一语喝破说："在德，不在鼎！"单刀直入，真有醍醐灌顶之妙。对于"傲然有篡逆无君之心"的楚庄王，听了王孙满这句话，应有冷水浇背、不寒而栗之感。王源《左传评》称这句话：一语破敌，"如快马砍阵，摧锋陷坚，所向披靡"。冯李骅、陆浩同《左绣》也说："一喝三日耳聋！"可见这句话的强劲有力。

"在德，不在鼎"一句，就楚庄王问鼎之轻重、大小来说，是个顾左右而言他的"遁词"，是一种回避问题、"答非所问"的诡辩手法。在面对咄咄逼人的强势问题，或语涉难言之隐的敏感话题时，这种"答非所问"的"遁词"，不失为一种应对妙法。楚庄王问鼎，其志不小，而周天子势弱力孤，绝非楚庄王对手。所以王孙满应对，先断绝楚庄王之痴心妄想，并不针对鼎之轻重、大小切题回答，却"顾左右而言他"说：兴亡天下，关键在"德"之有无、厚薄，而不在鼎之轻重、大小。接着历举九鼎在夏、商、周三代的迁流移转情形，而总结到"德之休明"才是宝鼎归宿所在。再说，这明德是"天"所钦赐的；成王定鼎，也是"天所命"的；如今，既然"天命"未改，纵然"周德"已衰，又有何妨？因为周朝已"卜世三十，卜年七百"，这是"天命"，所以是不可能易代移鼎的！结语"鼎之轻重，未可问也"，措辞虽委婉，却不失决绝严正。

王孙满之应对，语语峻厉，句句劲激，有凛然不可侵犯之态势，亦外交辞令中的妙品。清徐乾学《古文渊鉴》称："必如此词严义正，始足以杜觊觎之端，折强臣之气。"信然！

"成王定鼎于郏鄏，卜世三十，卜年七百"，这个预言，跟周朝的享国时间出入太大。《汉书·律历志》云："周凡三十六王，八百六十七岁"；杨伯峻《春秋左传注》谓："前人谓左氏好预言，即此可以考《左传》之著作年代。"刘汝霖《汉晋学术编年》，遂根据《左传》预言的应验或不应验，从而确定《左传》之成书时代。于是推论：《左传》作者曾目击三家分晋，田氏篡齐，但未及见周之灭亡，因此断定《左传》当作于公元前三七五年到前三四〇年之间，即周烈王元年到周显王二十七年，时当战国初年。不过，这只是《左传》成书的一种说法而已，不必视为定论。（详见张高评《左传导读》，《左传》成书之时代，不赘）

（四）评林

1. 楚为封豕长蛇，荐食上国，陈师鞠旅，观兵周郊，问九鼎之轻重……俨然有改玉改步之意，祸变孰大于此？使王公卿士怵惕祇畏，怀覆亡之虞，则后稷、公刘之业，犹有望也。适王孙满之说偶行，其君臣相与高枕，遂谓吾舌尚存，寇至何畏？狃其祸而恃其幸，开之者，非满与？（宋吕祖谦《东莱左氏博议》卷二十四）

2. 问鼎，逆节之萌也。王孙满之对，一毫委蛇不得。必如此辞严义正，始足以杜觊觎之端，折强臣之气。臣德宜曰："在德不在鼎"，实有国之金镜宝箴也。盖正位凝命者乃鼎，而三趾两耳者非鼎也。使周鼎不沦于泗水而秦得之，亦何益？（清徐乾学《古文渊鉴》）

3. 在德不在鼎一句，有单刀直入之势。以下，遂成破竹。妙在通篇都说"德"；及入周，却说"天命"。此固文字变化处，亦词令圆妙处。盖德固足以詟楚，而周德既衰，又不足恃也。所以，反将"德"字撇开，归重天命，直使他开口不得。（清王源《左传评》卷四）

4. 此篇，是议论中极有主脑文字。劈头提出"德"，又从"德"推出"天"。使他问心不过，又夸口不来。语语峻厉，真足以褫奸雄之魄，而消窥伺之萌矣。（清冯李骅、陆浩同《左绣》卷十）

5. 特特问鼎，便满肚注意在鼎。开口却说个"不在鼎"，已是使之爽然自失。及至言德、言天，而归于鼎之未可问，却又未尝不在鼎。真纵横如意之文。（清冯李骅、陆浩同《左绣》卷十）

6. 楚庄假伐戎为名，窥伺周室。故《传》者深恶之，曰"遂至于雒，观兵周疆。"问鼎之心，良叵测矣！王孙满以"天"字压之：一曰天休，再曰天祚，终曰天命；反将"德"字放轻，曰周德虽衰，夷不信德，而畏天也。（清卢元昌《左传分国纂略》）

7. 既观兵，又问鼎，便有窥伺觊觎之意。观一"遂"字，可知伐陆浑之戎特其借名耳。提出"德"字，又提出"天"字，而以"天祚明德，有所底止"告之；见卜年、卜世，尚非宜问之时，令奸谋惭而自沮。王或庵谓："通篇重'德'字，及入周，却说'天命'。盖德固足以詟楚，而周德既衰又不足恃。所以反将'德'字撇开，归重天命。"不知天祚明德，则天命未改，正以德之未衰。衰而曰"虽"，不过谦词耳。此乃文字变化处，亦词令圆妙处也。其严正峻厉，与襄王折晋文请隧同耳，而曲邕过之。（清周大璋《左传翼》）

8. 楚之僭王已久，其耽耽于成周之九鼎，更非一日。赖齐、晋之君亲主齐盟，尊周攘夷，南风因而不竞。召陵之盟、城濮之战，有功于王室者大矣。晋世其霸，至灵公末年晋乱，不有诸侯。楚乘中国之衅，直逼雒邑，观兵问鼎，以中国无人也。楚人志在九鼎，其伐陆浑之戎，似全为问鼎作地者。观《左氏》之"遂"字，可见也。由伐戎至雒，由至雒而观兵，而问鼎，若全不为问鼎而来者。问鼎之大小轻重，已示周人以意矣。王孙满妙在明明说破，更不作委曲，能令楚人索然意尽。（清刘继庄《左传快评》）

9. 孙应鳌曰：王孙满一言，而周鼎重于万钧。"夏之方有德"以下，见在德不在鼎也。"成王定鼎于郏鄏"以下，见天祚明德，有所底止，皆所以折不臣之心。（日本奥田元继《春秋左氏传评林》）

10. 若说德之休明，大也、重也；其奸回昏乱，小也、轻也，便庸便腐。看他偏将"小"字翻出"重"字，"大"字翻出"轻"字，遂觉分外精彩。（清姚培谦《重订古文斫》）

11. 观兵而问鼎，明明窥伺大物之意。王孙满倡言伟论，提出"德"字、"天"字，非惟沮楚子探问之心，抑足寒奸雄觊觎之胆。不但慑服楚子，使千百世下，知德足恃，而天命之难改，其功伟矣。章有章法，句有句法，不独词令为工。（清

周大璋《古文精言》）

12. 楚庄王伐陆浑之戎，何必至雒？既至雒，又何必观兵于周郊？此不臣之心著矣。周定王因楚子示兵逼周，故使王孙满以郊劳之礼迎之。彼周室衰弱，止得如此发付。王孙满"在德不在鼎"以折之，足以杜奸雄之心而夺其气。然天命虽有当改之时，固非人力之所能致。今周德虽衰，未必如桀纣而遽为楚并。而楚之明德，亦未必如汤武而遽承天祚。楚子之问，徒负不义之名于今古矣。（清章禹功《古文析观详解》）

13. 凡读古人文字，不必因其乔乔皇皇，即行退却。潜心一想，此文虽壮，而满腔皆畏葸之心。第一句"在德不在鼎"，似极侃直；末一句"未可问也"，似极斩截，究竟皆不足以抵叛逆之师。不过时非其时，楚弭其锋，而满得其志耳。（林纾《左传撷华》）

14. 陆浑，戎狄小国，未尝开罪于楚，伐之何为？盖借之以为观兵周疆计也。问鼎之言，其志不小。王孙满以"在德不在鼎"答之，一语已如冷水浇背，使之不寒而栗。以下历叙夏商之事，以示天命有在，虽有盖世之雄，无所用窥伺之计。所谓一言强于十万兵者，庶几近之。积弱之朝，得此稍为生色。（吴曾祺《左传菁华录》）

15. 宗尧云："《左氏》于桓、文之霸也，多微辞。于楚子之霸也，则显折之，所以攘夷狄也。"或谓：此等词令，已开战国谈辩之习。然战国之士竞尚诡谲，此文浑穆而严毅，固自不同。（吴闿生《左传微》卷四）

十五、齐国佐说晋人（成公二年）

（一）原典

成公二年，六月癸酉，季孙行父、臧孙许、叔孙侨如、公孙婴齐帅师，会晋郤克、卫孙良夫、曹公子首及齐侯，战于鞍，齐师败绩。

〔传〕晋师从齐师，入自丘舆，击马陉。

齐侯使宾媚人赂以纪甗、玉磬与地。不可，则听客之所为。宾媚人致赂，晋人不可。曰："必以萧同叔子为质，而使齐之封内尽东其亩。"

对曰："萧同叔子非他，寡君之母也。若以匹敌，则亦晋君之母也。吾子布大命于诸侯，而曰：'必质其母以为信。'其若王命何？且是以不孝令也。《诗》曰：'孝子不匮，永锡尔类。'若以不孝令于诸侯，其无乃非德类也乎？先王疆理天下，物土之宜，而布其利，故《诗》曰：'我疆我理，南东其亩。'今吾子疆理诸侯，而曰'尽东其亩'而已，唯吾子戎车是利，无顾土宜，其无乃非先王之命也乎？反先王则不义，何以为盟主？其晋实有阙。四王之王也，树德而济同欲焉。五伯之霸也，勤而抚之，以役王命。今吾子求合诸侯，以逞无疆之欲。《诗》曰：'布政优优，百禄是遒。'子实不优，而弃百禄，诸侯何害焉？不然，寡君之命使臣，则有辞矣，曰：'子以君师辱于敝邑，不腆敝赋，以犒从者。畏君之震，师徒桡败。吾子惠徼齐国之福，不泯其社稷，使继旧好，唯是先君之敝器、土地不敢爱。子又不许，请收合余烬，背城借一。敝邑之幸，亦云从也。况其不幸，敢不唯命是听？'"

鲁、卫谏曰："齐疾我矣！其死亡者，皆亲昵也。子若不许，雠我必甚。唯子则又何求？子得其国宝，我亦得地，而纾于难，其荣多矣！齐、晋亦唯天所授，岂必晋？"晋人许之，对曰："群臣帅赋舆，以为鲁、卫请，若苟有以藉口而复于寡君，君之惠也。敢不唯命是听。"

（二）语译

（鞌之战）晋军追击齐军，从丘舆进入齐国，进攻马陉。

齐顷公派遣宾媚人带着纪甗、玉磬，并奉献土地，赠送给晋国，请求议和。如果晋国不同意讲和，就随他们怎么办吧。

宾媚人送去财物，献上礼物，晋国人（郤克）不同意谈和，说："一定要让萧同叔子作为人质，同时让齐国境内的田陇全部改成东西走向。"

宾媚人回答说："萧同叔子不是别人，正是寡君的母亲。如果以对等地位来说，也就相当于晋君的母亲。您在诸侯中发布重大的命令，反而说一定要将人家母亲作为人质以取信，您又怎样对待周天子的命令呢？而且这样做，就是用不孝来号令诸侯。《诗经》上说：'孝子的孝心没有竭尽，永远可以恩赐你的同类。'如果用不孝号令诸侯，这恐怕不是道德的准则吧？"

"先王对天下的土地，划定疆界，治理土地，因地制宜，以获取应得的利益。所以《诗经》上说：'我划定疆界、分别地理，南向东向开辟田亩。'现在您让诸侯定疆界、分地理，却只说什么'田垄全部改成东西走向'，不顾地势是否适宜，只管自己兵车进出的方便，这恐怕不是先王的政令吧？违反先王的遗命，就是不合道义，怎么能当盟主？晋国确实是有缺失的。四王能统一天下，主要是能树立德行，而满足诸侯的共同愿望；五伯能领导诸侯，主要是能自己勤劳而安抚诸侯，使大家服从天子的命令。现在您要求会合诸侯，来满足您没有止境的欲望。《诗经》上说：'政事的推行宽大和缓，各种福禄都将积聚。'您确实不够宽大，丢弃了各种福禄，这对诸侯有什么害处呢？"

"如果您不肯答应，寡君嘱咐使臣我还有话要说：'您（郤克）带领国君的军队光临敝邑，敝邑财力虽然不丰富，但是可以犒劳您的左右随员（愿意奉陪周旋到底）。害怕贵国国君的威严，我军已经战败。您惠临敝邑而肯赐齐国幸福，不灭亡我们的国家，让齐、晋两国延续过去的友好关系，那么先君的破旧器物和土地，是我们不敢吝惜的。您如果不肯允许，我们愿意收集残兵败将，背靠自己的城下再决最后一战。敝邑侥幸战胜，也会依从贵国的；何况不幸而败，哪敢不唯命是听呢？'"

（晋人同意了宾媚人的请求）

（三）鉴赏

宾媚人这篇外交辞令，是由于晋齐鞍之战（公元前 589 年）而来，可以看作终结鞍之战的一场外交谈判。而鞍之战的爆发，是由于晋国郤克"单为妇人一笑而来"，所谓逞私愤以兴师，兴师作战并不是为了大义或公利。这个缘由，《谷梁传》成公元年记载得较简要清楚："季孙行父秃，晋郤克眇，卫孙良夫跛，曹公子手偻，同时而聘于齐。齐使秃者御秃者，使眇者御眇者，使跛者御跛者，使偻者御偻者。萧同叔子处台上而笑之。闻于客，客不说而去。"以类句重复，描摹一场历史闹剧，真是如闻如见。

可见，导演这出笑闹剧的，是齐顷公；亲临盛会观赏，开怀大笑，笑声令贵宾"不悦"的是齐顷公的母亲——萧同叔子。齐顷公在如此庄重的外交场合，设计这种损人尊严的玩笑，的确有失大体；安排他母亲欣赏这种滑稽的表演，不仅有些轻浮，甚至陷他母亲于不义而不自知。郤克等外交使臣，代表国家出使齐国，凭空遭到如此羞辱，愤恨不满是可以理解的。就因为导演这出闹剧，齐顷公在鞍之战理屈战败，可说是罪有应得。但是郤克为了妇人一笑，逞其私愤，发动晋、鲁、曹、卫联军攻齐，妄动干戈，穷兵黩武，也未免小题大作。孟子曾感慨地说："春秋无义战"，《左传》与《春秋经》对于挑起战祸的首谋首恶，依例进行口诛笔伐，本事件中的郤克，就是一个典型例子。孔子《春秋》记鞍之战，叙列发动战事之列国诸侯，《春秋》书晋郤克居首位，视为罪魁祸首，褒贬劝惩之义，自在言外。

齐顷公在外交场合公然羞辱诸侯之特使，固然不对；而晋国的郤克为此"逞愤兴师"，酿成四国与齐之间的军事冲突，而有"鞍之战"。而且，不接受停战条件，反而指名要齐君的母亲为人质，同时要求"齐之封内，尽东其亩"。这种要求，几近无情与无理。郤克的无情和无理，无异授人以反击的把柄。齐国的谈判代表宾媚人，就抓住郤克这个"无情无理"的把柄，反其道而言之。宾媚人的谈判辞令，大抵可分三个部分：第一个部分，批评郤克指名"必以萧同叔子为质"，是以不孝令诸侯；这是"动之以感情"的说话术。第二部分，批驳郤克要求"齐之封地，尽东其亩"，分明是"逞无疆之欲"，非"先王之命"；这是"折之以是非"的谈说术。第三个部分，重提"致赂"，以照应齐国停战条件：愿以国宝与土地赂送晋等。如果不许，齐已抱定"背城借一"决心，作殊死之抵抗；这分明是"晓之以利害"谈说术之运用。总之，外交辞令或说话艺术的三大技法：动之以感情、折之以是非、晓之以利害，在宾媚人说晋人的外交辞令中，经轮番运用，而相得益彰。鞍之战能够终结，不致扩大，晋、鲁、曹、卫各得所需而归，得归功于宾媚人这番辞令。宾媚人谈说入情入理，诱导他们趋利远害，而且辞气始终倔强不软弱，是这篇辞令成功之处。

宾媚人先声夺人，开口提出"萧同叔子非他，宾君之母也；若以匹敌，则亦晋君之母也"；这是一种"偷梁换柱"，设身处地的谈说术。《史记》记载楚汉之争时，项羽以太公的生命要挟刘邦，刘邦说：我曾与您在楚怀王面前"约为兄弟"，因此，"吾翁即若翁。必欲烹而翁，则幸分我一杯羹"！因为这段话，项羽心软，释放了太公。刘邦的说辞与宾媚人的辞令，偷梁换柱的伎俩，可谓同工异曲，美妙绝伦。可以解纷，可以远祸，可见辞令之效用无穷。

（四）评林

1.季孙行父秃，晋郤克眇，卫孙良夫跛，曹公子手偻，同时而聘于齐。齐使秃者御秃者，使眇者御眇者，使跛者御跛者，使偻者御偻者。萧同叔子处台上而笑之，闻于客，客不悦而去。相与立胥间而语，移日不解。齐人有知之者，曰：齐之患，自此始矣！（《谷梁传》成公元年，明穆文熙《左传钞评》）

2.孙应鳌（一作王元美）曰：齐国丧败之余，国佐犹能直辞抗敌，卒以安全。"母亦晋君之母"之言，动其同类之心。而"非先王之命"与"收合余烬"，足以慑其气矣。（明凌稚隆《春秋左传注评测义》卷二十六）

3.文带喜色者，须彻底皆喜色；文带怒色者，须彻底皆怒色。此文彻头彻底皆带怒色，读之使人战栗。（清金圣叹《天下才子必读书》卷一）

4.开口"萧同叔子"，便写出此战单为妇人一笑而来。在郤子，真一时逞志。却不料《左氏》即借作千载爱书也。武人刀，何似文人笔耶？（清冯李骅、陆浩同《左绣》卷十二）

5.钟伯敬：上言"为质""东亩"之非，晋之气夺矣。而此复举其阙，自弃百禄，凡三引《诗》，辞典而严。（日本奥田

元继《春秋左氏传评林》）

6.阴饴甥征缮，以辅孺子，有种、蠡之才。王城对秦伯之词，才智纵横，卒脱其君，可谓能矣。惜乎所见不远，惠公之入，不能辅以正谊。至于内外交怨，身为敌擒。故处事，当先经后权。用人，当先仁后智。（清何焯《义门读书记》卷九）

7.曰"听客之所为"，是役也，非惟国佐善辞，齐之庙谟亦素定矣。国佐本以赂求成，而晋人反为其正义所屈。侮人者，还自侮也。（清何焯《义门读书记》卷十）

8.郤克，人臣也，犹必报一笑之辱。令当两君相见，而反其恶声，以辱与国之君。其能堪乎？且又蔑己之君也。至于锜，而亡焉，幸矣。（清何焯《义门读书记》卷十）

9.先驱晋人"质母""东亩"二语，屡称王命以折之，如山压卵，已令气沮。后总结之，又再翻起，将寡君之命从使臣口中婉转发挥。既不欲唐突，复不肯乞哀。即无鲁、卫之请，晋能悍然不应乎？（清吴楚材、吴调侯《古文观止》）

10.一笑，细故也。战败行赂，又责以必不可从之事。晋人已甚，不待言矣。国佐侃侃置对，两提"王命"来。且责其不足为盟主，词严义正，已足以夺其魄。复以君命有辞，请背城一战，毫不躲闪，觉死灰中大有生气。若此时晋人不听鲁、卫之谏，上得罪于天伦，下结怨于民生，此怠彼奋，非齐敌矣。《公》《谷》传内有一战、再战、三战、四战、五战等语，反觉画添。（清林云铭《古文析义》）

11.提出"王命"，词严义正，固足压倒晋人。然其欲质母也有由，此一役也，实笑客之怒未平耳。夫妇人窥客，已是失礼，况侮客以取笑乎？出尔反尔，自属宜然。苟非国佐之词，岂能免覆军之辱？故曰：郭汾阳屏诸姬，而见卢杞，虑患于微，其识诚不可及也。（清冯敬直《古文汇编》）

12. 合三国之师，以泄一笑之怨，此愤兵也。前半叙得出色，齐侯始虽轻敌，败后却有戒心。使国佐如师，着"听客之所为"一语，胸有定见，原非屈意求和。兼之国佐有辞，理正言顺，足以折晋人亢戾之气。爰娄之盟，所以定也。（清倪承茂《古文约编》）

13. 笑客，齐无礼也，是以屈于晋，曰"敢不唯命是听"。既胜而骄，晋无礼也，是以屈于齐使，亦曰"敢不唯命是听"。呜呼！师直为壮，曲为老，岂以投人、逸马，为大国之余烈哉？（清毛庆藩《古文学余》）

14. 前既责以大义，此又感以至情。不卑不亢，辞命之美，于斯为极。（方宗诚《春秋左传文法读本》）

15. 劲厉而婉曲，最为可爱。诵之，如闻其声。（吴闿生《左传微》卷四）

十六、戎子驹支对范宣子（襄公十四年）

（一）原典

〔传〕（襄公）十四年春，吴告败于晋。会于向，为吴谋楚故也。范宣子……将执戎子驹支。

范宣子亲数诸朝，曰："来！姜戎氏！昔秦人迫逐乃祖吾离于瓜州，乃祖吾离被苫盖、蒙荆棘，以来归我先君。我先君惠公有不腆之田，与女剖分而食之。今诸侯之事，我寡君不如昔者，盖言语漏泄，则职女之由。诘朝之事，尔无与焉！与，将执女！"

对曰："昔秦人负恃其众，贪于土地，逐我诸戎。惠公蠲其大德，谓我诸戎，是四岳之裔胄也，毋是翦弃。赐我南鄙之田，狐狸所居，豺狼所嗥。我诸戎除翦其荆棘，驱其狐狸豺狼，以为先君不侵不叛之臣，至于今不贰。昔文公与秦伐郑，秦人窃与郑盟而舍戍焉，于是乎有殽之师。晋御其上，戎亢其下，秦师不复，我诸戎实然。譬如捕鹿，晋人角之，诸戎掎之，与晋踣之，戎何以不免？自是以来，晋之百役，与我诸戎相继于时，以从执政，犹殽志也。岂敢离逷？今官之师旅，无乃实有所阙，以携诸侯，而罪我诸戎！我诸戎饮食衣服，不与华同，贽币不通，言语不达，何恶之能为？不与于会，亦无瞢焉！"赋《青蝇》而退。

宣子辞焉，使即事于会，成恺悌也。

于是，子叔齐子为季武子介以会，自是晋人轻鲁币，而益敬其使。

（二）语译

襄公十四年春天，吴国向晋国赴告战败。晋国和诸侯在向地盟会，为了吴国，策划进攻楚国。

（晋国）将要逮捕姜戎的君王驹支，范宣子（士匄）亲自在朝位上责备他，说："过来，姜戎氏！从前秦国人追逐你的祖父吾离到瓜州一带，你的祖父吾离身披蓑衣、头戴草帽前来归附我们先君。我们先君惠公拥有不太丰足的土田，赏赐给你们一些，和你的祖父平分，共享土地的产物。现在诸侯事奉我们寡君不如从前，大概有人说话泄漏机密，主要是由于你的缘故。明天早晨盟会的活动，你不要参加了。如果参加，我将要逮捕你。"

戎子驹支回答说："从前秦国人仗着他们人多，贪求土地，驱逐我们各部戎人。晋惠公显示了他的大德，说我们各部戎人，都是四岳的后代，不能让诸戎被秦所歼灭。赐给我们南部边境的土田，那里是狐狸居住、豺狼嚎叫的地方。我们各部戎人砍伐这里的荆棘，驱逐这里的狐狸豺狼，而作为您先君不侵犯、不背叛的臣下，直到如今，仍然忠心不二。"

"从前晋文公和秦国联军进攻郑国时，秦穆公私下和郑国结盟，并派兵戍守，因此就有殽地的战役。晋国在上边抵御，戎人在下边对抗，秦国的军队'匹马只轮无返者'，这实在是我们各部戎人出力才让他们这样的。譬如捕鹿，晋国人抓住鹿的角，各部戎人拖住了鹿的后腿，和晋国一起让鹿扑倒。（有功如此）戎人为什么不能免于（晋人的）指责呢？从此以后，晋国的多次战役，我各部戎人没有不按时与晋军共同参加，以追随执事的。如同支援殽地战役的心意一样，岂敢违背？"

"现在晋国在军中的执政官吏恐怕实在有些缺失，因此使诸侯离心离德，反而责怪我们各部戎人！我们各部戎人饮食衣服和中原不同，财礼不相往来，言语不相通晓，能够做什么坏事呢？不参加明天的盟会，我也没有什么不舒畅的。"赋了《青蝇》这首诗，然后退朝。

范宣子表示歉意，让他参加盟会的活动，体现了《青蝇》诗所谓"平易而不听谗言"的旨趣。

（三）鉴赏

晋国自文公创霸以来，至晋悼公复霸，接纳魏绛和戎的建议，集中心力逐鹿中原。于是对外政策有二：其一，服郑以疲楚；其二，纳吴以制楚（详参李盈存、李尚师著《晋国史·晋悼公的霸业》）。襄公十四年（公元前559年），晋士匄率十二国大夫，会盟于向，打算助吴伐楚。范宣子为了树立盟主的威信，既数吴之不德，又执莒公子务娄，且将执戎子驹支。戎子驹支面对突如其来的指控与诬陷，从容镇定回应，终于化戾气而致祥和。这番外交辞令，就是《戎子驹支对范宣子》。

本篇结构，除了缘起与结案外，大致前后叙写范宣子（士匄）和戎子驹支两人的辞令。范宣子数说戎子之词较简略，戎子驹支回应批驳范宣子的辞令分三段，则淋漓尽致，成为本篇说服术的重点。

范宣子数说戎子驹支，先说晋恩，再说戎罪，正反相衬，恩怨相形，戎子之不义不是，似乎已成定谳。不过，范宣子把晋国失去诸侯列国拥戴的原因，归咎于有人泄露机密；且指认泄露机密的元凶是戎子驹支，这根本就是查无实据的"自由心证"、莫名指控，可说是凿空乱道、恶意栽赃。而且，扬言不让他参加第二天的盟会，否则，将就地逮捕他。

戎子驹支听到范宣子这种莫名其妙的诬指，却十分理性平和、从容不迫地回应他。第一段辞令，在回应范氏所夸示的"晋恩"方面，基本上不加以抹杀。不过，将晋剖分恩赐的"南鄙之田"加以特写：这块地原是"狐狸所居，豺狼所嗥"的芜秽僻远之地，必须经过"除翦其荆棘，驱其狐狸豺狼"才能安住下来，的确是名副其实的"不腆之田"。对于晋国的恩赐，戎子驹支心存感激，形于辞令：就凭这个"赐田"的恩德，诸戎成了晋国"不侵不叛"的不贰之臣。心存感恩，形诸辞色，这是诉诸感情的谈说艺术，可以令闻者动心，读者动容。

第二段辞令，戎子驹支以其人之道还治其人之身：范宣子既表述晋恩于前，驹支更标榜戎氏功劳于后。驹支从秦、晋殽之战，谈到"晋之百役"，诸戎无役不与，而且功劳不小。殽之战以来，诸戎唯晋国马首是瞻，忠耿心志，可说始终如一。此段"邀功"，对上范宣子之"表功"，相形之下，可谓略胜一筹。而且，中间以捕鹿之通力合作为比喻，具体而生动地表彰了诸戎在守望相助，以及协调合作方面的贡献。晋国当初所赐只南鄙"不腆之田"，相较于诸戎之回报晋国丰厚如此，晋国投资，可说是物超所值；而诸戎的做法，可谓仁至义尽了。

第三段辞令，针对诸侯的离心离德作说明，驹支坚定地指出：晋国执政者之漏泄机密，出于内政的腐败，不能借口诬指诸戎。其中特提诸戎与中原有"三不"：饮食衣服不同、贽币不通、言语不达，因此，不可能为恶使坏。为诸戎辩护，运用三组排比句，加上一组诘问句，诸戎之不可能为恶，遂获得强调与认同。而"言语漏泄"，不由诸戎，亦断然可知。误会既已解说清楚，驹支变得很不在乎地说："不与于会，亦无瞢焉！"这是遥对范宣子所谓"诘朝之事，尔无与焉"来说的！可以想见驹支的怒容可掬。金圣叹批《才子古文》评赏本篇说："文带怒色者，须彻底皆怒色。此文，彻头彻尾带怒色，读之使人战栗！"此语真能道破个中韵味。

驹支虽戎狄之君，亦沐浴中原文化，临退而赋《青蝇》之诗可知。春秋时代，诸侯会盟，往往借赋诗以见宾主之志。盖取比兴、象征、隐喻之法，类比及对照所暗示之旨趣，作委婉含蓄之表达，往往能振出层层之弦外之音，形成无言之妙。考《左传》之赋诗，曲达情意处有七端：或以合欢、或以见志、或以请愿、或以讽谏、或以允诺、或以劝勉、或以笑骂。（参考张高评《左传之文学价值·诗歌》）驹支所赋《青蝇》，取《诗经·小雅·青蝇》诗首章两句："岂弟（恺悌）君子，无信谗言。"是赋诗以讽刺范宣子之意。如此表意，的确含蓄温厚。孔子说："不学《诗》，无以言。"这是就《诗》的实用价值，比如赋诗来说的。

戎子驹支回应范宣子，"我诸戎"一词，前后运用七次，类字重复，既强调自我；辞之激昂，亦如闻如见。

（四）评林

1. 诸侯解体，非此戎之过，审矣！范宣子岂不知邪？何以诬之哉？去年蒐于绵上，《传》曰："晋国由是大和，诸侯遂睦"，到此一年尔，何故遽有言语漏泄，不如昔者之事邪？言与事不相应矣！又曰："宣子辞焉，使即事于会，以成恺悌。"然则，是姜戎列于会矣！（宋刘敞《春秋权衡》卷六）

2. 汪道昆曰：辞令妙品！"蠲其大德"，字法。"以为先君""犹毂志也"，句法。"蕃焉"，字法。穆文熙氏曰：宣子数姜戎言语漏泄，不情其事，何以能服其心？所以反为所屈。戎言与晋同患，见不可绝。末赋《青蝇》，讥晋信谗。（明穆文熙《左传钞评》）

3. 先读宣子语，真如拔剑斫案，骤莫可犯。既而读驹支语，乃如枪棍家门户相当，逐解开破，更无难处，甚至反有余勇相贾。斯为笔墨之出奇也。（清金圣叹《天下才子必读书》卷一）

4. 徐袠侯曰："戎非赤狄、白狄比也。狄自战败于箕以来，蹂躏于齐、宋、鲁、卫之郊，为晋患尤剧。晋伐潞氏、甲氏、留吁、廧咎如，而赤狄遂灭。伐肥、伐鼓，而白狄遂衰。然犹且四伐鲜虞，师出无功焉。若戎子穷困来归，世守服事，二陵风雨，厥功伟矣。宣子听信逸言，悬坐罪名，使彼离心。异日戎贰于楚，苟吴借祭雒之名，潜师逐之。晋失绥戎之道，于戎何尤哉？驹支逐一剖悉，舌锋犀利，宣子何辞之有？篇法，与《郑献陈捷》同一杼轴。（清宋南金、徐袞侯《古文晨书》）

5. 此又一首绝妙辞令文字也！宣子亲数，只是两层：先说晋恩，次说戎罪。驹支前后语语对针，中间重写一段有功无过处，字字精神。似此辞令，何地无方？（清冯李骅、陆浩同《左绣》卷十五）

6. 俞宁世曰：起叙二行，写范宣子多少气焰；被驹支不慌不忙，笔笔自占地步。后惟汉文帝《与南粤王往还书》，可以续响。（清冯李骅、陆浩同《左绣》卷十五）

7. 驹支之言，正以发明此会之故。盖恐吴人之为口实，故以谋楚为名。其实，成恺悌，相和乐，岂真为伐楚之谋哉？自此吴人绝好，不相盟会。夫差之世，竟至黄池争长。是戎之恺悌无闻矣。（清姜炳璋《读左补义》卷二十六）

8. 此文附于《向之会》传，其欲执戎子驹支者，亦不详其故。其所谓"诸戎事我寡君，不如昔者。言语漏泄，职汝之由"，则晋政之多阙，盖可知矣！宣子为政，不能得志于诸侯，以逸言而迁怒于诸戎，宜乎为戎之所讥也。范宣子既不能确数诸戎言语漏泄之故，依稀影响之言，其何以服诸侯之心？乃开口则又追叙其祖吾离之初归晋，其何当于今日之事耶？攻击之言不可支，宣子反为戎之所屈，言伤于支也。（清

刘继庄《左传快评》）

9.国有美政，唯恐人之不知。"言语漏泄"四字，是宣子自供其政之多阙也。一言之失，遂使千载之下皆知之。言语漏泄，莫此为甚矣！戎子驹支之对范宣子详辩当日之事，于今日只用一两句点过，却能扼要扑跌得宣子倒，最得辩难翻驳之法。（清刘继庄《左传快评》）

10.俞宁世曰：写范宣多少气焰，廷责驹支，如叱奴隶。被他不慌不忙，一番辩论，直是冰消瓦解。在宣子只是痛扫诸戎，在驹支却节节自占地步。（清张昆崖《左传评林》）

11.霸主之于小国，待之须自有体。若责以暧昧，加以苛细，则彼亦将据以为词。范宣子数驹支之言，是何等悍决！驹支只据理答之，抬出四岳，占地步尽高。说到"无蕾"，看得与会甚淡。既不忘晋之德，亦不没己之功。其责晋，直使之无辞；其自处，不嫌于卑鄙。言之有原有委，有起有讫，所恃在理胜。故虽霸国之威，亦自不能使之屈。（清孙琮《山晓阁左传选》）

12.胸中有道理折服人，先要不慌不忙。先看宣子说晋恩，何等矜张？数戎罪，何等浮躁？次看戎子说前迫逐之苦，只为秦人横暴，不为出丑。后剖田之恩，亦是出于公义，不算私恩。至于戎之报晋，不惟无罪，而且数有功。若说到言语露泄，则尤自露败缺矣。答得气定神闲，使矜张浮躁者听之不觉愧服。戎子口才耶？抑《左氏》妙文耶？（清姚培谦《重订古文斫》）

13.按：僖公二十三年，秦、晋迁陆浑之戎于伊川。盖秦贪其地，晋贪其人，而共诱之。在秦，固为怨矣；在晋，亦未为德也。南鄙秽区，分惠几何？而戎既属晋，之后效命征讨，二陵之功烂然，亦何负于晋哉？宣子所谓言语漏泄之罪，茫无确据。乃欲绝之与会，定出听信谗言。驹支逐一分释，理直辞婉。其行文整练中，复有流动宕逸之趣，真辞命正宗矣。（清林云铭《古文析义》）

14. 宣子责驹支之言，怒气相陵，骤不可犯。驹支逐句辩驳，辞婉理直。宣子一团兴致，为之索然。辞令能品。（清吴楚材、吴调侯《古文观止》）

15. "无乃"字，冒下十三字。官之师旅，群有司也。不敢直指宣子，如误听有司之诬说者，此辞之微婉，能感切宣子者也。"遂赋《青蝇》"，借诗人之辞，以为师旅之谗言，戎子长于说辞矣。但将己事晋始终如一处，极力铺张，则诸侯之携，与我无涉，不烦言而已喻。实有所阙，中其要害。妙在《青蝇》一赋，令他得以转向。（日本竹添光鸿《左氏会笺》卷十五）

十七、蔡声子说楚复伍举（襄公二十六年）

（一）原典

〔传〕初，楚伍参与蔡太师子朝友，其子伍举与声子相善也。伍举娶于王子牟。王子牟为申公而亡，楚人曰："伍举实送之。"伍举奔郑，将遂奔晋。声子将如晋，遇之于郑郊，班荆相与食，而言复故。声子曰："子行也，吾必复子。"

及宋向戌将平晋、楚，声子通使于晋，还如楚。令尹子木与之语，问晋故焉，且曰："晋大夫与楚孰贤？"对曰："晋卿不如楚，其大夫则贤，皆卿材也。如杞、梓、皮革，自楚往也。虽楚有材，晋实用之。"子木曰："夫独无族、姻乎？"

对曰："虽有，而用楚材实多。归生闻之：善为国者，赏不僭而刑不滥。赏僭，则惧及淫人；刑滥，则惧及善人。若不幸而过，宁僭无滥。与其失善，宁其利淫。无善人，则国从之。《诗》曰：'人之云亡，邦国殄瘁'，无善人之谓也。故《夏书》曰：'与其杀不辜，宁失不经'，惧失善也。《商颂》有之曰：'不僭不滥，不敢怠皇。命于下国，封建厥福'，此汤所以获天福也。古之治民者，劝赏而畏刑，恤民不倦。赏以春夏，刑以秋冬。是以将赏，为之加膳；加膳则饫赐，此以知其劝赏也。将刑，为之不举；不举则彻乐，此以知其畏刑也。夙兴夜寐，朝夕临政，此以知其恤民也。三者，礼之大节也。有礼无败。今楚多淫刑，其大夫逃死于四方，而为之谋主，以害楚国，不可救疗，所谓不能也。子仪之乱，析公奔晋，晋人寘诸戎车之殿，以为谋主。绕角之役，晋将遁矣，析公曰：'楚师轻窕，易震荡也。若多鼓钧声，以夜军之，楚师必遁。'晋人从之，楚师宵溃。晋遂侵蔡，袭沈，获其君，败申、息之师于桑隧，获申丽而还。郑于是不敢南面。楚失华夏，则析公之为也。雍子之父兄谮雍子，君与大夫不善是也。雍子奔晋，晋人与之鄐，以为谋主。彭城之役，晋、楚遇于靡角之谷。晋将遁矣，雍子发命于军曰：'归老幼，反孤疾，二人役，归一人。简兵搜乘，秣马蓐食，师陈焚次，明日将战。'行归者，而逸楚囚。楚师宵溃，晋降彭城而归诸宋，以鱼石归。楚失东夷，子辛死之，则雍子之为也。子反与子灵争夏姬，而雍害其事。子灵奔晋，晋人与之邢，以为谋主。捍御北狄，通吴于晋，教吴叛楚，教之乘车、射御、驱侵，使其子狐庸为吴行人焉。吴于是伐巢、取驾、克棘、入州来，楚罢于奔命，至今为患，则子灵之为也。若敖之乱，伯贲之子贲皇奔晋。晋人与之苗，以为谋主。鄢陵之役，楚晨压晋军而陈。晋将遁矣，苗贲皇曰：'楚师之良，在其中军王族而已，若塞井夷灶，成陈以当之，栾、范易行以诱之，中行、二郤必克二穆，吾乃四萃于其王族，必大败之。'

晋人从之，楚师大败。王夷、师熠，子反死之。郑叛、吴兴，楚失诸侯，则苗贲皇之为也。"

子木曰："是皆然矣。"声子曰："今又有甚于此：椒举娶于申公子牟，子牟得戾而亡。君大夫谓椒举：'女实遣之。'惧而奔郑，引领南望，曰：'庶几赦余。'亦弗图也。今在晋矣。晋人将与之县，以比叔向。彼若谋害楚国，岂不为患？"

子木惧，言诸王，益其禄爵而复之。声子使椒鸣逆之。

（二）语译

当初，楚国的伍参和蔡国的太师子朝友好，他的儿子伍举和声子交情也很好。伍举娶了王子牟的女儿，王子牟为了申公巫臣事件而逃亡。楚国人说："伍举确实护送了他。"于是伍举逃亡到郑国，打算乘机再投奔晋国。声子在郑国郊外，巧遇伍举。他们把草铺在地上，一边吃东西，一边谈到返回楚国的事。声子说："你走吧！我一定让你回归楚国。"

等到宋国的向戌准备调解晋楚的关系，举行弭兵之会，声子出使到晋国，回到楚国。令尹子木和他交谈，询问晋国的事，而且说："晋国的大夫和楚国的大夫，哪一国较优秀贤明？"声子回答说："晋国的卿佐不如楚国，但晋大夫是优秀的，都是卿佐的人才。好像杞木、梓木、皮革，都是楚国出产的。虽然楚国有优秀的人才，晋国却实际任用了他们。"子木说："晋国没有皇亲国戚吗？"

声子回答说："虽然有，但使用楚国的人才确实较多。归生听说：'善于治国的人，赏赐不过分，而刑罚不滥用。'赏赐过分，就怕施及坏人；刑罚滥用，就怕累及好人。如果不幸不当，宁可过分，不要滥用。与其错失好人，宁可利于坏人。没有好人，国家就随之灭亡。《诗经·大雅·瞻印》说：'这个人才不在，国家就遭受灾害'，这指的是没有好人。所以《尚书·大禹谟》说：'与其杀害无罪的人，宁可对罪人失去刑罚处分'，这就是怕失掉好人。《诗经·商颂》有这样的话：'不过分，不滥用，不敢懈怠偷闲。向下国发布命令，大大地建立他的福禄。'这就是商汤所以获得上天赐福的原因。古代治理百姓的人，乐于劝勉赏赐，而畏惧使用刑罚；体恤百姓，而不知厌倦。行赏，在春天、夏天；行刑，在秋天、冬天。因此，行赏时，就为此加菜，加膳以后，可以把剩菜大批赐给僚属。由于这样，知道执政者乐于赏赐。将要行刑时，就为此难过吃不下；难过，就撤去音乐不听。由于这样，因而知道执政者怕用刑罚。早起晚睡，很早就上朝，很晚才休息，一天到晚都亲临办理国事。由于这样，知道执政者体恤百姓。这三件事，是礼仪的关键。有礼仪，做事就不会败坏。如今楚国执政者，多滥用刑罚。楚国大夫逃命到四方各国，而且担任了主要的谋士，因而危害楚国，至于不能拯救治疗。这就是我所说的，楚国不能任用人才。子仪叛乱的事件，析公逃亡到晋国。晋国人安顿析公，位置在晋侯战车的后面，让他作为主要谋士。晋楚绕角之役，晋国人将要败逃了，析公说：'楚军轻佻，容易受到惊动。如果敲击战鼓，同时发出很大的响声，趁夜里全军进攻，楚军必然逃走。'晋人听从析公的建言，楚军夜中崩溃。晋国乘着胜战的余威，进攻蔡国，袭击沈国，俘虏了沈国的国君，在桑隧击败申国和息国的军队，俘虏了楚将申丽而凯旋。在这时候，郑国不敢心向南方的楚国。楚国失去了中原的霸权，这是析公造成的影响。雍子受到父亲和哥哥的诬陷，楚君和楚大夫不为他们调解。雍子逃亡到晋国，晋国人封鄐地给他，任命雍子作为主要谋士。彭城那次战役，晋军、楚军在靡角之谷的遭遇战，晋国人将要败逃之际，雍子对军队发布命令说：'年老的和年小的都回去，孤儿和有病的都回去，兄弟同时服役，一个返家。精选步兵，检阅车兵，喂饱马匹，让兵士马匹都吃饱，军队摆开阵势，烧掉帐篷，明天将要进行决战。"让该回去的走路，并且故意放走楚国俘虏。楚军在夜晚崩溃，招降彭城，归还给宋国，带回楚将鱼石。楚国失去了东夷，楚将子辛战死，这就是雍子造成的影响。令尹子反和子灵争夺夏姬，又阻挠子灵的婚事，子灵（即申公巫臣）逃亡到晋国，晋国人给予邢作为封邑，任命他为主要谋士。子灵抵御北狄，促使吴国和晋国通好，教吴国背叛楚国，教他们陆地乘车、弯弓射箭、驾车奔驰作战，派遣儿子狐庸，担任吴国的行人（外交官）。吴国因此攻打巢地、占取驾地、攻下棘地、进入了州来。导致楚国疲于奔命，到今天还是祸患灾难，这就是子灵（申公巫臣）造成的影响。若敖的叛乱事件，伯贲的儿子贲皇逃亡到晋国。晋国人封给他苗地，任用他担任主要谋士。晋楚鄢陵之战，楚军早晨逼近晋军，摆开阵势。晋国人将要败逃的时候，苗贲皇说：'楚军的精锐，在他们中军的王族而已。如果填井平灶，摆开阵势，以抵挡他们，乐氏、范氏用家兵引诱楚军，中行氏和郤锜、郤至联合，一定能够战胜子重、子辛。我们四军集中火力，对付他们的王族，一定能够大败他们。'晋国人听从了，果然楚军大败。楚王眼睛中箭受伤、楚军一蹶不振，子反为此役战败而自杀。郑国背叛，吴国兴起，楚国失去诸侯的拥戴，这就是苗贲皇造成的影响。"

令尹子木听完一席话，说："这些事件，的确都如你所说！"声子说："现在又有比这更严重的：椒举（即伍举）娶了申公子牟的女儿，子牟得罪当局而逃亡在外。国君和大夫对椒举说：'实在是你让他逃走的。'椒举恐惧，因而逃亡到郑国。伸长了脖子，望着南方的楚国说：'大概可以赦免我吧！'但是，你们也不在乎，不以为意。现在他已经在晋国了。晋国人将要封给他一个县，比照叔向的规模。如果椒举策划危害楚国，岂不造成另一波的祸患？"

令尹子木听完，十分恐惧，立即向楚王报告。楚王提升了椒举的官禄爵位，而且恢复了其楚国的官职。声子派遣椒鸣，前去迎接他的父亲椒举回来。

（三）鉴赏

《左氏传》之为书，本为解说《春秋》经而作。然观《左传》之历史叙事，多叙经外别事，往往经无传有、经阙传存，徒贻今文学者之困惑。清刘逢禄《左氏春秋考证》质疑之："经所不及者，独详志之，又何说也？"崔适《史记探源》亦云："传以释经，无经，则非传也。"此乃似是而非之论，必须厘清。

左丘明身为史官，职掌国史家乘，自然可以详经所不及，补经所短缺。前有刘知几、顾栋高之论说，后有章太炎、刘师培之驳文。略谓：经无传有、经阙传存者，或经有阙文，或为经义之旁证，或明经文之笔削，或为详究不书、不言、不称之故。（参考张高评《左传导读·经有传无》）《蔡声子说楚复伍举》一篇所叙，即是经外别事，详经所不及者，世所谓"经无传有、经阙传存"之名篇。

章学诚《答客问上》云："《春秋》之义，昭乎笔削。笔削之义，不仅事具始末，文成规矩已也"；意谓《春秋》笔削之义，体现在"事具始末"之比事，以及"文成规矩"之属辞上。史事如何排比？文辞如何连属？这攸关笔削之义与叙事之法。而笔削去取之义，体现在比事属辞，则衍化为详略、重轻的笔法上；详之、重之所在，即一篇取义之所归。

1.《左传》原始要终，见盛观衰，具纪事本末之体式

《蔡声子说楚复伍举》，其本事叙记于《左传》襄公二十六年。然始、微、积、渐，为历史之通则。历史长河中的偶然，往往成为未来趋势发展的必然。伍举逃楚之晋，由于岳父申公巫臣；巫臣亡命晋吴，实缘于夏姬，皆是历史之偶然。蔡声子说楚令尹，晓之以楚才晋用，不意亡命之伍举因而复归，亦是偶然。伍举既复归其位，然后有伍奢在楚佐太子建；费无极害伍奢、死伍尚，然后有伍子胥奔吴，吴王为之挥军入郢，几亡楚国之事。

成公二年（公元前589年）《左传》载：楚庄王欲纳夏姬，子反亦欲娶之，申公巫臣皆好言劝阻之。原来巫臣更志在必得，为了娶夏姬，不惜"尽室以行"。成公七年，子重请申、吕以为赏田，申公巫臣不可，楚王乃止，子重于是结怨巫臣。及楚

共王即位，子重、子反杀巫臣之族，而分其室。巫臣因此得罪楚执政者，亡命适晋，终而由晋使吴，贻书子重、子反："必使尔罢于奔命以死"，怨毒切齿如是，千载之下读之，犹觉不寒而栗。历史之花絮如是，权作本篇《蔡声子说楚复伍举》(以下简称《声子说楚》)之背景交代。

巫臣既得罪楚执政者，伍举是申公巫臣的女婿，因而受到株连，亦被通缉在案。为了亡命，唯有去楚奔晋一途。途中巧遇蔡国外交官声子，两人素有通家之好，于是声子为恢复伍举之职位，承诺游说楚国的令尹子木。伍举说服之内容，分为两大部分：前半谈说，出以对叙，偏重属辞；后半游说，巧用类叙，侧重比事。比事部分，笔削出四则楚才晋用之个案，就楚才晋用，"以害楚国，不可救疗"的实况，和盘托出。清魏禧《左传经世钞》强调：进言次第，操纵之妙，不可不讲究。论者称：《声子说楚》与《吕相绝秦》，皆《左氏》"借一段议论，为全部春秋前后作关锁，非苟作者"。(清冯李骅、陆浩同《左绣》卷十八) 清高嵣《左传钞》所谓借一段议论作关锁，即指决断去取，因事命篇，"原始要终，本末悉昭"之纪事本末体。(详参张高评《〈左传〉叙事见本末与〈春秋〉书法》，《中山大学学报》2020 年第一期)《左传》为编年体，然叙事传人出以纪事本末之体者，至少有五例。

《声子说楚》，前半说辞又分两截：先拈出刑滥与赏僭，后申之以劝赏、畏刑、恤民。要之，以刑滥、畏刑为主，赏僭、劝赏为衬托；至于恤民，则是陪笔。楚才之所以逃死于四方，乃至于为晋所用，以为谋主，要皆缘于刑滥与畏刑。此篇，广用借宾形主之法，可见属辞约文之大凡。清金圣叹《读第六才子书西厢记法》所谓"烘云托月"："欲画月也，月不可画，因而画云。画云者，意不在于云也；意不在于云者，意固在于月也。"主意在于画月，不可直接正面画月，宜间接着意于画云；借由云画的经营，而陪衬出月的光影神韵来。特提刑滥、畏刑，卒章又突出"淫刑"，牵上搭下，都是宾笔，皆非主意。待渐入正题，始扣切"大夫逃死于四方，而为之谋主，以害楚国，不可救疗"之篇旨，方见主意。清周大璋《左传翼》称："僭赏滥刑，是国家第一缺失，关系非轻。将此等大道理极铺张，而楚人淫刑之弊自见。"钱钟书《管锥编》称："《春秋》之书法，实即文章之修词。"中国叙事传统，向来讲究属辞约文，此中可见一斑。

分宾分主，乃比事属辞的前导，历史编纂学当务之急，详略、重轻、显晦、（详参《左传属辞与文章义法·谋篇》）曲直亦随之。用宾之法有二，非与主相类，即与主相对；相类者以类叙正衬，相对者以对叙反衬。无论反正，未有不与主意相映者。清刘继庄《左传快评》品评《声子说楚》，提示若干借宾形主之妙：

　　读古人之文，最要宾主分明；宾主分明，而后知古人用笔行文之诀。若宾主莫辨，鲜有不为古人笔墨之所簸弄者也。如刑赏一番议论，岂非圣贤格言至理？然在声子胸中，只要引出楚淫刑、其大夫逃死于四方作发端语耳。论刑赏处，作如许笔墨，费如许唇舌，正以掩其复椒举之迹耳。行文论事，皆不可无此窾窍，最宜着眼。

所谓"宾主分明"者何？清王源《左传评》卷一称：宾主之道，"唯并举以为奇，单抽以为正而已"！诚如刘继庄《左传快评》所云："若宾主莫辨，鲜有不为古人笔墨之所簸弄者也。"声子说楚，其心早有所主。胸有成竹者，只在于复伍举。前幅闲闲而来，不惜笔墨，详宾而略主，"只要引出楚淫刑、其大夫逃死于四方作发端语耳"。略主详宾，有助于转移焦点，避免打草惊蛇，正可以掩饰为伍举说项的嫌疑。清金圣叹批《西厢记·惊艳》，有所谓"烘云托月"之法者，即此是也。

《声子说楚》的后半幅，详叙楚才晋用之四人，作为宾笔陪衬，或令楚失华夏，或使楚失东夷，或致楚罢于奔命，至今为患；或促成郑叛、吴兴、楚失诸侯。若依编年纪事之例，当分属八处叙事记载。今因声子说楚，欲类叙楚国"弃贤才、资敌国"之四位谋主，于是叙事传人，决断去取，以类相从，"不以年次为先后，随口吐出"。就楚才晋用，造成楚国莫大之危害一事，因事命篇，自是"原始要终，本末悉昭"之纪事本末体叙事。清冯李骅、陆浩同《左绣》品评声子说楚才晋用："成襄二公五十年来，晋楚交往事实，叙述详尽。此与《吕相绝秦》篇，皆《左氏》聚精会神，借一段议论，为全部春秋前后作关锁，非苟作者。"（卷十八）晋楚争霸中原，五十年之间，引发各方势力消长，国际秩序重整，《左传》借声子说楚一段议论，"为全部春秋前后作关锁"，系统论述，纲举目张，叙事见本末，可见左氏谋篇惨淡经营之一斑。

春秋史，是一部诸侯争霸之历史。《孟子·离娄下》称：孔子作《春秋》，"其事，则齐桓、晋文"，指《春秋》叙记齐桓公、晋文公主盟华夏、称霸中原，抵攘荆楚戎狄之史事。齐桓虽与晋文并列同称，不过，晋自文公城濮一战，胜楚、制楚、创霸之后，历晋悼公中兴，主盟华夏前后达一百二十余年。晋楚争霸，二雄霸业互为消长，其他侯国之或依或违，分合聚散亦随之，而春秋时代之国际秩序，遂因之调整与改易。故研治《春秋》《左传》，或考察春秋史，掌握诸雄霸业之此消彼长，以及列国之分合依违，则思过半矣。

治《春秋》《左传》者，以前后世代演变为界划，多以襄公为基准线。襄公以前，争霸中原者为晋、楚两大国。楚国惟宣公十二年，晋楚邲之战后，楚庄王称霸中原，一时而已，其余皆晋国主盟华夏，长达百余年。成公七年，申公巫臣通吴于晋，于是晋联吴以制楚。其后晋霸不竞，楚势亦日削，而句吴崛起于期间。之后，则越王勾践败吴复霸，此春秋霸业消长之大凡。清姜炳璋《读左补义》称《左传》"于兴衰交关处，必有一篇大文，牢笼后来结局。"（卷三十一）不止如此，《左传》于世局变革之际，往往出于终始本末之叙说，因事命篇，会聚一处，以串连散分，囊括相关，此真纪事本末体之权舆。

晋楚争霸既为春秋之大事，为救济编年体事迹不连贯之缺失，《左传》于城濮之战晋文公称霸之前，先著《晋公子重耳出亡》一篇文字，决断去取，因事命篇，出以纪事本末体，预示亡公子而有得人之望；详叙其天启之势，返国、称霸之气象，跃然纸上。《吕相绝秦》，叙麻隧之战，因"绝秦"而因事命篇，综括秦穆公以来，近七十年秦晋交兵之种种，为晋悼中兴霸业作见证。《声子说楚》，亦借声子复伍举之外交辞令，因事命篇，叙五十年来楚才晋用之祸福，造成楚失华夏、楚失东夷、楚罢于奔命、楚失诸侯之恶果，导致楚霸衰歇之结局。如此叙楚才晋用之虚实，晋楚争霸情势之消长，已昭然若揭。由此观之，《左传》若此之叙事，"原始要终，本末悉昭"，文简而事豁，辞约而义丰，无编年纪传之失，深具纪事本末体之优长。（参考张高评《〈左传〉叙事见本末与〈春秋〉书法》）

2. 声子借宾形主，说楚才晋用，绝妙辞令

《礼记·经解》："属辞比事，《春秋》教也。"《左传》妙用属辞比事之法，发用为历史叙事、文学叙事，遂成古今卓绝，著述罕闻之伟构。以本篇《声子说楚》之辞令而言，借宾形主，烘云托月法之运用，已臻出神入化。就叙事传统之方法而言，即是陪叙法、类叙法、对叙法、语叙法之体现。

《左传》叙声子与伍举班荆道故之后，声子承诺："我必复子"，只此一语，主意已决，成算已定。伍举为参加向戌弭兵之会，先通使于晋，回程途中遂拜会楚国执政者令尹子木。宾主应对，伍举步步为营，顷刻之间，已导入正题。甫开口，即高屋建瓴，一语道破："虽楚有材，晋实用之。"出辞行文，有离合之法，松紧之道，缓急之方。若一语说破，聚焦主意，是合、紧、急之法。而接续不言楚害，却泛泛焉推论畏刑、滥刑、僭赏、劝赏，顾左右而言他，乃离、缓、松之道。《声子说楚》前幅，用烘云托月之法，先类叙刑滥与赏僭，后申之以劝赏、畏刑、恤民作对叙。其中，以刑滥、畏刑为主意，而僭赏、劝

赏为衬托；至于恤民，更是陪衬之陪笔。泛论申说如此，真如天马行空，于楚才晋用主意，可谓不即不离、若即若离。观伍举与令尹子木之谈说，看似冲口而言，然纵横捭阖，曲折淋漓，无不达之辞，无不畅之意，真辞令之达人也。

《声子说楚》后半幅文章，排比类似之史事，统合于一篇之中，是所谓类叙。不以时间先后为序列准则，乃以"楚才晋用"事件，作为类比叙事之依据。楚才晋用之个案，业已造成"以害楚国，不可救疗"的教训，列举析公、雍子、子灵、苗贲皇四大事案，类聚而群分之，进行借宾形主之烘托。全文四宾陪一主，比事以见义，自以伍举事件为主体。《声子说楚》文尾，暗示影射，卒章显志，聚焦于伍举之进退动静，即将成为第五位楚才晋用之祸患。分宾分主，乃谋篇布局第一要着。宾可多，主无二，则为文之要道。《声子说楚》之谋篇安章，以析公、雍子、子灵、苗贲皇四宾，陪衬伍举一主，当下立马促成类比推理，同理可证。于是伍举可能造成的危害，经由烘托类推，自然赢得令尹子木的接受与认同。

《左传》拟言代言，可见春秋时代辞令美妙之一斑。《声子说楚》反思近现代五十年来之历史，集合有关楚才晋用之事件四，作类聚群分之排比叙事，此之谓类叙。历史编纂学讲究比物联类，以类相从，《左传》颇擅长此道。下半幅，叙楚才晋用，频频凸显"谋主"二字，书重词复者五次：曰为之谋主者一，以为谋主者四。清王源《左传评》称："'谋主'二字最要，段段点出，所谓'材'也。弃材资敌，而使之谋己，能无惧乎？"（卷七）弃才资敌，而使之谋己，此真滥刑淫刑之鉴戒，楚才晋用之血泪教训，徒令亲痛仇快而已，其不可以已乎？汉董仲舒《春秋繁露·祭义》引孔子曰："书之重，辞之复，呜呼，不可不察也。其中必有大美恶焉！"《左传·声子说楚》频用"谋主"，书重词复者五，警示戒慎提撕如是，意味十足。

清刘继庄《左传快评》称："历数楚大夫奔晋者，无不为楚之大患。妙在说得委曲详尽，令听者悚然，则椒举之复，已操之掌握矣。"伍举娓娓历数楚才晋用之四个实例，已坐实造成"以害楚国，不可救疗"之灾难与教训，然后曲终奏雅，卒章显志，拈出"今又有甚于此"一句，接到椒举身上。此一石破天惊语，顺理成章，拍合到"今在晋矣，晋将与之县，以比叔向"，层层递进，自然巧妙，堪称辞令神品。《声子说楚》之危言耸听是其险招，足以启人忧惧。预占此地步，促使形势有不得不然之优势。清高嵣《左传钞》谓："昔人赞欧阳公文，如累九层之台，一层高一层。观此层次之精，又觉瞠乎后矣。"有警策、有层次，《左传》辞令，美妙无穷有如此者。

清孙琮《山晓阁左传选》、清周大璋《左传翼》、清冯李骅、陆浩同《左绣》诸书，于《声子说楚》类叙楚才晋用之相关史事，借烘云托月之法，达到类比推理之效，颇有阐发与论说：

> 声子欲复伍举，只先就析公、雍子、子灵、苗贲皇四人闲闲说来。若未尝谈及椒举，而已隐然有椒举在其中。所以说到椒举，不必费词，自尔悚然动听。（清孙琮《山晓阁左传选》）

> 文有借宾形主法，亦有即宾为主法。析公（雍子、子

灵、苗贲皇）四人，宾也；椒举，主也。然四人，即以往之椒举；椒举，即今日之四人。则主即是宾，而宾即为主。（清周大璋《左传翼》）

四宾陪一主，于宾位写得精神透彻，便反映得此主十倍精神透彻。故前四段多少顿跌波澜，说到正位却只简简径径，讪然而止。使闻者隐隐跃跃，将宾位许多光景，都借过来。绝妙做法。（清冯李骅、陆浩同《左绣》卷十八）

声子一番辞令，一言以蔽之，只在为椒举复归作说客，指意不过如此而已。若开口即将此意一语道破，势将打草惊蛇，徒劳无功。行文之道，有急脉缓受之法；游说之道，与行文之缓急蓄势不异，贵在闲闲说来，从容淡定，而留有余地。《声子说楚》之后幅，为椒举复归作说客，亦不犯正位，未尝一语道破。清孙琮《山晓阁左传选》所谓"若未尝谈及椒举，而已隐然有椒举在其中。"清周大璋《左传翼》亦称："四人，即以往之椒举；椒举，即今日之四人。则主即是宾，而宾即为主。"清冯李骅、陆浩同《左绣》亦云："于宾位写得精神透彻，便反映得此主十倍精神透彻。"细案其中文理，信有此妙。

谋篇安章，巧用借宾形主，烘云托月，犹鸿门宴中，项庄舞剑，意在沛公；主意虽未道破，而隐隐跃跃，已脉注绮交，集矢于其中。韩愈《雉带箭》诗所谓："将军欲以巧伏人，盘马弯弓惜不发。"借宾形主，烘云托月，自是巧法妙招。巧用之，一紧一松之际，如杨妃舞盘，横斜曲直虽不可知；而可知者，丸必不出于盘之外也。清王源《左传评》，以或松或紧论文，得一张一弛、急脉缓受之妙：

> 意之所在，不可松，不可紧，笔笔皆与关注；却千回百折而后出，斯为善也。楚材晋用，楚之大害。……下不言楚害，泛泛焉推论刑赏，松也。既而一句打转，直指楚害。震悚透悚，使听者神悸，紧也。下却不入椒举，别举四人，为举作引，松也。四段后，夹序子木一语，浏漓轻转，下方出椒举，而直截了当，更不粘带，紧也。惊风激雷，忽尔皓月疏云；峭壁危峦，接以平冈幽径。要之，精神无松不紧，情致有紧必松，相剂以成章，相反而得用也。
>
> （清王源《左传评》卷七）

清王源《左传评》所谓"精神无松不紧，情致有紧必松，相剂以成章，相反而得用"，一张一弛，文武之道存焉。犹离合相生之法，必向心力与离心力，相反相成，物体方能自由运行。行人辞令之道亦然，《声子说楚》之游说艺术，信有此妙。或紧或松以成文，或缓或急以成辞，犹一张一弛以成道，于是文情不即不离、若即若离，富于镜花水月之妙。

> 唐锡周曰：镜花水月之妙，全在若离若即之间。以此文言之：椒举，花与月也；析公、雍子、子灵、苗贲皇，镜中花，水中月也。文从晋用楚材说起，疾忙用"夫独无族姻乎"句宕开，如花照镜中，月浸水底。俄焉波纹如縠，月亦在水中荡漾；庭砌风回，花亦在镜中摇曳也。接手便

平列四段，写出四个逃死大夫害楚样式。如四面皆水，水水有月；四围皆镜，镜镜有花。宛然月徘徊于斗牛，花绰约于栏槛矣。然后用"今又有甚于此"句，接到椒举身上。如半日镜中看花，忽然回首，绿影参差之地，奇葩竞吐，愈觉婀娜可爱。……却又拍合到"今在晋矣，晋将与之县，以比叔向"，与前文句句回环映带，令读者依稀认得来时有路，仍如曩者花照镜中，月浸水底光景也。岂非宇宙间千万劫不朽妙文。（清冯李骅、陆浩同《左绣》卷十八）

清冯李骅、陆浩同《左绣》引明唐锡周之言，将《声子说楚》辞令之不即不离、若即若离，比拟为镜花水月之妙，以为"如四面皆水，水水有月；四围皆镜，镜镜有花"。此即前贤评点所谓"若未尝及椒举，而已隐然有椒举在其中"；"主即是宾，而宾即为主"；"于宾位写得精神透彻，便反映得此主十倍精神透彻"。观此，可悟出辞行文有关宾主、详略、离合、缓急之妙。

唐刘知几《史通·叙事》，论叙事之体有四，其三曰有因言语而可知者，所谓以记言为叙事，或借言以记事者也。是传统叙事学所谓言叙、语叙，世俗所谓对话艺术者。（详《左传之文学价值·叙事文学之轨范》）钱钟书《管锥编》，论及《左传》之记言，以为"实乃拟言、代言，谓是后世小说、院本中对话、宾白之椎轮草创，未遽过也"。盖史家追叙真人真事，"每须遥体人情，悬想事势，设身局中，潜心腔内，忖之度之，以揣以摩，庶几入情合理"。（《左传正义·杜预序》）今观《声子说楚》，声子辞令之美，晋杜预《春秋左传集解》所谓："《传》

言声子有辞，伍举所以得反。"声子所以有辞者，左氏设身局中，以揣以摩，拟言、代言显然。何以知其然？此自有说。

《左传》词命，温润婉丽，从容不迫。《史通·言语》以为："时人出言，史官入记，虽有讨论润色，终不失其梗概者也。"日本斋藤谦《拙堂文话》卷六不以为然，指左丘明铺张文饰太过，当时本语恐不至此云云。清王源《左传评》称美《声子说楚》之辞令："纵横捭阖，曲折淋漓，无不达之词，无不畅之意。"冯李骅、陆浩同《左绣》卷十八，品评此篇谓："声子为友复国，文章雄迈，开战国说士之风。而谈理典则，征事详赡，浑浩流转，犹是元气未漓人语，《国策》远不逮也。"王源评《声子说楚》，云"纵横捭阖，曲折淋漓"；刘知几称："虽有讨论润色，终不失其梗概。"《左传》辞令，或近《庄》《列》诡谲之风，或启《战国》纵横之习，要不过近风启习而已。钱钟书谓："史家追叙真人真事，每须拟言、代言，庶几臻于入情合理。"此言得之。

（四）评林

1. 穆文熙曰：历观诸臣奔晋，往往为效死力，残败楚师。何无宗国之念也？盖原其出奔之由，既非其罪，而楚又穷之不已。故人无还返之期，自不得不为效死耳。不然，何庄舄仕楚，尚有越声；士会奔晋秦，终为晋之良佐哉？（清魏禧《左传经世钞》卷十四）

2. 魏禧曰：指陈已往利害，凿凿可信。虽子木明知为伍举作说客，亦不得不从。盖理势到极，自不怕人识破本谋。但进

言次第，操纵之妙，必不可少耳。（清魏禧《左传经世钞》卷十四）

3."楚材实多"此下，不独不遽说伍举，并不遽说析公诸人。先将不可淫刑之故，着实透发。盖因王子牟而疑伍举，自是执政之失。故先说此段，已阴折子木之心。而复历举利害，则愈易入矣。（清魏禧《左传经世钞》卷十四）

4.意之所在，不可松，不可紧，笔笔皆与关注；却千回百折而后出，斯为善也。楚材晋用，楚之大害。声子为椒举作说客，意只此。开口即将楚材晋用说破，紧也。下不言楚害，泛泛焉推论刑赏，松也。既而一句打转，直指楚害。震悚透悚，使听者神悸，紧也。下却不入椒举，别举四人，为举作引，松也。四段后，夹序子木一语，浏漓轻转，下方出椒举，而直截了当，更不粘带，紧也。惊风激雷，忽尔皓月疏云；峭壁危峦，接以平冈幽径。要之，精神无松不紧，情致有紧必松，相剂以成章，相反而得用也。（清王源《左传评》卷七）

5."我必复子"一语，成算已定。又以多时之经营酝酿，故与子木冲口而道，纵横捭阖，曲折淋漓，无不达之词，无不畅之意。故供得《左氏》一番痛快挥洒也。（清王源《左传评》卷七）

6."谋主"二字最要，段段点出，所谓"材"也。弃材资敌，而使之谋己，能无惧乎？况已往之害彰彰，而将来可无虑乎？立言极痛切处。（清王源《左传评》卷七）

7.此篇声子为友复国，文章雄迈，开战国说士之风。而谈理典则，征事详赡，浑浩流转，犹是元气未漓人语，《国策》远不逮也。通篇只作两半读，所谓"不能也"以上，是泛论其

理。以下，方切论其事。而切论，又纯用借宾形主法。极辨之口，极动之文。（清冯李骅、陆浩同《左绣》卷十八）

8.四宾陪一主，于宾位写得精神透彻，便反映得此主十倍精神透彻。故前四段多少顿跌波澜，说到正位却只简简径径，讪然而止。使闻者隐隐跃跃，将宾位许多光景，都借过来。绝妙做法。（清冯李骅、陆浩同《左绣》卷十八）

9.唐锡周曰：镜花水月之妙，全在若离若即之间。以此文言之：椒举，花与月也；析公、雍子、子灵、苗贲皇，镜中花，水中月也。文从晋用楚材说起，疾忙用"夫独无族姻乎"句宕开，如花照镜中，月浸水底。俄焉波纹如縠，月亦在水中荡漾；庭砌风回，花亦在镜中摇曳也。接手便平列四段，写出四个逃死大夫害楚样式。如四面皆水，水水有月；四围皆镜，镜镜有花。宛然月徘徊于斗牛，花绰约于栏槛矣。然后用"今又有甚于此"句，接到椒举身上。如半日镜中看花，忽然回首，绿影参差之地，奇葩竞吐，愈觉婀娜可爱。夜阑水边玩月，忽然仰视疏星几点之旁，冰魄高悬，愈觉光明夺目。却又拍合到"今在晋矣，晋将与之县，以比叔向"，与前文句句回环映带，令读者依稀认得来时有路，仍如曩者花照镜中，月浸水底光景也。岂非宇宙间千万劫不朽妙文。（清冯李骅、陆浩同《左绣》卷十八）

10.俞宁世曰：成襄二公五十年来，晋楚交往事实，叙述详尽。此与《吕相绝秦》篇，皆《左氏》聚精会神，借一段议论，为全部春秋前后作关锁，非苟作者。（清冯李骅、陆浩同《左绣》卷十八）

11. 声子之意在复伍举，但子木崛强，如言举无罪，则举以罪逐。声子云"吾必复子"，胸中已有成竹。故于"晋大夫孰贤"一问，即从楚材晋用上说入。其为晋用，由楚人滥刑驱之也。但滥刑逐举，是主政所讳。"善为国者"以下，全不提出伍举，并不切定楚国，只泛泛评论刑不可滥道理，引诗引书大作铺排，归并于有礼无败，已使子木俛首悦服。今楚淫刑以下，仍不明说伍举，只泛言楚材晋用，因而祸延。作四段分疏，如出一辙，使听者不寒而栗。子木明知其有为而言，而更不说明。俟其"是皆然矣"一言，即接"今有甚于此"，使人失惊，因以"岂不为患"四字竟住。觉上四段节节为伍举写照，而"滥刑改善"一大段，语语为子木献忠也。朋友之谊，不以势利为炎凉，而执政从谏如流，忠于为国，岂助臣虐君之晋臣所能及哉！（清姜炳璋《读左补义》卷三十）

12. 本意原为椒举请复作说客耳，若开口直说，便触其忌而言不能入。妙在语语为椒举，却不一溜说出。只将楚材晋用讲得惊天动地，令子木神飘魄散。妙从"问晋故"闲闲说起，绝不露一毫圭角，直待子木悚然惕息，然后乘机而入，不烦言而解。善进说者，所以投之所向，无不如意也。（清周大璋《左传翼》）

13. 春秋时为楚害者莫如晋，为晋害楚者皆楚材。数人在楚不见出色，一到晋廷，便做出若大乾坤，令楚不能支持。盖淫刑以逞，逃死者必致毒于我，况属有材之辈？可知天下未尝无材，不用便碌碌终身，用则功垂天壤，名著旂常。自古及今，不知埋没英雄多少，而藉寇兵，赍盗粮者之更为失策也。读声子此论，令我唾壶欲碎。（清周大璋《左传翼》）

14. 僭赏滥刑，是国家第一缺失，关系非轻。将此等大道理极铺张，而楚人淫刑之弊自见。此议论得大头颅处，若轻轻叙过，亦振下四段不起；子木闻之，绝不惊心动魄矣。《左氏》文犹有三代誓诰遗风，正在此等处见。（清周大璋《左传翼》）

15. 楚失华夏、楚失东夷、疲于奔命、至今为患、郑叛吴兴，此岂小小败衄？然患犹在外。说到王夷师熸、子反死之、子辛死之，则君相胥受其害，真不可救疗矣！淫刑以逞之祸至于如此，此等事多当国者为之，而天道好还，报施不爽。故"子辛死之"等句，特刺子木之隐，所以闻之悚然，不待词之毕而代为请复也。（清周大璋《左传翼》）

16. 文有借宾形主法，亦有即宾为主法。析公四人，宾也；椒举，主也。然四人，即以往之椒举，椒举即今日之四人。则主即是宾，而宾即为主。故《咀华》以花月作喻，观镜中花，则枝上花可知；观水底月，则天上月可知矣。篇中详于言宾，宾意透则主意自醒，识此可得文家三昧。（清周大璋《左传翼》）

17. 列辟相持，视得贤为轻重。若国有贤人，而弃之以资敌，未有不为祸患者。声子欲复椒举，只先就析公、雍子、子灵、苗贲皇四人闲闲说来，若未尝及椒举，而已隐然有椒举在其中。所以说到椒举，不必费词，自尔悚然动听。尤妙在起首论晋故一段，见得晋所用者，皆楚之材。此处暗藏针锋，故语不待终，而子木已惧，禄爵已益，椒鸣已逆。盖自班荆时，早已筹划到此。其心特苦，其言特工。（清孙琮《山晓阁左传选》）

18. 贾季在狄，士会在秦，晋以为忧。诸人在晋，楚置不问，此楚霸不竞，终让晋耳。虽然，楚能复伍举于晋，不能复其孙

伍员于吴。柏举之战，天实为之，不悔此一复哉？（清卢元昌《左传分国纂略》）

19. 格如登塔，一层高一层。势如弈棋，一着紧一着。文笔雄骏浑灏，则《左氏》文中变调也。（清陈震《左传日知录》）

20. 俞桐川曰：成、襄二公五十年来，晋楚交兵事实，叙事详尽。此与《吕相绝秦》，皆《左氏》聚精会神，借一段议论，为全部《春秋》前后作关锁，非苟作者。起从晋卿大夫泛论，即楚材晋用，尚不露圭角。因族姻一问，方接说用楚材之故。然且将刑赏宽论一会，突接淫刑而大夫逃死，方始动人。其叙四人谋楚，人甚一人。说道王夷师燔，子反死之，子木已自改容屏息。即忙接入伍举谋害楚国，更有甚焉。子木焉得不惧？昔人赞欧阳公文，如累九层之台，一层高一层。观此层次之精，又觉瞠乎后矣。（清高嵋《左传钞》）

21. 此篇妙处，全在缓急之间。声子之欲复伍举，非一日矣。一旦子木问及晋卿，与伍举何涉？凿空驾虚，欲伸己意，颇似牵强。言之者愈急，则听之者愈缓，其势不得不缓缓然，从宽转处说起。夫急迫之情，传以急迫之言，犹惧不入，而托之于宽缓。则其所谓宽缓者，自非异样玲珑，异样机警，又安能令听者耸然哉？到得凑急处，便一把捉住，更不放宽。纵擒之妙，于斯极矣。（清王系《左传说》）

22. 王元美曰："上'归生闻之'二段，正为此'楚多淫刑'一句，而四子逃死于四方之由。"魏礼曰："'有礼无败'以上语意，几于逼子木矣。妙在引《诗》、引《书》、引古，故作宽衍旁博之体，听者便自不迫。其主意在'畏刑'，却将'赏善'

陪说许多；又添说'恤民'，竟似泛论不切。入楚事处，只说已往，一似论楚旧日执政之失，子木早已心动。待其瓜熟蒂落，子木一问，彼即乘便点明，子木自当跃然耸然听之矣。"（日本奥田元继《春秋左氏传评林》）

23. 读此文，而悟天下无不可言之事，无不可作之文，无不可投之机，无不可动之人，只患无其才耳。才矣，而无学以副之，犹无才也。试观声子许复椒举，斯时胸中已有定见。迨使晋而还，令尹与之语，而问晋大夫与楚孰贤？此与复椒举风马牛不相及也。声子以楚才晋用为发端，出刑赏一番正论，举析公、雍子、子灵、苗贲皇，楚之奔晋者，累为楚患。洋洋洒洒千百言，闻之而不悚然以惧者，无是理也。其言若止为楚多淫刑之戒者，而不知不待其言之毕，椒举已复归于楚矣。然非其典故烂熟于胸中，辞华翻澜于辅颊，安能耸人听闻，一至于此？故人只患无才，而尤患无学也。（清刘继庄《左传快评》）

24. 读古人之文，最要宾主分明；宾主分明，而后知古人用笔行文之诀。若宾主莫辨，鲜有不为古人笔墨之所簸弄者也。如刑赏一番议论，岂非圣贤格言至理？然在声子胸中，只要引出楚淫刑、其大夫逃死于四方作发端语耳。论刑赏处，作如许笔墨，费如许唇舌，正以掩其复椒举之迹耳。行文论事，皆不可无此窾窍，最宜着眼。（清刘继庄《左传快评》）

25. 历数楚大夫奔晋者，无不为楚之大患。妙在说得委曲详尽，令听者悚然，则椒举之复，已操之掌握矣。析公、雍子、子灵、苗贲皇四人四段，说得淋漓尽致，令人心目震动。况子木为楚令尹，能无弃贤才、资敌国之惧乎？前四段，只为复伍

举一段作弄引耳。读此，当目注伍举，则句飞舞而下。（清刘继庄《左传快评》、清倪承茂《古文约编》）

26. 声子大旨，全在危言以启其惧，使有不得不复之势。历叙四人，皆为楚之淫刑所迫，效死力于晋者。则伍举得罪小，而不蒙赦，其为祸又当何如也？借宾形主，实开战国策士之风。是以冯谖复孟尝，全用此术。彼声子有伍举凿窟，岂浅鲜哉？（清宋南金、徐袞侯《古文晨书》）

27. 以上一段，是此文正意，谓楚材而为晋用，由楚刑赏之滥。然只横空说来，不粘伍举，不碍子木，辞命极为得体。"所谓不能也"之下，即直接"椒举娶于申公"一段，亦甚明爽，然不免直促。今先引四人为谋主作证，文境乃开拓异常。宾位极力摹写，主位只一点便醒。（方宗诚《春秋左传文法读本》）

28. "晋卿"二语，引端甚妙。一篇文字，俱从此生出。下文以"淫刑"二字抉出病根，使知弃贤资敌，其弊皆由自取。叙析公、雍子、子灵、苗贲皇，不以年次为先后，盖随口吐出，以类相从而已。"是皆然矣"，子木之意已转，故于椒举事，正好乘间说出。（吴曾祺《左传菁华录》）

29. 春秋之世，列国最强者莫如晋楚。楚自武文崛起于江汉之间，成王享国最久，穆庄继之，遂成霸业。迄春秋末，与晋狎主齐盟，未尝少衰。其强与晋等，而长久过之者，盖法纪严肃，而权不下移也。观于伐罗不克，屈瑕缢死；城濮败挫，得臣不入；泜水退舍，子上被杀；鄢陵卒奔，子反自裁，其帅之覆师徒者皆不获赦宥，法纪之严可知矣。（韩席筹《左传分国集注》卷十一）

十八、郑子产坏晋馆垣（襄公三十一年）

（一）原典

〔传〕癸酉，葬襄公。

公薨之月，子产相郑伯以如晋。晋侯以我丧故，未之见也。子产使尽坏其馆之垣而纳车马焉。

士文伯让之，曰："敝邑以政刑之不修，寇盗充斥，无若诸侯之属辱在寡君者何。是以令吏人完客所馆，高其闬闳，厚其墙垣，以无忧客使。今吾子坏之，虽从者能戒，其若异客何？以敝邑之为盟主，缮完、葺墙，以待宾客。若皆毁之，其何以共命？寡君使匄请命。"

对曰："以敝邑褊小，介于大国，诛求无时，是以不敢宁居，悉索敝赋，以来会时事。逢执事之不闲，而未得见；又不获闻命，未知见时。不敢输币，亦不敢暴露。其输之，则君之府实也；非荐陈之，不敢输也。其暴露之，则恐燥湿之不时而朽蠹，以重敝邑之罪。"

"侨闻文公之为盟主也，宫室卑庳，无观台榭，以崇大诸侯之馆，馆如公寝；库厩缮修，司空以时平易道路，圬人以时塓馆宫室；诸侯宾至，甸设庭燎，仆人巡宫；车马有所，宾从有代，巾车脂辖，隶人、牧、圉各瞻其事，百官之属各展其物；公不留宾，而亦无废事；忧乐同之，事则巡之；教其不知，而恤其不足。宾至如归，无宁灾患；不畏寇盗，而亦不患燥湿。"

"今铜鞮之宫数里，而诸侯舍于隶人，门不容车，而不可逾越；盗贼公行，而天厉不戒。宾见无时，命不可知。若又勿坏，是无所藏币以重罪也。敢请执事：将何所命之？虽君之有鲁丧，亦敝邑之忧也。若获荐币，修垣而行，君之惠也，敢惮勤劳？"文伯复命。赵文子曰："信。我实不德，而以隶人之垣以赢诸侯，是吾罪也。"使士文伯谢不敏焉。

晋侯见郑伯，有加礼，厚其宴、好而归之。乃筑诸侯之馆。叔向曰："辞之不可以已也如是夫！子产有辞，诸侯赖之，若之何其释辞也？《诗》曰：'辞之辑矣，民之协矣；辞之绎矣，民之莫矣。'其知之矣。"

（二）语译

十月二十一日，安葬鲁襄公。

襄公去世的那一月，子产辅佐郑伯来到晋国，晋侯由于我国有丧事，没有接见他。子产派人拆毁了全部宾馆围墙，而安放车马。

士文伯责备他，说："敝邑由于政事和刑罚不能修明，盗贼到处都是。无奈诸侯的属官来向寡君朝聘，因此派官吏修缮宾客所住的馆舍，大门造得高，围墙筑得厚，以不让宾客使者担忧。现在您拆毁了它，虽然您的随从能够自己戒备，可是别国的宾客又怎么办呢？由于敝邑是诸侯的盟主，修缮围墙，为了接待宾客。如果都拆毁了，那么将怎么供应宾客的需要呢？寡君派匄前来请问拆墙的意图。"

子产回答说："由于敝邑狭小，处在大国之间。大国需索贡品，又没有一定的时候，因此不敢安居，全部搜索敝邑的财富，前来朝会。碰上执事不得空，而没有能够晋见到；又得不到指示，不知道晋见的时间。我们不敢献财币，也不敢让它日晒夜露。如果奉献，那么它就是君王府库中的财物，不经过在庭院里陈列仪式，就不敢奉献。如果让它日晒夜露，又害怕时而干燥时而潮湿因此朽坏，从而加重敝邑的罪过。"

"我公孙侨听说：文王当盟主的时候，晋国宫室低小，没有可供观望的台榭，而把接待诸侯的宾馆修得又高又大。宾馆好像现在君王的寝宫一样，对宾馆内的库房马厩都加以修缮。司空按时整修道路，泥瓦工按时粉刷墙壁。诸侯的宾客到达，甸人点起火把，仆人巡视官馆；车马有一定的处所，宾客的随从有人替代服役，管理车子的官员为车轴加油，隶人、牧、圉各自照看自己分内的事情；各部官吏陈列各自的礼品。文公从来不耽搁宾客时间，也没有因此而荒废政事；和宾客同忧共乐，有意外事情就加以安抚；有不知道的就加以教导，缺乏的就加以周济。宾客来到就好像回到家里一样，难道还会有什么灾患？不怕抢劫偷盗，也不怕干燥潮湿。"

"现在铜鞮山的宫室绵延几里，而招待诸侯的宾馆，像奴隶住的屋子。大门口车子进不去，又不能翻墙进入；盗贼公然横行，传染病又不能防止。宾客晋见没有一定时间，君王接见的命令，也不知道什么时候发布。如果还不拆毁围墙，就没有地方收藏财物，反而加重我们的罪过了。斗胆请教执事，对我们将有什么指示？虽然君王有鲁国的丧事烦心，敝邑也同感忧伤。如果能够早点奉上财礼，我们愿把围墙修好了再走，这就是君王的恩惠了，岂敢害怕辛勤和劳苦？"

文伯回报朝廷。赵文子说："确实是这样。我们实在不好！用容纳奴隶的屋舍去接待诸侯，这是我们的罪过啊！"就派士文伯去表示歉意，宣称自己不明事理。

晋侯接见郑伯，更加受到礼遇，举行更加隆重的宴会，赠送更加丰厚的礼物，然后让他回去。于是就建造接待诸侯的宾馆。

叔向说："辞令不能废弃，就像这样吧！子产善于辞令，诸侯因他而得利。为什么要放弃辞令呢？《诗经》说：'辞令和顺亲睦，百姓团结；辞令悦耳动听，百姓安定。'诗人已经懂得辞令的道理了！"

（三）鉴赏

清冯李骅、陆浩同《左绣·读左厄言》称："《左传》大抵前半出色写一管仲，后半出色写一子产；中间出色写晋文公、悼公、秦穆、楚庄数人而已。"这种宏观综览的提示，很可作为研读《左传》之指引。《左传》自鲁襄公八年起，叙写子产（公孙侨）之事迹、辞令，到昭公二十年，数量在五十则以上。读之，可以想见其性情心术、声音笑貌，左氏真是写生能手。据此，可补司马迁《史记》《循吏传》。

《左传》叙写《郑子产坏晋馆垣》（以下简称《坏馆》），是借外交辞令之排难解纷，继好结信之效用，出色表现子产之胆略智谋。金圣叹批《才子古文》称本篇："看前段文伯之幸幸，后段叔向之津津，俱是为极写子产而设。"金氏的评论，是符合文章义法中宾主、轻重、详略之道的。"万山磅礴，必有主峰；龙衮九章，但挈一领。"子产不仅是《左传》全书后半之焦点，更是《坏馆》这篇辞令之主角，所以本篇中士文伯之言、赵文子之言、叔向之言，都是烘托陪衬的宾笔，用意在凸显子产辞令之美妙，尤其在措辞之温润婉丽，驳论之稳健严正，托讽之肯切耸动方面，极有可观。

由于晋国怠慢朝贡使者，"子产相郑伯如晋"，自然也在受害者之列。为引发注意，进而解决问题，于是子产以非常手段，配合非常辞令，讽刺晋国霸主这种"诛求无时"的勒索；抗议晋为盟主，却"宾见无时"的怠慢。子产的非常手段，是"尽坏其馆之垣"，这应该是经过深思熟虑之后的"谋略"，以破坏馆垣为手段，进而达到说服、矫正、改善之目的。这种非常手段，果然引来士文伯的关切，他代表晋国执政者责难子产：先招认自己晋国"政刑不修，寇盗充斥"，再质问子产尽坏馆垣之意图。看似咄咄逼人，得理不饶人，实际已先露破绽，落人口实。所以冯李骅在《左绣》中说：这是一篇诘辩，"前难后解。妙在难中句句授人以解，解中却又句句藏得难在，是极有机锋文字"。此段话，可以当作掌握全文旨趣之参考。

子产的辞令可分为三段：第一段以"诛求无时"，讽刺晋国身为霸主，却勒索无度；以"未知见时"，反责其怠慢宾客；再以"不敢输币，亦不敢暴露"的进退两难，来控诉处境的无奈；而结以"暴露重罪"，则馆垣不得不坏之主旨，已呼之欲出。子产第二段辞令，运用借古讽今手法，极力铺张晋文公担任诸侯霸主时的一切措施和作为：文公之宫室卑小，诸侯之宾馆崇大，对诸侯之尊重，已溢于言表。接着历数晋国有关接待单位之各司其事，剑及履及，如司空、圬人、甸人、仆人、巾车、隶人、牧圉，要皆"各瞻其事"。更重要的是，晋文公对诸侯宾客照顾得无微不至，甚至于忧乐与共，而且无灾无盗，让诸侯有"宾至如归"的亲切感受，这才是一代霸主应有的风范。

此段极力推崇晋文公的盟主典范，主要是为了跟下一段作对衬，以映照出今不如古，晋平公不如晋文公的事实。就叙事而言，是为对叙。先扬后抑，正反对衬，则是非、功过、得失、毁誉，昭然若揭，不待词费。因此，第三段辞令只要凸显"宾见无时"，与"无所藏币以重罪"间的惶恐与两难；再明言今之待宾客，处处与文公时相反，就足以使士文伯无话可答。"虽君之有鲁丧"两句，表明同情；"若获荐币"四句，再三强调主旨：只要晋肯纳币，一切都好谈，包括我郑国不惮其劳"修垣"。这就突出了问题的焦点，只在晋国的纳币态度，不在于郑国的尽坏馆垣。

第六、七、八段，写赵文子的认罪。士文伯的致歉，晋侯之礼见郑伯，及新修诸侯宾馆，这些都是子产辞令据"礼"力争的实际效益。尤其篇末借叔向之言，推崇"子产有辞，诸侯赖之"；援引《诗经》，申说辞令之实用价值。这种笔法，与《左传》"君子曰"的评论方式其实没有区别，都是借圣贤"重言"，进行褒扬或贬斥，可说是《左传》史论的变例。

（四）评林

1. 子产对坏馆垣一节，言晋文崇大诸侯之馆。后生不习知旧事，如士匄徒见目前高闬闳、厚墙垣，自以为盛矣，此晋人所以辞屈而改筑也。叔向不分曲直，但谓"有辞，诸侯赖之"，恐亦未然。虚辞岂可恃耶？（宋叶适《习学记言序目》卷十一）

2. 按：春秋辞命，子产为最。故《论语》称之曰："为命，裨谌草创之，世叔讨论之，行人子羽修饰之，东里子产润色之。"之所以善者，盖非一人之功也。（宋真德秀《文章正宗》卷一）

3. 瞿昆湖曰："《左氏》安于传末作一断案，而假托诸人言以为重，如'君子曰''仲尼曰'之类，盖赞体也。太史传赞，乃祖此意。"（明张鼐《左传隽》）

4. 子产妙辞，更不必说，须细寻其处处细针密线，前后不差一黍。又要看前段文伯之幸幸，后段叔向之津津，俱是为极写子产而设。（清金圣叹《天下才子必读书》卷一）

5. 穆文熙曰：议论激昂，晋人服罪。然子产之所以能行其说者，亦恃有文子、叔向在耳。（清魏禧《左传经世钞》卷十五）

6. 魏禧曰：词令典质，与他篇圆活擒纵者，又不同。（清

魏禧《左传经世钞》卷十五）

7. 此子产应对诸侯，露丰采之第一事也。天下惟礼足以屈人，而无礼不得不屈于人。但辞不能达，则己之礼不伸，而人之无礼不见，又何人之能屈乎？子产有辞，不过认礼真，说礼透，非如战国辩士，变异是非、颠倒黑白也。毁垣纳车马，似属孟浪。然吾君奉玉帛，冒霜露，跋涉千里，以朝于晋；晋侯乃不以时见，先处于无礼；而闳闳不足容车马，又非所以待诸侯。于是执定彼之无礼，而自处于有礼，则竟毁其垣，宁虑无辞以应之乎？盖子产之辞，已定于未毁之先，非辩于既毁之后。故虽以晋国之强，盟主之尊，不得不立为之屈也。（清王源《左传评》卷七）

8. 乃其措辞之妙，数语大义已尽，却不说出坏垣，又远引文公，宕开局势，极力铺张，相为反映。一句打转，而晋罪遂不可胜言。然后略点"坏垣"，随为彼开一后路，而委婉以结之。真所谓不卑不亢，有刚有柔，词令之妙品也。（清王源《左传评》卷七）

9. 《左氏》序此，全妙在开手直提"坏垣"一句，横突惊人。盖子产之举甚辣，而《左氏》之笔亦辣。结尾拖序叔向数言，缠绵尽致。盖子产之辞入妙，而《左氏》之文亦妙。非此，曷足相发乎？（清王源《左传评》卷七）

10. 一篇诘辩，前难后解。妙在难中句句授人以解，解中却又句句藏得难在。是极有机锋文字。（清冯李骅、陆浩同《左绣》卷十九）

11. 文伯语有两层，前详后略；子产语亦两层，便前略后详。文伯两层各以"吾子坏之""若皆毁之"作驳难。子产便并作"若又勿坏"一层作解释。章法，盖整而变也。（清冯李骅、陆浩同《左绣》卷十九）

12. 钟伯敬曰：《左氏》每于传末作一断案，而假托诸人言以为重。太史公传赞祖此意。（清冯李骅、陆浩同《左绣》卷十九）

13. 子产行事极有胆气，其所持论又必有来历。如馆垣之坏，决来责让。他却先有文公主盟一段议论在于意中，以照出今时之失，便可任意为之，无所畏惧。至前不敢输币、不敢暴露，是说所以坏垣之故。后之修垣而行，是答责让之意。由前言之，见得自为，亦以为晋；由后言之，则见晋人所争，只在一垣，而不顾大体。既自居于弱小，又不肯安于弱小。似此八面雄才，纵横无敌，不但为郑国之良，当亦春秋未见有两。古雅雄健，典硕之中，饶有宕逸之致。（清孙琮《山晓阁左传选》）

14. 郑子产《征朝》一对，晋人无辞；《币重》一书，宣子心折；《伐陈献捷》，《戎服将事》，晋人谓其辞顺。区区弱郑，忽重九鼎。故今日坏垣纳币，举从来未有之事，子产行之，无复顾忌，盖由识见卓也。但曰"子产有辞"，抑末也。（清卢元昌《左传分国纂略》）

15. 王守溪曰："婉逸流动，气骨仍自苍劲。"杨升庵曰："义正而不阿，辞强而不激，自有一段温雅处动人。"程念伊曰："实处丰赡，虚处委婉，词令真绝。"无侧媚回护之态，亦无蹶张凌暴之情。其义指光明正大，其词令婉至而和平。其铺叙也，见笔力之高严。其顿折也，见丰神之跌宕。再四讽咏，既令人愧，又令人服，此所谓有道之文也。与吕甥、国佐、烛之武辈，一派机锋尖利者又别。子产，是左氏意中第一个人，故叙其词令，亦另是一番气象。（清张昆崖《左传评林》）

16. 子产有辞，《征朝》《献捷》，丰采两露于晋庭。此则初执政时，折服盟主之一事也。以隶人之垣赢诸侯，晋人一向如此。去年朝晋，子产未闻稍置一词。独于此番毁垣纳车，烈烈轰轰，做此诧异举动，对词严厉，刀斧俱下，一字不肯放松。蔑视晋人直如无有，以其借口鲁丧，留宾弗见也。晋、郑与鲁，同为兄弟之国，死者尚知慭恤，生者独不加礼。君臣宴处一堂，自恃盟主，不恤诸侯。因其无礼，而以礼折之，晋人所以敛手屈服也。（清周大璋《左传翼》）

17. 篇末叙叔向之言，极力赞叹，往复留连，袅袅不绝，真有绕梁余音。以小国抗大国，若无真实才识，岂能做此惊天动地事？子产胸中有此一篇大议论，然后才有此举动。然亦逆知文子虚怀受善，言无不入。既以此裨益诸侯，又使晋追复文公旧迹，不失为盟主，而国人亦因之慭服焉。若遇楚子围刚愎自用，岂肯犯难以撄其锋乎？（清周大璋《左传翼》）

18. 刀锋箭簇之笔，而泽以深厚，行以跌宕，是谓大雅。入战国人手，则操之已戏矣。（清陈震《左传日知录》）

19. 通篇正面只有"铜鞮之宫"十句，前后许多笔墨都归会此。故"坏"字只用一反点，而已和盘托出。尤妙在忽接"侨闻文公之为盟主"一句，生出无数异境。盖前段精神，已注"铜鞮之宫"数句，却故为停顿留住，不使急走。又从文公一段高处呼扬，而正面精神益出。正如芍药将吐而仍含，忽着一阵春

雨，而蕊葩怒开矣。（清盛谟《于埜左氏录》）

20.此子产得政后，交邻出手第一事也。应前"国小而逼"之案，紧抱"未见"，详剖"坏垣"，周顾鲁丧，义正而不阿，词强而不激。以之折服晋国，悚动诸侯，外交作用，已见一斑矣。实处丰赡，虚处委婉，不卑不亢，真词令妙品。（清高嵣《左传钞》）

21."尽坏其馆"句，令人骇。"不敢输币""不敢暴露"一段，令人原。"文公"二段，令人愧。内"虽君有鲁丧"数句，令人平。"乃筑诸侯之馆"句，令人服也。辞之不可以已也，不诚然哉？（清高嵣《左传钞》）

22.以区区之郑，介于晋、楚之间，为积威之所劫，奔命不遑，何以为国？若一味柔顺，无辞以折大国之非礼，其何以立于诸侯之列耶？子产于此，能行人所不能行，言人所不能言，只为见得此礼分明，便不为威武所屈。若夫以小事大，动成掣肘，苟非真才识有以济之，鲜有不成颠蹶者也。子产之辞，得《左氏》而千古常新。文之不可以已也如是乎！晋因子产之言，改筑诸侯之馆，以此而继文、襄之业。晋不失霸，子产之力也。（清刘继庄《左传快评》）

23.丧亦敝邑之忧，则留宾弗见，益觉多事。至言荐币之后，自己修垣，则晋人幸幸之意，消归何有矣。议论辩析，证据讽刺，种种绝调。（清宋南金、徐衮侯《古文晨书》）

24.晋为盟主，而子产以蕞尔郑朝晋，坏晋馆垣，大是奇事。只是胸中早有成算，故说来句句针锋相对，义正而不阿，词强而不激。文伯不措一语，文子输心帖服，叔向叹息不已。

子产之有辞，洵非小补也。（清吴楚材、吴调侯《古文观止》）

25.晋为盟主，更八传矣。诸侯奔走，执玉荐帛，未免习为故常，有慢易之心。提出文公来，见与今时事事不同。修垣小节，留客大常，如何不以自责，轻相责人？使他心折无辞。（清高朝璎《古文知新》）

26.此篇机锋之犀利，主宾诘难，彼来此挡，无一语落空，亦无一语不搔到痒处。客坏主人之墙，无理极矣！士文伯之责言，堂堂正正，几于无可哓辩。然士文伯未吐之言，子产已早有准备。逆料必然如此。静听之，把其至有理处翻倒，见其无理，真妙不可言！（林纾《左传撷华》）

27.入首数句，词尚委婉。自"文公为盟主"以下，则理直气壮，字字摸之有棱指出。（吴曾祺《左传菁华录》）

28.一纸书来只为墙，让他三尺又何妨？长城万里今犹在，不见当年秦始皇。（清张英诗，安徽桐城"六尺巷"碑文）

叁 议论文

概　说

　　宋真德秀《文章正宗》分文体为四：辞命、议论、叙事、诗歌，今稍作损益，删存为叙事、辞命、议论三类。《文心雕龙·论说》称："论之为体，所以辨正然否。穷于有数，究于无形，钻坚求通，钩深取极；乃百虑之筌蹄，万事之权衡也。"试观《左传》之论说文，往往假历史人物，借拟言代言，以解释疑难、说明事理、阐发见解、发表主张。后世论辨之体，如论、驳、难、辨、议、说、解、考、原、喻、语诸式，大多发端于《左传》。

　　《左传》叙事传人，有所论断，往往于叙事之中即见其指义，此即所谓以叙事为议论，于叙事中寓论断之法。此种论说形式，有神无迹，常见于《左传》之褒贬人物，进退公卿之中。尤其书写定公、哀公之际的近现代历史，"为其切当世之文而罔褒"，"为有所刺讥褒讳挹损之文辞不可以书见"，不得不出以曲笔讳书，故忌讳叙事之用晦，成为史家常法。唐刘知几《史通·叙事》论用晦之道，曾举《左传》叙事为例：如叙士会为政，晋国之盗奔秦（宣公十六年），则政善可知。叙邢迁如归，卫国忘亡（闵公二年），则安集可知。叙犀革裹宋万，比及宋手足皆见（庄公十二年），则勇闷可知。叙楚庄王巡拊三军，三军之士皆如挟纩（宣公十二年），则感悦可知。《左传》之历史叙事，不凭空论断者多类此，饶有文学叙事之含蓄不露，此其一。

解释疑难、说明事理、阐发见解、发表主张，为《左传》论说文的内涵。大抵见于臣子建言，同僚对谈，君卿大夫相接相示的话语中。选文分三大层面，偏向逻辑推衍，有别于寓论断于叙事之中者：其一，解读经文，创造性诠释：凡"君子曰"的历史评论，皆属之。《春秋》诸称不称、书不书、先书故书、不言书曰之类，皆攸关或笔或削之书法。《左传》揭示"君子曰"，以发其微而阐其幽，此刘勰所谓"释经则与传注参体，辨史则与赞评齐行"者也。本书精选《君子论周郑交质》《君子论〈春秋〉五例》二文。《左传》"君子曰"，以发表已见诠释《春秋》，与以书法解释、以简捷判断传《春秋》，皆属于《左传》以义理解经之例，最近《公羊传》《谷梁传》之以义释经。（详参张高评《左传文韬》《〈左传〉史论之风格与作用》）

其二，阐发见解，揭示主张。《左传》多借时人之代言传达之，如本书所选《季札观乐论国风》《子产论尹何为邑》二文。其他见诸《左传》者，或品题人物成败，如石碏谏宠州吁、宁赢论阳处父不没、叔向论楚令尹不终、季文子论齐侯无礼、子罕论向戌去兵。或评论政治得失，如宫之奇谏假道、魏绛论和戎、晏婴论和同、子产论政宽猛、仲尼论名与器不可以假人、师旷论卫人出其君、郯子论以鸟名官、仲尼论晋铸刑鼎、吴公子光论七国同役不同心。或案断吉凶祸福，如群臣论献公以太子申生为将、叔向母论甚美必有甚恶、医和断晋侯之疾、叔向料楚灵王、子服惠伯论黄裳元吉、伍员谏许越成、伍员谏遗越患等是。

其三，臣下进谏君王，贵在能"抒下情而通讽谕"，其法在主文以谲谏，劝百而讽一。如此，用以解释疑难，说明事理，较易有功。本书精选《臧哀伯谏纳郜鼎》《楚申叔时谏县陈》二文，可作代表。其他见于《左传》，论说出于讽谕者，如郤缺讽赵孟归卫田、臧武仲讽季孙赏盗、晏婴讽谏繁刑、晏婴谏诛祝史、申无宇讽纳亡人、屠蒯谏晋侯、子革诗谏楚灵王、魏绛辞梗阳人等，可以互参。

十九、君子论周郑交质（隐公三年）

（一）原典

隐公三年，三月庚戌，天王崩。

〔传〕郑武公、庄公为平王卿士。王贰于虢，郑伯怨王。王曰："无之。"故周、郑交质。王子狐为质于郑，郑公子忽为质于周。

王崩，周人将畀虢公政。四月，郑祭足帅师取温之麦。秋，又取成周之禾。周、郑交恶。

君子曰："信不由中，质无益也。明恕而行，要之以礼，虽无有质，谁能间之？苟有明信，涧、溪、沼、沚之毛，苹、蘩、蕴、藻之菜，筐、筥、锜、釜之器，潢、污、行、潦之水，可荐于鬼神，可羞于王公；而况君子结二国之信，行之以礼，又焉用质？《风》有《采蘩》《采蘋》，《雅》有《行苇》《泂酌》，昭忠信也。"

（二）语译

《春秋》经记载：三月十二日，周平王逝世。

郑武公、郑庄公先后担任周平王的执政官。平王暗中又将朝政分托给西虢公，因此郑庄公埋怨周平王。平王说："没有这回事！"所以周朝和郑国双方交换人质。平王的儿子王子狐在郑国当人质；郑庄公的儿子公子忽在周朝当人质。

平王死后，周桓王想把政权托付给西虢公。四月，郑国的祭仲率兵拔掘践踏了温地的麦子。秋天，又径直入成周，割取了成周的谷子。周朝和郑国结下了仇恨，由交质而交恶。

君子对此评论说："（如果）诚意不是发自内心，即使交换人质也是没有用处的。如果设身处地真心诚意来办事，又用礼仪加以约束，虽然没有人质，又有谁能离间他们？假如确有诚意，即使是山沟、池塘里生长的野草，像蕴、藻这一类的野菜，一般的竹器和金属烹饪器，大大小小的积水和流水，都可以祭献给鬼神，进奉给王公。何况君子建立了两国的信约，按照礼仪行事，又哪里用得着人质？《国风》有《采蘩》《采蘋》，《大雅》有《行苇》《泂酌》这些诗篇，都是为了表明忠信的。"

（三）鉴赏

周平王东迁洛阳后，东周的统治范围只限于王畿部分，不再有号令天下的领导实权，实际上已与各诸侯国没有两样。《诗经》十五《国风》中，《王风》与各地歌谣等夷相待，可见其中消息。周天子地位的升降消长，陵夷如是，《左传》中有极客观真实反映的，就是《周郑交质》，以及《繻葛之战》。

隐公六年《左传》称："我周之东迁，晋郑焉依。"姬姓诸侯国，惟郑于王室为最亲，封地又近王畿，故郑武公为平王卿士。春秋初，齐晋未盛，郑国最强，然数凭凌小国。至郑庄公，志在称雄天下，恃强凌人，目无君王，取温之麦，取成周之禾，于是周郑由交质而交恶。隐公三年（公元前七二〇年），《春秋》只书"天王崩"三字，《左传》却叙"周郑交质""周郑交恶"始末。此即所谓"错经以合异""依经以辨理"之书法，补《经》所不及，可以与《春秋经》相发明。

"原始要终，本末悉昭"，为相传之古春秋记事成法。《左传》虽为编年纪事，然叙事传人也都体现本末始终。像郑庄公企图称雄天下，恃强凭凌小国，《左传》叙其事，书其伐卫、侵卫、伐宋、取戴、入许、战郎、战繻葛之始末，何异齐桓公、晋文公之创霸？于是桓公五年，《春秋》书"蔡人、卫人、陈人从王伐郑"，王师出征不书战，不书败；而《左传》叙其事，称"王以诸侯伐郑，郑伯御之"，于是周郑交质于繻葛，射王中肩，犹言不敢凌天子。以奸谋济险恶，罔顾君臣名分有如此者。清魏禧《左传经世钞》以为：《克段》篇，见郑庄公之不弟、囚母；《入许》篇，识庄公之狡狯多谋；《繻葛》篇，骇其射王、大逆。于是论断郑庄公为"千古奸人之尤"。

周郑交质，以至于周郑交恶的始末，《左传》叙事极简极要，借"君子曰"评论的交相映发，反而较为详尽。吴楚材《古文观止》称："通篇以信、礼二字作眼。平王欲退郑伯而不能退，欲进虢公而不敢进，乃用虚词欺饰，致行敌国质子之事。是不能处己以信，而驭下以礼矣！"由《左传》叙事看来，周天子已失去任用卿士的人事主导权；郑庄公之怨王，郑祭仲之帅师取麦、取禾，郑之目无君王，欺君太甚，可以想见。吴闿生《左传微》视属辞为书法，评论本篇说："周郑交质，周郑交恶，皆作者特创此等名词，不待词毕，而天子下威，郑伯不王，种种情事，固已毕露。"《左传》叙事，以"据事直书"传写事实，所谓"以叙事为议论"之笔法，《左传》已先《史记》发用之。《左传》以周、郑为二国，不仅见于"周郑交质""周郑交恶"之叙事，更凸显于"君子曰"之评论，所谓"君子结'二国'之信"，这是纪实写真之笔，微文讽刺，感慨自然见于言外。

林云铭《古文析义》卷一论本篇首段叙事，称："'贰'字'怨'字，俱在心地上看出，为下文'不由中'立案"；《左传》多"诛心之论"的《春秋》笔法，此其一；而且，贵在前后脉络一贯，"君子曰"对这"诛心之论"，也有绝佳的发挥。"君子曰"的笔法，采先总断后议论方式，议论又用反笔诘问法，颇见韵味。"苟有明信"以下四句，出以排比，文气浑厚。文末两引《风》《雅》，亦点题明确。

《左传》叙郑伯克段于鄢，见郑庄公之不悌、不孝。不悌、不孝之心扩张，于是而有周郑交质、周郑交恶不臣之情事。清高士奇《左传纪事本末》谓："郑庄公，春秋诸侯中枭雄之姿也。其阴谋忮忍，先自翦弟始，而后上及于王，下及于四邻与国。"天伦亲情都可以不顾，如何能恪遵政治伦理？持周郑交质、周郑交恶之书法，覆案郑庄公的行事风格，可谓若合符节。历代学者评价"周郑交质、周郑交恶"的属辞书法，大抵有三派的观点：第一，并称周、郑二国，君臣尊卑名分荡然。第二，周郑并称，据实直书，乃微言特笔。第三，不咎郑伯，专责周王，或独罪郑庄公，开脱周天子，或以为平书对敌，周郑皆罪。见仁见智，有如此者。要之，左氏特书交质、交恶，其中自有微辞隐义，是其所同。（详参张高评《郑庄公称雄天下与〈左传〉之叙事义法》，《古典文学知识》二〇二〇年第二期）

（四）评林

1. 周，天子也；郑，诸侯也。左氏叙平王、庄公之事，始以为周、郑交质，终以为周、郑交恶。并称周、郑，无尊卑之辨。不责郑之叛周，而责周之欺郑，左氏之罪亦大矣。（宋吕祖谦《东莱左氏博议》卷一）

2. （《左传》）书周、郑交恶曰："信不由中，质无益也。"是乃以天子诸侯混为一区，无复有上下等威之辨。（宋洪迈《容斋续笔》卷六《郑庄公》）

3. 先书曰"周郑交质"，便见交质全是平王无礼。书之曰"周郑交恶"，便见交恶全是郑庄无礼。然郑庄何足责？痛平王之不能以礼驭臣，而为祸极烈也。只看一章叙事，以周郑交质始，以周郑交恶终，可见。（清金圣叹《唱经堂左传释》）

4. 周之四月，夏二月也，麦尚未成。今言"取"，盖是帅师拔掘践踏之也。写郑庄之恶，不惟无君，直是异样惨毒，人法界中无此事。又书"温"、书"成周"者，四月犹温，秋则径入成周，其恶日更肆也。夫径入成周，则与摛君之袖而抽刃临之，又何以异？（清金圣叹《唱经堂左传释》）

5. 矍斋云：读《克段于鄢》，见郑庄公之无亲；读《周郑交质》，见郑庄公之无君。无君与亲，其无礼孰甚焉？君子于《许叔》篇："谓郑庄于是乎有礼"，不过反形其无礼云耳。（清金圣叹《唱经堂左传释》）

6. 从来文章家无实写之法。吾见文之最实者，无如《左氏·周郑交恶》传中，"涧溪沼沚之毛，苹蘩蕴藻之菜，筐筥锜釜之器，潢污行潦之水"，板板四句，凡下四四一十六字，可称大厌。而实者止为要反挑王子狐、公子忽，两家俱用所爱子弟为质，乃是不必。故言不过只采那涧溪沼沚中间之毛，唤作苹蘩蕴藻寻常之菜，盛于筐筥锜釜野人之器，注以潢污行潦不清之水，只要明信无欺，便可荐鬼神而羞王公。四句，不意乃是一句，四四一十六字，不意乃是一字，正是异样空灵排宕之笔。然后谛信：自古至今无限妙文，必无一字是实写，此言为更不诬也。（清金圣叹《贯华堂第六才子书西厢记》卷四《闹斋》）

7. 上下相要，爱子出质，君臣之分等于敌国。《左氏》直称"周郑"，盖深疾郑伯之不臣也。及虢公柄用，祭仲悍然称麦禾之戈，目中尚有天子耶？春秋世，诸侯放恣而用兵王室者，自郑庄始。灭理、犯分，甘举父祖之勤劳而尽弃之，悖已甚矣。（清高士奇《左传纪事本末》卷二）

8. 起句，名分秩然。后并称二国，则《黍离》降为《国风》之意耳。虽以周郑并称，却以王为主，君君而后臣臣也。看"王贰于虢"，"王曰无之"等句可见。（清冯李骅、陆浩同《左绣》卷一）

9.《春秋》恶交质，而君臣交质尤为奇变。王政虽衰，何

至于是？故《传》专咎平王，而郑不足责也。（清姜炳璋《读左补义》卷一）

10. 信，国之宝也。能信，君臣尝见其有礼。（周、郑）于是交疑而交质、交恶，直至交兵。始于不信，卒于无礼，无怪乎君子以"二国"目之，平列之曰"周郑"也。（清卢元昌《左传分国纂略》）

11. 交质，则君不君，臣不臣，无礼甚矣。无礼由于不信，故后半标出"礼"字为文中纲领，频呼叠应，以破却"质"字。短短篇幅，结构则纡郁回盘，气势则灏瀚汹涌，词采则浓郁缤纷。山不峻而云霞千重，水不阔而波涛万状，岂非奇绝？（清张昆崖《左传评林》）

12. 左氏之文，有夹叙夹议者，有叙次详、论断略者，又有叙次略、论断详者。结构变化，总非一法，一部《史记》不能出其范围。若此篇，所谓叙次略，而论断详者也。（清张昆崖《左传评林》）

13. 浦二田曰：两个"交"字见书法，不须赘论。而上替下陵，周弱郑逼，罪状的然。勿讶人议后，忘却名分一边。叙事既以文字寓断，入议单就质子发挥。此春秋质子之始，特驳之以见例，不贴周、郑说。（清邹美中《左传约编》）

14. 左氏不罪郑伯，专责周王者，恶威权之不立，致强臣之奸犯也。前从"礼"说到"信"，后从"信"说到"礼"，要紧尤在"明恕"。王曰"无之"，总是不能坦白直说，暗昧不明耳。（清周大璋《左传翼》）

15. 姚平山谓："一部《春秋》，最恶交质子，此传乃为二百四十二年交质子发例，非单论此一事。"是也。而或乃摭据二国，讥《左氏》不知有君臣上下之分，误矣！质以表信，然有信，正不必用质；质与信，是个敌头。篇中屡用"信"字驳"质"字，说"信"又说"明"，又曰"明恕"。天下忠信之人，光明坦白，毫无遮掩，正如洞开重门，我心人心皆得而见之。若奸伪不测人，城府未有不深密者。（清周大璋《左传翼》）

16. 一曰要之以礼，再曰行之以礼，盖王固无信，而上下之礼既失，则信愈不能终矣。人谓此篇论断，不知君臣之分，亦未悟其微辞也。或高一层翻人，或低一步衬起，正位只轻敲浅逗，遂得口口虚活。（清陈震《左传日知录》）

17. 后半议论，"信不由中"一断，是正笔。"明恕而行"一驳，是反笔。"苟有明信"一跌，是宾位。"而况君子"一转，入主位。结尾三句，是引证。文笔宕跌，风韵悠然。（清高塘《左传钞》）

18.《左氏》并书"周、郑"，见周至此已不复为周矣！此等处，正是《左氏》微辞。书法虽若与《经》相悖，而大义实则与《经》发明。后儒漫不深思，辄以此罪《左氏》，何谓邪？周既失天王之尊，与郑交质，则周之与郑俨然敌体。于是竟将周、郑写作一对。因周、郑一对，是《左氏》作意之笔，遂将通篇皆作对偶以渲染之。周、郑是本题一对，又将交恶与交质作一对。……通篇对偶俱是宾，只有周、郑一对是主。然而通篇无数对是真对，惟有周、郑一对却是假对，真是奇绝。孰谓《左氏》无意为文哉？（清刘继庄《左传快评》）

19. 通篇以"信""礼"二字作眼。平王欲退郑伯而不能退，欲进虢公而不敢进，乃用虚词欺饰。致行敌国质子之事，是不能处己以信，而驭下以礼矣。郑庄之不臣，平王致之也。曰"周郑"，曰"交质"，曰"二国"，寓讥刺于不言之中矣。（清吴楚材、吴调侯《古文观止》）

20. 因贰而质以示信，质而恶之不已。总由信不由中，而不能要之以礼所致。《左氏》借君子言作断，笔挟风霜，而词特整暇，所以为工。读前篇，见庄之不孝；读此篇，见庄之不臣。首录二传，以着《春秋》讨乱贼之大义。至若文章之错综变化，运用因心，《左传》实为古文鼻祖，即二篇亦可见其大概。（清汪基《古文喈凤新编》）

21. 宗尧云："此篇故为谬悠之论，而名分益显。"阎生案：若字涉及名分尊卑，则为死煞柱下矣。妙处，全在诙诡微至。意若曰苟振天王之威，以讨不庭，谁敢不服？何必以质为？其词故为深幻迂谬难识，此《左氏》全书极秘之旨，后世文家莫窥之奥也。重读"要之以礼"四字，其意自见。以"忠信"二字结煞，最妙。祸衅之成，由于郑不忠，而周不信也。引《采蘩》《行苇》诸诗，正以明天子诸侯之分际也。（吴闿生《左传微》卷一）

22. 紫阳朱氏谓："《左传》君子曰最无意思，如《周郑交质》之类，是何议论？"殊不知《左氏》最恶交质子，此乃为二百六十九年质子发例，非独论此一事也。即独论此一事，明恕以礼，上信下忠，乌有猜忌交质之事？且《采蘩》循法率职，《洞酌》恩如兄弟，皆与质子反映，何等婉切？若不求微意所在，而徒沾沾于名义，真死煞柱下矣。（韩席筹《左传分国集注》

卷一）

23.《左氏》工纪事，委婉深曲，多寄意于语言之外，读者不可徒滞拘于字句间也。宋儒或讥其昧于君臣上下之分，周郑互举，俨同敌国。殊不知纪事以实书为体，周忘天子之尊，质子强侯；郑忘伯男之卑，上质王庭，浸假而易田夺政，六师亲讨；浸假而不朝抗御，射王中肩。上陵下替，毫无君臣之分。史既载之，左氏安得不据实书之？不书，是为周讳而为郑隐也，何所惩劝哉？（韩席筹《左传分国集注》卷一）

二十、臧哀伯谏纳郜鼎（桓公二年）

（一）原典

桓公二年：夏四月，取郜大鼎于宋。戊申，纳于大庙。

〔传〕夏四月，取郜大鼎于宋。戊申，纳于太庙，非礼也。

臧哀伯谏曰："君人者，将昭德塞违，以临照百官，犹惧或失之，故昭令德以示子孙：是以清庙茅屋，大路越席，大羹不致，粢食不凿，昭其俭也。衮、冕、黻、珽，带、裳、幅、舄，衡、纮、紞、綖，昭其度也。藻、率、鞞、鞛，鞶、厉、游、缨，昭其数也。火、龙、黼、黻，昭其文也。五色比象，昭其物也。锡、鸾、和、铃，昭其声也。三辰旂旗，昭其明也。夫德，俭而有度，登降有数，文、物以纪之，声、明以发之，以临照百官。百官于是乎戒惧，而不敢易纪律。今灭德立违，而寘其赂器于太庙，以明示百官。百官象之，其又何诛焉？国家之败，由官邪也。官之失德，宠赂章也。郜鼎在庙，章孰甚焉？武王克商，迁九鼎于雒邑，义士犹或非之，而况将昭违乱之赂器于太庙，其若之何？"公不听。

周内史闻之，曰："臧孙达其有后于鲁乎！君违，不忘谏之以德。"

（二）语译

夏季，四月，桓公从宋国取来了郜国的大鼎。初九日，把大鼎安放在太庙里。郜大鼎，是收受华督贿赂的赃物，所以，这件事不符合礼制。

臧哀伯劝阻说："作为人君，要发扬美德而阻塞邪恶，来监视百官，（以作为百官的表率。）即使这样，仍然担心有所失误，所以显扬美德以示范于后代子孙。因此太庙用茅草盖屋顶，祭天的车用蒲草席作铺垫，肉汁不加调料，主食不吃舂过两次的精米，这是为了表示节俭。礼服、礼帽、蔽膝、玉笏（大圭）、腰带、裙子、绑腿、鞋子、横簪、瑱绳、冠系、冠布，都各有规定，用来表示衣冠制度。玉垫、佩巾、刀鞘、鞘饰、革带、带饰、飘带、马鞍，各级多少不同，用来表示各个等级规定的数量。画火、画龙、绣黼、绣黻，这都是为了表示文饰。青、黄、红、白、黑五种颜色绘出各种形象，这都是为了表示色彩。锡铃、鸾铃、衡铃、旗铃，这都是为了表示声音。画有日、月、星的旌旗，这是为了表示明亮。行为的准则应当节俭而有制度，增减也有一定的数量，用文饰、色彩来记录它，用声音、明亮来发扬它，以此向文武百官作明显的表示。百官才有警戒和畏惧，不敢违反纪律。现在陛下毁灭善德，支持邪恶，把受贿的器物放在太庙里，公然做出坏榜样给百官看，百官也模仿这种行为，还能惩罚谁呢？国家的衰败，由于官吏的邪恶。官吏的失德，由于受宠又公开贿赂。郜鼎放在太庙里，还有比这更明显的贿赂吗？周武王打败商朝，把九鼎运到洛邑，当时的义士（像伯夷、叔齐等人）还有人认为他不对。更何况把表明邪恶，显然叛乱的贿赂器物放在太庙里，这怎么可以呢？"桓公不听。

周朝的内史听说了这件事，就评论说："臧孙达的后代，在鲁国可能享有禄位吧！国君违背礼制，他没有忘记以道德来劝阻。"

（三）鉴赏

孔子《春秋》之书法，大抵常事、合礼不书；非常、违礼乃书。桓公二年《春秋》书"取郜大鼎于宋，纳于大庙"，《左传》依经以辩理，释之曰："非礼也！"即是显例。宋胡安国《春秋传》说之曰："取者，得非其有之称。纳者，不受而强致之谓。"由《春秋》《左传》《胡氏传》之书法，取郜大鼎，纳于大庙之是非曲直，已大体可知。

桓公二年春，宋华督杀孔父而取其妻，遂弑殇公。鲁桓公会于稷，华督以郜大鼎赂公，齐、陈、郑皆有赂，以求树立华氏之政权。弑君之贼，人人得而诛之；鲁不能致讨，却接受其赂器，公开将赂器安放在大庙之中。是以灭德立违的赃物明示百官，故臧哀伯谏说君王，期期以为不可。

鲁桓公以弟杀兄，以臣弑君，可谓鲁国的乱臣贼子，为《春秋》所当口诛笔伐之罪人。如今不仅道德毁灭，又册命奸邪违命的弑君贼华督为鲁相，以至于将华督贿赂之赃物——郜大鼎，公开陈列于周公祖庙。桓公此种"灭德立违"的行径，不仅不畏祖宗，而且不畏百官、不畏清议。因此，臧哀伯劝勉桓公昭德塞违，当然是对牛弹琴，无动于衷。

谏词的后半段，臧哀伯直言讽刺桓公"灭德立违，而寘其赂器于大庙"，口诛笔伐，提明劝谏之意，忠言逆耳，道德勇气十足。周内史褒扬哀伯，所谓"君违，不忘谏之以德"；称扬哀伯处，正是深责桓公；通篇文章，正以"君违"二字作眼目，而借周内史之赞作收结，显豁之至。而且，臧僖伯谏隐公观鱼（隐公五年），其子哀伯谏桓公纳鼎，积善之家，必有余庆，故周内史预言其"有后"，当然不是凿空乱道。其后，鲁诸大夫间，享有世禄最久者，果然是臧氏。鲁哀公晚年，尚有子孙为将，可为明证。

就《臧哀伯谏纳郜鼎》的内容来看，全文可分为两截：前半正面立说，劝勉桓公"昭德塞违"；后半反面立论，讽刺桓公"灭德立违"。林纾《左传撷华》推崇《左传》文学之美不胜收："然以大势论之，实得一偶字法。何云偶？每举一事，必有对也。"本篇结构，即是一正一反之偶对法：正笔直达，便于断案；反笔开拓，便于畅写，正反翻应，主题意象遂醒豁浮现。其中，"昭德"与"塞违"，"灭德"与"立德"，古艳高华，光怪陆离，极尽酣畅淋漓之能事，而"塞违"之意自然隐含其中。后半截之"灭德""立违"，亦并举；详写"灭德"之主意，而"立违"自然概括在内。其中笔法之详略轻重，当然跟宾笔或主意之表现有关。对比叙事，固《左传》比事属辞之常法。

就后世之文体分类学而言，《臧哀伯谏纳郜鼎》文章整练，颇富于骈行的语气。若整齐的句式，排比的手法，铺陈的气势皆是。如说君人之昭德塞违，铺陈"昭其俭也""昭其度也""昭其数也"三组排比句；外加"昭其文也""昭其物也""昭其声也""昭其明也"四组排比句，整齐句法有参差，凝练中不失流动之美。吴闿生《左传微》评此篇："意有所注，而词采特泛滥为奇，极汪洋恣肆之观。"后世辞赋之摛藻铺陈，已发祥于此。

《左传》一书，每有褒贬，多假孔子时贤或君子之言，作为论断，像本篇褒美臧哀伯，及贬刺鲁桓公即是一例。这种体例，后来发展为《史记》的"太史公曰"，《汉书》的"赞曰"，以及诸史之论赞，形成非常独特的历史评论。欲知其详，可以参考刘知几的《史通·论赞》。论赞的源头，就是《左传》的"君子曰"，以及孔子时贤对历史人物或历史事件的评论。（参考张高评《左传之文韬·左传史论的风格与作用》）

（四）评林

1. 取者，得非其有之称。纳者，不受而强致之谓。弑逆之贼，不能致讨，而受其赂器，寘于大庙，以明示百官，是教之习为夷狄禽兽之行也。公子牙、庆父、仲遂、意如之恶，又何诛焉？（宋胡安国《春秋传》、宋真德秀《文章正宗》）

2. 汪道昆曰："议论能品，'清庙'以下，章法。穆文熙曰：华督弑殇公，以郜鼎赂鲁。桓公会诸侯，立督以成宋乱，不义甚矣。故臧孙谓之灭德立违，可谓切当。且其寘鼎庙中，周公、

鲁公其谓之何？悖逆若此，宜有彭生之祸。"（明穆文熙《左传钞评》）

3.文有借景生情之法。此文以"德""违"二字作眼，立违为主，昭德为宾。清庙种种，宾也；赂鼎，主也。宾，则不厌其详；主，则止于一句。非借景生情之法乎？（清王源《左传评》卷一）

4."明示百官，百官象之"数语，固哀伯进言之要，而作者精神不在此也。不在此，将何在？曰：在宾主离合之际耳。宾主离合，章法也。章法所在，可为"百官"数语所眩乎？（清王源《左传评》卷一）

5.前以清庙种种陪一鼎，奇矣！后又陪之以九鼎，更奇！清庙种种，德也；郜鼎，违也。而九鼎在"德""违"之间。宾邪？主邪？以之作结，岂不奇邪？（清王源《左传评》卷一）

6.此篇略叙事而详议论。起手只一笔点过，下以议论代叙事，末以断臧孙者断桓公。桓本弑君之贼，臧孙借题发挥，结处竟将"违"字移在君分中。此作者之绵里针也已！（清冯李骅、陆浩同《左绣》卷二）

7.（《春秋》书）"三月，公会齐侯、陈侯、郑伯于稷，以成宋乱。四月，取郜大鼎于宋。戊申，纳于大庙。"夫行赂自宋，而书取者，本为会以成宋乱，乃得鼎，即罢而归。兹行，特取鼎于宋而已，且纳之大庙。此虽三尺童子，亦知其非礼矣。故开口即便断其非礼，而后叙哀伯之谏也。（清刘继庄《左传快评》）

8.庇乱人而取其赂，违之大者也。通篇主意，只重"塞违"。

而"塞违"之本，全在"昭德"。起手提出"昭令德以示子孙"一句，便已见违之当塞。以下从"昭德"落到"塞违"，说昭德则用正言，说塞违则言违之不可训，而当塞之意自见。宾主部分，秩然分明。其文藻丽，自足照耀千古。一结，苍老古劲，余韵不穷，尤见左氏本色。（清孙琮《山晓阁左传选》）

9. 宋华督弑君，故桓会诸侯于稷，以成宋乱。继而纳赂欲立华氏，义始利终，奖乱海恶。书称"成宋乱"，不书立华氏，信乎犹为有隐乎尔！大抵人各有党，事必有端。督弑君，桓弑兄，从其类也。始纳华赂，继纳三叛人，为之兆也。《传》曰"取"，以著桓之贪。纵不赂，而桓之心耽耽乎此云尔。（清卢元昌《左传分国纂略》）

10. 前半正叙，却泛论道理。后半反转，方直刺时事。大开大阖之文。前半巨丽端凝，文成台阁。后半危悚严厉，字挟风霜。结处借局外人语煞局中人事，《左氏》多用此法。（清张昆崖《左传评林》）

11. 弑君之赂不可纳，"纳于大庙"，其若周公何？提明此意，令公毛骨俱悚。君于百官，有许多正大道理维持防闲，百官才知戒惧。今一概灭去，明示以赂，如何了得？俞宁世谓："篇中七德，俱切太庙内事，不是泛常铺设。"愚谓：本文虽以昭违乱之赂器于太庙为主，然"昭德塞违"说来，正自阔大，不专从太庙索解。但将此赂器实于太庙，尤足见宠赂之章耳。（清周大璋《左传翼》）

12. 题只"纳鼎"耳，却不说出"鼎"字，偏从"昭德"上写照。层层比物，暗映"鼎"字，有剑匣灯帏之妙。及转入正位，露出"赂器"二字。又一留住作倒缴势，急赶出"郜鼎在庙"四字，益觉鼓动。所谓注意处，十分踌躇者是也。（清盛谟《于埜左氏录》）

13. 劈头将"昭德塞违"四字提纲，而"塞违"全在"昭德"处见。故中间节节将"昭"字分疏，见庙堂中何一非令德所在？则大庙容不得违乱赂鼎可知。后复将"塞违"意分作三样写法，以冀君之一悟而出鼎，故曰"不忘"。（清吴楚材、吴调侯《古文观止》）

14. 先大夫（吴汝纶）曰：桓、宣，皆弑立。《左氏》载哀伯此书，及《季文子逐莒仆》书，用意绝微至。（吴闿生《左传微》卷一）

15. 意有所注，而词采特泛滥为奇，极汪洋恣肆之观。此三代古文字之所以盛也。自李斯《谏逐客》后，马、扬别为赋家，六朝以靡弱承之，文士能为此体者遂尠。欧、苏以下，一洗酝郁，而为率易之词，文乃日趋于质矣。（吴闿生《左传微》卷一）

二十一、楚申叔时谏县陈（宣公十一年）

（一）原典

宣公十年，癸巳，陈夏征舒弑其君平国。

宣公十一年：冬十月，楚人杀陈夏征舒。丁亥，楚子入陈。纳公孙宁、仪行父于陈。

〔传〕（宣公十一年）冬，楚子为陈夏氏乱故，伐陈。谓陈人："无动！将讨于少西氏。"遂入陈，杀夏征舒，辕诸栗门，因县陈。陈侯在晋。

申叔时使于齐，反，复命而退。王使让之曰："夏征舒为不道，弑其君，寡人以诸侯讨而戮之。诸侯、县公皆庆寡人，女独不庆寡人，何故？"对曰："犹可辞乎？"王曰："可哉！"

曰："夏征舒弑其君，其罪大矣；讨而戮之，君之义也。抑人亦有言曰：'牵牛以蹊人之田，而夺之牛。'牵牛以蹊者，信有罪矣；而夺之牛，罚已重矣。诸侯之从也，曰讨有罪也。今县陈，贪其富也。以讨召诸侯，而以贪归之，无乃不可乎？"

王曰："善哉！吾未之闻也。反之，可乎？"对曰："可哉！吾侪小人所谓'取诸其怀而与之'也。"

乃复封陈。乡取一人焉以归，谓之夏州。故书曰："楚子入陈，纳公孙宁、仪行父于陈。"书有礼也。

（二）语译

宣公十一年冬天，楚人杀了陈国大夫夏征舒。十月十一日，楚庄王率军进入陈国，接纳流亡的大夫公孙宁、仪行父，回到陈国。

〔传〕宣公十一年冬季，楚庄王由于陈国夏征舒作乱，弑杀其君王的缘故，进攻陈国。对陈国人说："不要震惊恐惧！我将要讨伐弑君之贼少西氏。"军队就进入了陈国，杀了夏征舒。在栗门，将他五马分尸。顺势而为，就把陈国设置成楚国的一个县。这时，陈成公朝于晋，不在陈国。

申叔时出使齐国，回国，向楚庄王复了命，接着就告退了。楚庄王派人责备他说："夏征舒无道，弑死他的国君。我带领诸侯联军讨伐而杀了他，诸侯和县公都庆贺寡人，只有你不庆贺寡人，这是什么缘故？"申叔时回答说："还可以申说理由吗？"楚庄王说："可以呀！"

申叔时说："夏征舒弑死他的国君，他的罪恶是很大了！讨伐弑君之贼而杀了他，这是君王所应当做的事。不过人们也有话说：'牵牛践踏别人的田地，就把他的牛夺过来。'牵牛践踏田地的人，肯定是有过错的了；但夺走他的牛，惩罚就太重了。诸侯跟从君王，号称讨伐有罪的人。现在把陈国设置成县，这就是贪图一国的富有。以伐罪为名号召诸侯，却以贪婪来告终，恐怕不可以吧！"

楚庄王说："好啊！我没有听说过这些话。归还陈国的土地，可以吗？"申叔时回答说："这就是我们这一班小人所说的：'从怀里拿出来给他'呀！"于是，楚庄王重新归还陈国政权，从每个乡带一个人回楚国，集中住在一处，称为夏州。所以《春秋》记载说："楚子入陈，纳公孙宁、仪行父于陈"，这是表扬这一举动合于礼。

（三）鉴赏

汉桓谭《新论》云："《左氏传》于经，犹衣之表里，相待而成。经而无传，使圣人闭门思之，十年不能知也。"中唐新《春秋》学派啖助，论三传得失，亦称扬《左氏》，以为"博采诸家，叙事尤备。能令百代之下，颇见本末。因以求意，经文可知。"故比之《二传》，其功最高。（唐陆淳《春秋集传纂例》卷一）桓谭、啖助之说，可以印证《汉书·艺文志》所云："丘明论本事而作传，明夫子不以空言说经也。"《春秋》《左传》之相互表里，相得益彰有如此者。

《左传》之经学价值，主要在以历史叙事诠释《春秋》经，与《公羊传》《谷梁传》主要在以义理解经不同。唐初刘知几《史通·申左》谓《左氏》之义有三长，其二曰："丘明既躬为太史，博总群书。其《传》广包它国，每事皆详。"《左传》长于叙事，有利于以史传经之发用。宋末元初家铉翁著《春秋集传详说》，《评三传下》称《左传》："有经著其略，传纪其详；经举其初，传述其终。虽未能尽得圣人褒贬意，而《春秋》二百四十二年之行事，恃之以传。何可废也？"

《左传》与《春秋》，彼此可以相互发明。《春秋》书法之解读，有赖《左传》历史叙事之发明。宋程颐研治《春秋》，曾揭示二大纲领：一曰"传为案，经为断"；二曰"以《传》考《经》之事迹，以《经》别《传》之真伪。"如果研治《春秋》，不取《左传》之叙事，那么《春秋》断案，将如射覆猜谜，近似王安所云"断烂朝报"！《四库全书总目·春秋类》云："汉晋以来，借《左氏》以知经义；宋元以后，更借《左氏》以杜臆说矣。"此之谓也。（详见张高评《程颐〈春秋传〉及其〈春秋〉诠释学》）

试观《左传》《申叔时谏县陈》之历史叙事，有助于解读《春秋》宣公十一年先书："冬十月，楚人杀陈夏征舒"；后书"丁亥，楚子入陈"之所以然。依情度理，征伐之时程叙述，理当先叙楚庄王"入"陈，而后能"杀"弑君之贼夏征舒；《春秋》却先书"杀"夏征舒，后书"入"陈。所以如此书者，其书法盖涉及不可以书见之微辞隐义。益信桓谭、班固、刘知几、啖助、程颐、家铉翁、《四库全书》馆臣诸家之论说，《左传》与《春秋》确实相互表里，可以相得益彰，固信而有征矣。

1. 楚庄王伐陈、入陈、县陈、封陈之始末

夏姬，为郑穆公之女，陈大夫御叔之妻。生夏南（即夏征舒），而御叔早死。夏姬天生丽质，为春秋一代美妇人。由于姿色美艳，引发陈、楚二国君臣之明争暗斗、生死抢夺。夏姬致命之魅力，《左传》所谓"夭子蛮、杀御叔、弑灵侯、戮夏南、

出孔宁、丧陈国"，世以为不祥之人。总之，夏姬已背负"杀三夫、一君、一子，而亡一国、两卿"之罪名。实则，夏姬亦身不由己，颠沛流离，周旋于陈、楚公卿大夫之间，亦良难矣！

事件之发端，在宣公九年，《左传》记载："陈灵公与孔宁、仪行父通于夏姬，皆衷其衵服以戏于朝。"君臣三人狼狈为奸，和夏姬通奸，恬不为耻，三人还穿着夏姬贴身的汗衫，在朝廷上嬉闹玩笑。泄冶进谏劝导，二人要求杀了他，灵公未加禁止，于是孔宁、仪行父就杀死了泄冶。宣公十年，陈灵公和孔宁、仪行父在夏征舒家喝酒。灵公对仪行父说："征舒长得像你！"仪行父回答说："也像君王啊！"听了这些话，夏征舒怀恨在心。灵公外出，夏征舒从马房里用箭射死了灵公。孔宁、仪行父逃亡到楚国。

陈灵公淫于夏征舒之母夏姬，朝朝暮暮往来于夏氏之邑。《诗经·陈风》有《株林》一诗，讽谕其事。诗云："胡为乎株林？从夏南！匪适株林，从夏南！驾我乘马，说于株野。乘我乘驹，朝食于株！"宋朱熹《诗集传》释之曰："陈之乱，至于《株林》而极，于是有楚入陈之祸。楚非能入陈也，夏姬实召之也。此所谓女戎也。"清牛运震《诗志》评赏此诗："不曰'从夏南之母'，而曰'从夏南'，为尊者讳之也。"《株林》诗，不直斥所从之人为夏姬，但称其子之名夏南；不指陈灵公，但言其所至之地株林。温柔敦厚之《诗》教，与《春秋》书法之为尊者讳，有异曲同工之妙。

宣公十年，《春秋》书"陈夏征舒弑其君平国"。一夕之间，心怀愤懑之夏征舒，成为弑杀君王之罪人。《周礼·夏官·大司马》有九伐之法，以正邦国，其七曰"放弑其君则残之"，谓弑君之贼，普天之下人人得而诛之。于是楚庄王以夷狄之君，假讨伐弑君之贼夏征舒为名，公然出兵陈国。《左传》宣公十一年"楚子为陈夏氏乱故，伐陈"，即为此一事件之开端。接续之事态发展，产生巨大转折，《左传》要言不烦叙之曰："谓陈人：'无动！将讨于少西氏。'遂入陈，杀夏征舒，轘诸栗门，因县陈。陈侯在晋。"伐陈、入陈、县陈，成为楚庄王实现政治野心之三部曲。

此时，有楚臣申叔时谏县陈，辞令出以讽谕，楚庄王接纳劝谏，因申叔时之言而改变意图。本欲"县陈"，顺比滑泽，遂顿转而为"封陈"矣。不过，《左传》之叙事，于"乃复封陈"以下，记述楚庄王"乡取一人焉以归，谓之夏州"，以此为战利品，侵略者之贪婪，显然已暴露无遗。宋家铉翁《春秋集传详说》卷十六所谓："楚之入陈，乃逐利之师，非讨逆之师也。"此言得之。

2. 申叔时谏县陈，妙在义利之判，名实之辨

以征讨弑君之贼为名义，楚庄王兵遂入陈国。《左传》叙其事云："楚子为陈夏氏乱故，伐陈。谓陈人：'无动！将讨于少西氏。'遂入陈，杀夏征舒，轘诸栗门，因县陈。"据《春秋》书例："遂者，继事之辞。"《春秋》诸所谓遂者，其本意皆不在前事，而皆踵前事而加甚之，先儒谓有归重之意。《左氏》传《春秋》，亦发皇其书法。所谓"遂入陈"者，其命意本不在"讨于少西氏"，著一"遂"字，则属辞指义已归重于"踵前事而加甚之"之"入陈""县陈"矣。一字可以见褒贬，《春

秋》《左传》之谨严，于此见之。

《左传》述楚庄王"因县陈"之后，补叙"陈侯在晋"一句，戛然而止。虽只四字之补叙，而想象空间极大。此乃左氏论断之语，然以叙事句出之，此即清顾炎武《日知录》卷二十六所谓"于序事中寓论断"之法。楚庄王伐陈、入陈之企图，自以"县陈"为终极目标；不过，伐陈、入陈之际，陈侯（成公）出奔，适在晋国。晋为中原霸主，有可能率领诸侯，与陈人里应外合，纳其故君陈侯。苟如是，则楚终不能有陈矣。楚庄王在伐陈、入陈之后，为防万一，先下手为强，自以"县陈"为当务之急，为剑及履及之政治措施。清邹美中《左传约编》称："楚庄不于辰陵之盟召征舒而戮之，乃逾三时而始兴师问罪，何哉？则以陈侯复朝晋故也。"由此观之，楚庄王外托讨贼之义，内实怀县陈之心，名实不符、义利混同，真一代之奸雄哉！

相机行事，待时进言，为《左传》所载辞令、《史记·滑稽列传》所叙谈说，臣下应对君上之常用策略。城濮之战前夕，子文传政于子玉，蒍贾不贺，待子文诘问而后言。所谓时然后言，人不厌其言。楚庄王伐陈、入陈，正踌躇满志，不可一世之际，若进言强谏，将拂逆意兴；纵为忠言，亦嫌逆耳。因此，申叔时使齐反国复命不言，必待楚庄王诘问，乃得尽言，此古人进言之法。其谈说说服之道有二：或就其辞而入之，或反其辞而折之。申叔时之进谏，首先就楚庄王之责备："夏征舒为不道，弑其君"云云，进行切题之回应，盖选用"就其辞而入之"之策略。

臣下应对君王之初步，在先取得发言之许可权，然后能侃侃而谈。申叔时进谏君王，妙在比喻；楚庄王之回复，亦善用比喻。楚庄王之伐陈、入陈，申叔时以牵牛蹊田为喻："牵牛以蹊者，信有罪矣；而夺之牛，罚已重矣。"夏征舒弑君，故"入陈"讨有罪；如今以陈国为县治，就是贪图一国的财富；犹如"牵牛蹊田，而夺之牛"。以征讨不义号召诸侯，却以贪图土地之利告终，天下之人皆知其不可为。伐陈之初衷，为讨贼，为仁义；继而入陈、县陈，却以取其国富、贪其地利告终。名而违实、利以假义，凡人而知其不可，何况楚庄王之英杰？前文载：王曰"可哉！"见王能虚受谏言；今再记王言："反之，可乎？"见庄王闻过能悟、能速改。于是庄王"乃复封陈"。《孔子家语》《好生》篇称：孔子读史，至楚复陈，喟然叹曰："贤哉楚王！轻千乘之国，而重一言之信。"此之谓也。

初，楚子伐陈，实存县陈之心，闻申叔时讽谏，而遂改志，于是以讨罪成名。唐陆淳《春秋微旨》卷中，引啖助之言曰："楚子之讨征舒，正也。故书曰人，许其行义也。入人之国，又纳淫乱之臣，邪也。故明书其爵，以示非正。《春秋》之义，彰善瘅恶，纤介无遗，指事原情，瑕瑜不掩，斯之谓也。"北宋张大亨《春秋通训》以为：《春秋》书"杀征舒"于前，盖不使终县陈之恶。书"入陈"于后，盖不使全讨罪之美也。《春秋》书法如此，所谓名是而实非，始邪而终正；乃恶恶疾其始，善善乐其终之义也。宋高闶《春秋集注》，亦有近似之论，以名实、是非、始终、邪正论楚庄王。张大亨、高闶持是非、邪正之道德尺度，以论断楚庄王，其说盖本中唐啖助之以正邪、善恶论楚子。百虑而一致，殊途而同归。

宋家铉翁《春秋集传详说》，则以义利之辨、信诈之分，论楚子入陈："楚庄以诸侯之师伐陈……《春秋》书杀、书入、书纳，不与楚以讨贼之义也。……楚庄有意为陈讨贼，即辰陵之会，召征舒而戮之，陈无事矣。乃于既盟之后，遽兴掩袭之，师入陈而遂县之。仗义以济利，假信以行诈，此《春秋》之所其恶也。幸而从申叔之言，事弗获逞。……故曰：楚之入陈，乃逐利之师，非讨逆之师也。"（卷十六）"仗义以济利，假信以行诈"二语，可作楚庄王人格之定评；"乃逐利之师，非讨逆之师"二语，堪为楚子入陈事件之论断。

宋张洽《春秋集注》，论楚子之伐陈、入陈、县陈、封陈，则关注义利、公私、善恶，揣摩孔子《春秋》之义，以断其功罪："楚庄怀夷狄贪婪之心，而尚能以义自克，故封陈而不取。然见善不明，而非有改过不吝之公心，所以虽封陈而终宥陈之乱臣，复纳诸国。圣人予善之弘，待人之公，先旌其讨贼之义，然后著其入陈，且纳乱臣之罪。使楚庄之善恶功罪，显然明白。"（卷六）以为此一书法，非圣人孰能修之？清姜炳璋《读左补义》卷十八，亦评价楚子入陈杀贼事，以为"讨贼者，其名；讨贰者，其实，而因以利之耳"。讨伐弑贼，其名，义也；实则楚子志在讨贰，灭之县之，因以为利耳。此亦名实之判，义利之辨，诠释《春秋》，又是一法。

清冯李骅、陆浩同《左绣》评《楚申叔时谏县陈》云："此是《左氏》第一首讽谏文字。看他全借譬喻簸弄，生姿作态，风趣无穷。"譬喻之道，在以人之所知，喻其不知，而使人知之。变陌生为熟悉，化模糊为清晰，使难言者易晓，空泛者切于实际，所谓劝百而讽一，往往用之。《左传》如《子产论尹何为邑》一篇，最称博喻名篇。《楚申叔时谏县陈》，亦称讽谏之上乘，申叔时一番说服术，伐陈、入陈、县陈、封陈，面面俱到，已囊括其中。文短而意长，可谓芥子中见须弥山矣。清徐乾学《古文渊鉴》称："蹊田之喻，妙在切直；取怀而与之喻，妙在轻隽。"二喻就近取譬，妙趣横生。清方宗诚《春秋左传文法读本》，评《楚申叔时谏县陈》，以为历经弑君，讨戮，抑人有言曰，牵牛夺牛，四番喻体喻依之交织腾挪，然后才入正面，讽喻何等委婉曲折！同时揭示抑扬、宾主、喻正诸法，所谓欲抑先扬，先喻后正，先宾后主，极顿挫之致。收句不说煞，何等委婉！以为"前段得古人匡救君恶之意，后段得古人将顺君善之意"。所以能感动人君，可作为进谏之法。

　　《左传》于篇末，复述《春秋》所书："楚子入陈，纳公孙宁、仪行父于陈。"以为"书有礼也"，明是正言若反、诡辞谬称。"楚子入陈"，名为讨弑，实则贪地；以义始，而以利终，何礼之有哉？公孙宁、仪行父，狼狈为奸，助纣为虐，陷君于弑之小人也，而楚庄王接纳之，此而可谓之有礼乎？程颐《春秋传》曰："致乱之臣，国所不容也，故书纳"，得之矣。《公羊传》宣公十一年论《春秋》书"楚人杀陈夏征舒"笔法，有所谓"实与而文不与"者，此之谓也。不意《左传》以简洁判断解释《春秋》经，其正言若反、诡辞谬称，即近似"实与而文不与"之书法。观《左传》叙事，于"复封"为名之后，犹"乡取一人焉以归，谓之夏州"，其不忘取陈以旌功，可以想见矣。

3.《春秋》先书"杀",后书"入",及其微辞隐义

《春秋》宣公十年:"癸巳,陈夏征舒弑其君平国。冬十月,楚人杀陈夏征舒。丁亥,楚子入陈。纳公孙宁、仪行父于陈。"宋家铉翁《春秋集传详说》卷十六释其书法曰:"楚庄以诸侯之师伐陈……《春秋》书杀、书入、书纳,不与楚以讨贼之义也。"换言之,孔子《春秋》"不与楚以讨贼之义",体现于书杀、书入、书纳之书法上。

以诛杀弑君之贼为名,楚庄王率诸侯之师入陈。《春秋》书:"冬十月,楚人杀陈夏征舒。丁亥,楚子入陈。"《左传》称:"遂入陈,杀夏征舒,辕诸栗门。"《春秋》所称楚人,实指楚子、楚庄王其人。不称楚子(楚庄王),而称楚人,弑君之贼,触犯九伐之法,人人得而诛之,故《春秋》称人以弑。宋陈傅良《春秋后传》卷七曰:"《春秋》之法,惟讨贼不以内外贵贱,恒称人。……惟讨贼讫春秋称人,以是为国人杀之也。"宋赵鹏飞《春秋经筌》卷九亦谓:"书子、书入,若仗义之举,恕其心也。"此一说也。

严夷夏之防,明内外之分际,为《春秋》之所重。陈夏征舒弑其君,本为华夏中原之内事,然而"内而齐、晋不问,近而宋、郑不讨",为之奈何? 弑君之贼,既人人得而杀之。于是楚庄王得以夷狄之君,以诛罪为名,假义以得利,借公而徇私,堂皇入陈杀弑君之贼。楚以夷狄而正征舒之罪,《春秋》遂以讨贼之辞予之,此又一说。《春秋公羊传》另有别解,其言曰:

"冬，十月，楚人杀陈夏征舒。"此楚子也，其称人何？贬。曷为贬？不与外讨也。不与外讨者，因其讨乎外而不与也，虽内讨亦不与也。曷为不与？实与而文不与。文曷为不与？诸侯之义，不得专讨也。诸侯之义不得专讨，则其曰实与之何？上无天子，下无方伯，天下诸侯有为无道者，臣弑君，子弑父，力能讨之，则讨之可也。（《公羊传》宣公十一年）

《春秋》书楚"人"，宋赵鹏飞《春秋经筌》谓："以杀贼讨贼之辞也。圣人与楚，则其责中国重矣。"征伐叛逆，本周天子之权责，故《公羊传》称："虽诸侯方伯，亦不得专讨。"于是，"不与外讨"，亦理所当然。但时至如今，"上无天子，下无方伯"，天下诸侯有为无道者，奈何？退而求其次，"力能讨之，则讨之可也"，可以无分夷狄、内外矣！《公羊传》提出"实与而文不与"之书法，盖迫于春秋形势，不得已而言之。宋家铉翁《春秋集传详说》卷十六称："《春秋》书杀、书入、书纳，不与楚以讨贼之义也。"说与《公羊传》近似，可以相得益彰。

这段《春秋》书法，宋程颐《春秋传》解读，十分言简意赅："人，众辞。大恶，众所欲诛也。诛其罪，义也。取其国，恶也。入者，不受而强之也。致乱之臣，国所不容，故书纳。"训释"楚人杀"，大抵不出《公羊》之义。"诛其罪，义也；取其国，恶也"，则明指义与利之分际。而所谓"致乱之臣，国所不容，故书纳"者，《春秋》常事、合礼不书，违礼、非常乃书。公孙宁、仪行父，与君淫昏，陷君于弑，致乱之罪人也，故书

"纳"，讥楚子不宜纳奸邪也。二子书名，而不系之陈，则是二子当绝于陈。今纳陈之所绝，所以著楚子之失也。《左传》襄公十三年："弗地曰入"，杜预《注》："胜其国邑，不有其地也。"宋叶梦得《春秋传》："诸侯以强凌弱，众暴寡，而后有入人之国者。凡入之志，皆恶也。"与《胡氏传》释"入"，可以相互发明。要之，楚庄入陈而已，其实未尝灭陈，《春秋》书"入陈"，亦实录也。

楚子须先入陈，然后能杀夏征舒、纳二子。而《春秋》书楚子入陈，乃在杀征舒之后。先后序列异常，是否寓含《春秋》特笔昭义之书法？《春秋》叙此事件云："冬十月，楚人杀陈夏征舒。丁亥，楚子入陈。纳公孙宁、仪行父于陈。"先书"杀"，后书"入"，《春秋》序列错置如此，显然与《左传》不同。如此书法，是否有微言大义？《春秋》学者于此，多有论说，如晋杜预《春秋经传集解》、宋苏辙《春秋集解》云：

> 楚子先杀征舒，而欲县陈；后得申叔时谏，乃复封陈。不有其地，故书"入"，在杀征舒之后也。（晋杜预《春秋经传集解》，日本安井衡《左传辑释》卷十、日本竹添光鸿《左氏会笺》卷十同）

> 盖楚子入陈而杀征舒，今先书"楚人杀陈夏征舒"，而后书"楚子入陈，纳公孙宁、仪行父于陈"，何也？楚子之杀征舒也，既以灭陈而县之矣，非入也。及申叔时谏，而复封陈，然后得为入也。孔子以其终封陈也，故不言其灭，以其始尝灭之也。故先书"杀征舒"，而后书"入"。（宋

苏辙《春秋集解》卷七）

　　弑君之贼为陈之大夫夏征舒，楚子欲诛之，必先入陈，而后能杀之。衡诸一般常理，固然如此。今《春秋》"先书'楚人杀陈夏征舒'，而后书'楚子入陈'"者，盖就楚庄王伐陈之名义言，与《楚申叔时谏县陈》之结果论。就讨伐之名义言，此一役也，非伐陈国，诚如楚子所云："将讨于少西氏！"故先书"楚人杀陈夏征舒"；若就讽谏奏效之结果论，则后书"楚子入陈"。宋苏辙《春秋集解》，持历史叙事解经（参考张高评《春秋书法与左传史笔》《苏辙〈春秋集解〉与以史传经》），进一步言，若"灭陈而县之矣"，即不可曰"入"。迨申叔时讽谏，"而复封陈"，土地复归陈国所有。入人之国，不有其地，然后得为"入"。日本安井衡《左传辑释》，因袭晋杜预《春秋经传集解》，上承苏辙，无所发明，盖认同理念，殊途同归也。换言之，《春秋》只是据事直书而已，其中略无微辞隐义。

　　隋刘炫，聪慧辩博，为一代治经之翘楚。著《春秋左传述义》，能申杜（预）而不盲目从杜。唐孔颖达《五经正义》《春秋左传》部分，大抵删定刘炫《述义》而成。宋魏了翁《春秋左传要义》引述其说，以解释"先书杀征舒，后入陈"之书法，以为《春秋》指义在"善楚子"。其言曰：

　　　　楚子入陈，乃杀征舒。经先书杀征舒，后言入陈者，以楚子本意止欲讨贼，无心灭陈。及杀征舒，灭陈为县，后得申叔时谏，乃复封陈。于例，不有其地，故云入陈。

君子善其自悔，故退入陈于下，隐其县陈之过。若其不然，当云："楚子入陈，杀夏征舒。"如此，则楚子本为入陈，因入乃讨陈贼，则是恶楚子。（隋刘炫《春秋左传述义》，宋魏了翁《春秋左传要义》卷二十三引）

刘炫以为："楚子本意止欲讨贼，无心灭陈。及杀征舒，灭陈为县，后得申叔时谏，乃复封陈"云云，所谓"本意止欲讨贼，无心灭陈"，何以知其然？殆参考《左传》之历史叙事，加以合理推想，未免以君子之心，度枭雄之腹！经由申叔时之谏，楚子"乃复封陈"；既曰"复"，则楚子曾欲灭陈为县可知。《左传》叙事楚庄王"入陈，杀夏征舒"之后，以"因县陈"作结，可证。否则，未尝"灭陈"，何来"复封"？刘炫《述义》据杜《注》引述："不有其地曰入"之《春秋》书例，进而解说《春秋》先书、后书之书法，遂称"君子善其自悔，故退入陈于下，隐其县陈之过。"此持《春秋》书例，辩证时程序列似乎错置之微旨。惟据《左传》开篇叙事：楚子"入陈，杀夏征舒，辚诸栗门，因县陈"之际，是时，"陈侯在晋"。《左传》补叙一笔，大有玄机；全篇伐陈、入陈、县陈、封陈之照应，多辐辏于此。明姜宝《春秋事义全考》依此补叙阐述，以为"楚庄王本欲县陈，后因申叔时之谏而作罢。然实陈成公在晋，恐晋率诸侯内其故君，而陈人应之，楚终不能有陈。故不若以复封陈为名，而其实非其本心如此也"。明凌稚隆《春秋左传注评测义》援引之，诚所谓他人有心，予忖度之，自亦合情合理。

南北宋之际，胡安国著《春秋传》，以为《春秋》乃孔子"史外传心"之要典。持属辞比事之书法，诠释《春秋》之微辞隐义，以序列见义之书法，为其中之一（参考张高评《史外传心与胡安国〈春秋〉诠释法》）。《春秋胡氏传》以义利善恶之义理解经，为《春秋》宋学之代表。其言曰：

> 《经》先书杀，后书入者，与楚子之能讨贼，故先之也。讨其贼为义，取其国为贪，舜跖之相去远矣。其分，乃在于善与利耳。……为善与恶，特在一念须臾之间，而书法如此，故《春秋》传心之要典，不可以不察者也。（宋胡安国《春秋传》卷十七）

《胡氏传》揭示："《经》先书杀，后书入者，与楚子之能讨贼"，称许楚庄王有讨贼之善念。以为"先书杀，后书入"，其中有予夺褒贬之微言大义。盖乱臣贼子人人得而诛之，虽楚人亦得而杀之也。陈傅良《春秋后传》云乎："《春秋》之法，惟讨贼不以内外贵贱"，楚子虽夷狄之君，能讨伐弑君之贼，故《春秋》称与之。不过，楚子于此一役，始为义、为善，终则利人土地，为德不卒，故从书法，可以看出："为善与恶，特在一念须臾之间。"

宋陈傅良《春秋后传》、宋张洽《春秋集注》，解读《春秋》先书"楚人杀陈夏征舒"，后书"楚子入陈"之书法，亦以为此中有"予之""旌义"之微辞隐义。其言曰：

> 曷为不书入而后杀？予之以讨贼之义也。书入而后

杀，是以利陈累庄王也。不以利陈累庄王，则讨贼一事也，入一事也。入虽君将，贬人之，于是称楚子。（宋陈傅良《春秋后传》卷七）

……圣人予善之弘，待人之公，先旌其讨贼之义，然后著其入陈，且纳乱臣之罪。使楚庄之善恶功罪，显然明白。详味此编，则知非圣人莫能修，而游夏不能与者矣！（宋张洽《春秋集注》卷六）

僖公二十八年城濮之战，依叙战书例，《左传》先叙"三月丙午，入曹"，后乃书"执曹伯，分曹卫之田以畀宋人"。时间先后序列如此，自然而合理。今《春秋》先书"楚人杀陈夏征舒"，后书"楚子入陈"，时程显然错置。案："入"，为此一书法之战争术语，并非泛指一般"进入"之词。《左传》襄公十三年："弗地曰入"；杜预《春秋经传集解》释"入"："胜其国邑，不有其地也。"故《春秋》书"楚子入陈"，正谓楚子伐陈，不有其地也。今《春秋》先书"杀"后书"入"者，诚如宋陈傅良《春秋后传》所云，是"以讨贼之义也"称与楚子。视讨贼为一事，入陈为另一事。否则，若先书入，后书杀，则讨贼之义荡然，"是以利陈累庄王也"。换言之，先书"楚人杀陈夏征舒"，所以旌其讨贼之义；因此，"楚子入陈"，不得不后书。

楚庄王伐陈、入陈、县陈、封陈之始末，《春秋》先书"楚人杀陈夏征舒"，后书"楚子入陈"。其微婉隐晦之书法，由于不可以书见，是以历代先贤解读，仍然见仁见智若是。故宋张洽《春秋集注》谓："知非圣人莫能修，而游夏不能与者矣！"

幸有《左传》之历史叙事作为佐证，《春秋》之微辞隐义始能拨云见月，昭然明白。宋叶适《习学记言序目·左传总论》称："所以有贵于左氏之书者，以其足以质传闻之谬，订转易之讹，循本以知末，因事以明意而已。"此言可信！

（四）评林

1. "冬，十月，楚人杀陈夏征舒。"此楚子也，其称人何？贬。曷为贬？不与外讨也。不与外讨者，因其讨乎外而不与也，虽内讨亦不与也。曷为不与？实与而文不与。文曷为不与？诸侯之义，不得专讨也。诸侯之义不得专讨，则其曰实与之何？上无天子，下无方伯，天下诸侯有为无道者，臣弑君，子弑父，力能讨之，则讨之可也。（《公羊传》宣公十一年）

2. 十六年，伐陈，杀夏征舒。征舒弑其君，故诛之也。已破陈，即县之。群臣皆贺，申叔时使齐来，不贺。王问，对曰："鄙语曰：'牵牛径人田，田主取其牛。'径者则不直矣，取之牛，不亦甚乎？且王以陈之乱，而率诸侯伐之，以义伐之，而贪其县，亦何以复令于天下？"庄王乃复国陈后。（《史记》卷四十《楚世家》）

3. 楚子先杀征舒，而欲县陈；后得申叔时谏，乃复封陈。不有其地，故书"入"，在杀征舒之后也。（晋杜预《春秋经传集解》，日本安井衡《左传辑释》卷十、日本竹添光鸿《左氏会笺》卷十同）

4. 淳闻于师曰：楚子之讨征舒，正也。故书曰"入"，许其行义也。入人之国，又纳淫乱之臣，邪也。故明书其爵，以示非正。《春秋》之义，彰善瘅恶，纤介无遗，指事原情，瑕瑜不掩，斯之谓也。（唐陆淳《春秋微旨》卷中）。

5.入，众辞。（弑君，）大恶，众所欲诛也。诛其罪，义也。取其国，恶也。入者，不受而强之也。致乱之臣，国所不容，故书纳。（宋程颐《春秋传》）

6.《经》先书杀，后书入者，与楚子之能讨贼，故先之也。讨其贼为义，取其国为贪，舜跖之相去远矣。其分，乃在于善与利耳。……为善与恶，特在一念须臾之间，而书法如此，故《春秋》传心之要典，不可以不察者也。或曰圣人大改过，楚虽县陈，能听申叔时之说，而复封陈，可谓能改过矣。（宋胡安国《春秋传》卷十七）

7.愚案：孔宁、仪行文必因奔楚诱楚王以利，故楚子杀征舒而县陈。微申叔时之言，则陈遂亡矣！楚庄怀夷狄贪婪之心，而尚能以义自克，故封陈而不取。然见善不明，而非有改过不吝之公心，所以虽封陈而终宥陈之乱臣，复纳诸国，圣人予善之弘，待人之公，先旌其讨贼之义，然后著其入陈，且纳乱臣之罪。使楚庄之善恶功罪，显然明白。详味此编，则知非圣人莫能修，而游夏不能与者矣！（宋张洽《春秋集注》卷六）

8.楚庄于是，盖未离乎夷，非明大义者也。……以不义为义，是乃所以为楚庄王欤？故圣人知其不义而无贬辞，所以恕其心而著其失。书子、书入，若仗义之举，恕其心也。二子书名，而不系之陈，则是二子当绝于陈。今纳其所绝，著其所失也，其意隐而明矣。（宋赵鹏飞《春秋经筌》卷九）

9.怒其朝晋，是隐衷；讨贼，是名号。楚庄纯以仁义欺人，若直揭其隐，则中其所忌。妙在牵牛一喻，隐隐跃跃，使之自会；而于讨贼，不可为利上昌言之，于是复反其地。乐居仁义之名，急寘二凶，仍得陈国之利。名实并收，真奸雄也。（清姜炳璋《读左补义》卷十八）

10. 楚庄不于辰陵之盟召征舒而戮之，乃逾三时而始兴师问罪，何哉？则以陈侯复朝晋故也。外托讨贼之义，内实怀县陈之心，芴敖何在？愧申叔时矣。（清邹美中《左传约编》）

11. 楚灭国多矣，申叔不言，独于陈乎是谏者，以讨始，而以贪终也。讨其贼为义，取其国为贪，谓陈人无动，以义声哄陈人，几有箪壶来迎之意。而因以县陈，其可乎？庄王英主，其让申叔时也，隐讳陈不言，亦自知于义不可。所以一闻谏而虚怀速改，有转圜之易也。申叔乘机而导，状喻言婉讽，言语妙天下。姚平山谓："兼《南华》《国策》之长"，洵然。（清周大璋《左传翼》）

12. 此篇前叙后断，叙处不没其实，所以存真伪之本。然断处全归以礼，所以弘迁改之大路也。楚子之封陈、郑也，假义也。楚子之假义也，虑害也。怵于害而后归于义，而仍以礼许之，衰世之志也。取诸其怀而与之，一语已定通篇之案矣。（清王系《左传说》）

13. 笺曰：《孔子家语》《好生》篇：孔子读史，至楚复陈，喟然叹曰："贤哉楚王！轻千乘之国，而重一言之信。匪申叔之信，不能达其义；匪庄王之贤，不能受其训。"所谓"重一言之信"，言其讨有罪之言。申叔唯信，故其说行也。（日本竹添光鸿《左氏会笺》卷十）

二十二、君子论《春秋》五例（成公十四年）

（一）原典

秋，叔孙侨如如齐逆女。

九月，侨如以夫人妇姜氏至自齐。

〔传〕秋，宣伯如齐逆女。称族，尊君命也。

九月，侨如以夫人妇姜氏至自齐。舍族，尊夫人也。

故君子曰："《春秋》之称：微而显，志而晦，婉而成章，尽而不污，惩恶而劝善。非圣人，谁能修之？"

（二）语译

秋季，鲁大夫宣伯（叔孙侨如）前往齐国，为鲁成公迎接其夫人齐女。《春秋》称呼他的族名，这是出于尊重国君的意思。九月，侨如带着夫人妇姜氏，从齐国来到鲁国。《春秋》不称呼侨如的族名，这是因为尊重夫人。

所以君子说："《春秋》书法的权衡，有的措辞简要，而旨趣显豁；有的记载史实，而意蕴含蓄；有的委婉曲折，而顺理成章；有的周赅尽致，而不歪曲事理。这四种书法，都为了体现惩戒邪恶，劝勉良善的指义。如果不是圣人，有谁能纂修完成？"

（三）鉴赏

1.《春秋》五例与书逆、书至之叙事

《春秋》《左传》的研究者，都知道《春秋》五例，指的是《左传》成公十四年"君子曰"所云："微而显，志而晦，婉而成章，尽而不污，惩恶而劝善。"君子曰，就体裁而言，属于历史评论，是《左传》作者针对历史人物、历史事件，所发表的主观评论。"君子曰"《春秋》五例云云，理应针对《左传》前文"宣伯如齐逆女。称族，尊君命也"；以及"九月，侨如以夫人妇姜氏至自齐。舍族，尊夫人也"之叙事而发论。当然，同时更呼应《春秋》："秋，宣伯如齐逆女"；"九月，侨如以夫人妇姜氏至自齐"之经文作诠释，绝非凭空发议，无案而断，无的放矢之言。换言之，前面的叙事与后文的史论间，必定存在某种丝牵绳贯之密切关联，足以触发《左传》之诠释，提供发凡起例之资材，进而指目为"《春秋》之称"，推许为"非圣人，谁能修之？"

《左传》成公十四年载："秋，宣伯如齐逆女。称族，尊君命也。""九月，侨如以夫人妇姜氏至自齐。舍族，尊夫人也。"可见《左传》"宣伯如齐逆女"和"侨如以夫人妇姜氏至自齐"之叙事，纯粹因袭孔子《春秋》书法之原始，辞文全无损益，

只各作"称族，尊君命也"；"舍族，尊夫人也"两句义理诠释而已。由此看来，其中微辞隐义之玄机，当在二叙事句："宣伯如齐逆女"以及"侨如以夫人妇姜氏至自齐"之《春秋》书法上。此二事案之《春秋》书法，至少有五层含义：其一，"夫人妇姜氏"之书法；其二，"以夫人妇"之书法；其三，"侨如"其人及其称谓之书法；其四，"舍族，尊夫人也"之书法；其五，"如齐逆女""至自齐"之书法。

2. 历史叙事与《春秋》书法之五大层次

《春秋》称"夫人妇姜氏"，有何微言大义？宋张洽《春秋集注》卷七云："称妇，宣公夫人穆姜尚存故也。"明卓尔康《春秋辩义》卷十九亦云："妇者，有姑之恒称。穆姜尚在，故曰妇姜。"由此观之，这门婚事，实由成公之母穆姜主婚，一心属意齐女，故《春秋》于夫人与姜氏间冠一"妇"字，以见姻缘所自。朝鲜经学家李震相集成诸家之说，作《春秋集传》，其卷十一云："公即位十四年，国家无事，迄今始娶。抑受制于穆姜，如庄公之于文姜欤？……妇者，有姑之词。侨如之逆，受命于穆姜。而穆姜之志，又必取妇于齐，故书其实也。"《春秋》著一"妇"字，包蕴多少婆媳母子之曲折？《春秋》书法，即是修辞学，于此益信。

《左传》僖公二十六年："凡师，能左右之曰以。"杜预《注》："左右，谓进退在己。"骆成骁《五十凡例》第二十六凡谓："（《春秋》）凡书以，皆不宜以。亦如凡书用，皆不宜用；凡书致，皆不宜致也。"宋胡安国《春秋传》卷二十引《谷梁传》曰："大夫不以夫人。以夫人，非正也；刺不亲迎也。"宋高闶

《春秋集注》卷二十六亦称："公即位十有四年矣，国家无事，迄今方娶……故书以为戒，此《春秋》防微杜渐之旨。夫人不'以'，'以夫人'，非正也。"胡安国引《谷梁传》称："大夫不以夫人。以夫人，非正也。"高阌《春秋集注》亦云："夫人不'以'，'以夫人'，非正也。"鲁成公婚配姜氏，乃宣公夫人穆姜居中主导，能左右进退之。孔子特书"以夫人妇"四字，依《春秋》书例，微示"'以夫人'，非正也"，讥讽之意显然。

叔孙侨如，即叔孙宣伯，为鲁国当令之权臣。奉鲁侯之命，出使、朝聘、会盟、征伐，无所不与。鲁君侯之大权旁落，鲁三桓势力之强大，由《左传》叙记侨如事迹起始，如文公十一年、成公二年、三年、五年、六年、八年、十一年、十三年、十四年、十五年，可见一斑，而最详于成公十六年。成公十六年载："宣伯通于穆姜，欲去季、孟而取其室。将行，穆姜送公，而使逐二子。"《左传》襄公二十三年叙盟叔孙氏，曰："毋或如叔孙侨如欲废国常，荡覆公室。"叔孙侨如于家国之负面评价，诚如盟词所云："欲废国常，荡覆公室"，其人野心勃勃、投机取巧，十足小人行径，乃倾危之臣也。堂堂鲁邦，逆君夫人之大事，舍叔孙侨如之外，岂无合适之贤臣，堪当迎亲大使？宋家铉翁《春秋集传详说》卷十八，抉发其中的微辞隐义，其言曰："此书侨如以夫人至自齐，以其非所当以也。穆姜与侨如共谋逐季氏，出入往来，不避嫌疑之间。季氏从而煽之，恶声日闻于外。今也，逆君夫人。大夫岂无可使者？而使侨如。其意欲使之重自结于齐，实为鲁国玷，夫人亦预有辱焉。"以夫人，非正。以侨如逆夫人，亦非正。故《春秋》两讥之，乃诡辞谬称曰"舍族，尊夫人"也。《左传》宣公二年，叙赵盾弑其君之始末，曲终奏雅，卒章显志，乃叙曰"宣子使赵穿逆公子黑臀于周而立之"；与成公十四年"宣伯如齐逆女"书法近似。要之，所使以逆者皆非其人也。书之，其所以惩戒邪恶，一也。

明卓尔康《春秋辩义》卷十九云："《左氏》'称族，尊君命。舍族，尊夫人。'卮辞也。……妇姜，较前多一氏字，则亦因侨如生耳。"案：卮辞，典出《庄子·寓言》，或称为卮言，所谓"卮言日出，和以天倪"。指随和人意，无主见之辞。《春秋》书事，为何出以卮辞？《史记·十二诸侯年表序》，《春秋》书事，"为有所刺讥褒讳挹损之文辞，不可以书见也"，往往推见以至隐。《春秋》为尊者讳耻，即是其一。就忌讳叙事而言，一切诡辞谬称，反常合道之法皆属之。侨如，何以不称叔孙侨如？卓尔康以为："《左氏》'称族，尊君命。舍族，尊夫人。'卮辞也。"辞文之损益，是否就是《春秋》之笔削，此涉及称谓修辞之课题。然清何焯《义门读书记》卷十不以为然："凡大夫有事于境外，皆称族。……'侨如以夫人妇姜氏至自齐'，非舍族也，蒙上逆女之文也。"不过，何焯同时下一转语："所以尊君命，固不在此"；"所以尊夫人，亦不在此"，所以发人深省者，"舍族，尊夫人"；知"以夫人，非正也"，如何尊之？《春秋》书"侨如以夫人妇姜氏至"，诚如《谷梁传》所云："大夫不'以'夫人"；事实却发生叔孙侨如大夫之"以"夫人。今进退从夫人，取予由大夫，鲁政焉得不乱？

"如齐逆女""至自齐"之书法，尤其富于《春秋》之微言大义。宋李明复《春秋集义》卷三十七引谢湜曰："孙称夫人，不称姜氏，绝之也。'至'与'入'称姜氏，不称妇姜，贬之也。"所谓绝之、贬之，刺讥之义显然，惜语焉不详。清张自超《春秋宗朱辨义》卷八，于书"逆"、书"至"之微辞隐义，最有新创发明，其言曰：

> 书"侨如以夫人妇姜氏至"，与书"遂以夫人至"同罪，大夫之以夫人也。……《春秋》十二公，桓、庄、僖、文、宣、成，皆娶齐女；襄、昭、定、哀，皆不娶齐女。娶齐女，则书"逆"、书"至"，独详；不娶齐女，则"逆"与"至"皆不书，而从略。详于书齐女者，圣人恶鲁之娶齐女也。……呜呼！醴泉无源，而淫风有自。齐女固善淫焉，而又好杀。通齐侯者，齐女也。通庆父者，又齐女也。与杀其夫者，齐女也。与杀其子者，又齐女也。齐女世济其恶，以乱鲁，鲁人当一戒之，再戒之矣。（清张自超《春秋宗朱辨义》卷八）

> 说《春秋》者以为：昏姻，常事，不书。何以独桓、庄、文、宣、成之昏姻，非常事耶？又以为：昏姻合礼，则不书。何以独襄、昭、定、哀之昏姻合礼耶？盖以襄、昭、定、哀之夫人，非齐女也；非齐女，故从略也。略于后，以示前之详于书"逆"、书"至"者，详于书齐女也。（清张自超《春秋宗朱辨义》卷八）

张自超研治《春秋》，主张"看得首尾意思通贯，方能略见圣人笔削",著有《春秋宗朱辨义》十二卷:"凡所辩论,必反覆前后所书,比事以求其可通",明以比事属辞之书法,作为解读《春秋》之要领。张自超综览《春秋》全经,关注其中书"逆"、书"至"之书例,从详略、是非、异同、有无之笔法,推求出或书,或不书,或笔或削之微辞隐义来:"《春秋》十二公,桓、庄、僖、文、宣、成,皆娶齐女;襄、昭、定、哀,皆不娶齐女。娶齐女,则书'逆'、书'至',独详;不娶齐女,则'逆'与'至'皆不书,而从略。"又云:"详于书齐女者,圣人恶鲁之娶齐女也。"因此,《春秋》书鲁君娶齐女,则书"逆"、书"至",独详,作为鉴戒、再戒。如果鲁君"不娶齐女,则'逆'与'至'皆不书,而从略"。从或书或不书的笔削,可以考索孔子作《春秋》的指义。

由此观之,成公十四年《春秋》书曰:"秋,宣伯如齐逆女。九月,侨如以夫人妇姜氏至自齐。"鲁成公婚娶齐女,故《春秋》书"逆",又书"至"。张自超《春秋宗朱辨义》指出:"详于书齐女者,圣人恶鲁之娶齐女也。"为问:圣人何以厌恶齐女若是之甚?理由有二:其一,齐女固善淫焉,而又好杀。其二,齐女世济其恶,以乱鲁。知孔子之鉴戒予夺如是,然后可以谈说《左传》之《春秋》五例。

3. 曲笔、直书与《春秋》五例

成公十四年《左传》载君子曰:"《春秋》之称:微而显,志而晦,婉而成章,尽而不污,惩恶而劝善。非圣人,谁能修之?"以史传《春秋》,固为《左氏》常法;亦不乏以义释《春秋》者,如以书法解释,以简捷判断,以君子发论皆是。"君子曰"所示《春秋》五例，为君子发论以释《春秋》之典型。章太炎《春秋左传读》首先揭示："志与晦，为相反之辞，犹上微而显也。志而晦者，犹言明而晦也。"钱钟书《管锥编·杜预序》亦谓："微、晦、不汚，意义邻近，犹显、志、成章、尽也。微之与显，志之与晦，婉之与成章，均相反以相成，不同而能和。"《春秋》五例，盖从或笔或削，或书或不书转化而来。元赵汸《春秋属辞》论"假笔削以行权"，所谓"以其所书，推见其所不书；以其所不书，推见其所书"。清方苞《春秋通论》论义昭笔削，所谓"按全经之辞，而比其事。"发挥宏观视野，运用系统思维，或书或不书之间，互发其蕴，互显其义，《春秋》书法方有可能破译。

《春秋》笔法，有曲笔与直书其事，具文见意。四者，为孔子作《春秋》时，"如何书"之"法"。《孟子·离娄下》称：其事、其文、其义，乃孔子作《春秋》之三元素。《礼记·经解》称："属辞比事，《春秋》教也。"据此以观《春秋》五例："微而显，志而晦，婉而成章，尽而不汚"，示如何书之法。微、志、婉、尽，指其文辞，即《史记》所谓约其辞文；显、晦、成章、不汚，指辞文表意之样态。谓《春秋》辞文幽微，而旨义显豁明白；辞文实录，而旨义含蓄蕴藉；辞文委婉，而旨义顺理成章；辞文直尽，而旨义未有汚曲。要之，皆运用属辞约文，以体现指义之方法。

君子曰所谓"《春秋》之称"，清姜炳璋《读左补义》以为："《春秋》自有其权衡：或从其文，或存其例，或变其文，皆圣人之权衡。"要之，"事仍本史，而辞有损益"，乃孔子作《春秋》之基本原则。钱钟书所谓"《春秋》之书法，实即文章之修词"，于此见之。"惩恶而劝善"，则为"何以书"之"义"。方苞《书〈货殖传〉后》，所谓"义以为经，而法纬之"。史事如何编比？辞文如何连属？绳贯丝牵，皆脉注绮交于"义"。或曲笔，或直书，亦皆取决于"义"。所谓法以义起，法随义变。

鲁成公即位十四年矣，其婚配齐女，犹取决于其母穆姜。穆姜属意叔孙侨如逆君夫人，鲁国大夫岂无可使者？而派遣"欲废国常，荡覆公室"之侨如。《谷梁传》称："大夫不以夫人。以夫人，非正也。"今进退从夫人，取予由大夫，《左传》云："称族，尊君命。""舍族，尊夫人"，明是诡辞谬称，所谓卮言也。综考《春秋》十二公之书例："娶齐女，则书'逆'、书'至'，独详；不娶齐女，则'逆'与'至'皆不书，而从略。"成公十四年《春秋》书曰："秋，叔孙侨如如齐逆女。九月，侨如以夫人妇姜氏至自齐。"书"逆"、书"至"，可谓齐备。《春秋》详于书齐女者，示圣人恶鲁公之娶齐女也。然鲁为孔子宗主国，《春秋》为尊者讳耻，故叙成公婚配姜氏事，多运以"微而显，志而晦，婉而成章"之曲笔讳饰之。若昧于曲笔讳饰之书法，但观《春秋》书"宣伯如齐逆女"；"侨如以夫人妇姜氏至自齐"文字，若撇除书法、书例不谈，径视为"尽而不污"之据事直书，则君子曰云云，所谓《春秋》五例，则成断流绝港，无根之乱谈而已。

《左传》昭公三十一年"君子曰"，针对"邾黑肱以滥来奔"而发，文长近二百五十字，品评"名之不可不慎"，为《左传》罕见之史论长篇。"君子曰"文尾，论及"《春秋》之称微而显，婉而辨。上之人能使昭明，善人劝焉，淫人惧焉，是以君子贵之"。与成公十四年《春秋》五例所言，可以相得益彰、相互发明。所谓"《春秋》之称，微而显，婉而辨"，指记载隐微而寓意显著，用辞委婉而旨趣明白。微与显，婉与辨，书法亦皆相反相成。由此可见，《春秋》之指义，在权衡修辞手法，作或微、或显，或婉、或辨之表述。君子期待上位者发扬《春秋》之微言大义，目的在"善人劝焉，淫人惧焉"。此一《春秋》之著述旨趣，与成公十四年君子曰所谓"惩恶而劝善"并无不同，皆是历史之使命，史乘之终极追求。

（四）评林

1. 故发传之体有三，而为例之情有五：一曰微而显，文见于此，而起义在彼。称族，尊君命；舍族，尊夫人。梁亡、城缘陵之类是也。二曰志而晦，约言示制，推以知例。参会不地、与谋曰及之类是也。三曰婉而成章，曲从义训，以示大顺。诸所讳避、璧假许田之类是也。四曰尽而不污，直书其事，具文见意。丹楹刻桷、天王求车、齐侯献捷之类是也。五曰惩恶而劝善，求名而亡、欲盖而彰。书齐豹盗、三叛人名之类是也。推此五体，以寻经传，触类而长之，附于二百四十二年行事，王道之正，人伦之纪备矣。（晋杜预《春秋左氏传·序》）

2. 微而显，辞微而义显。志而晦，约言以记事，事叙而文微。婉而成章，曲屈其辞，有所避讳，以示大顺，而成其篇章。尽而不污，直言其事，尽其事实，无所污曲。惩恶而劝善，善名必书，恶名不灭，所以为惩劝。（晋杜预《春秋经传集解》

卷十三）

3. 书经有此五情，缘经以求义，为例言传。为经发例，其体有此五事。下文五句，成十四年《传》也。案：彼传上文云："《春秋》之称"；下云："非圣人，谁能修之？"圣人，指孔子。美孔子所修，成此五事。五事所摄诸例，皆尽下句，释其显者以属之耳。（唐孔颖达《春秋疏·春秋序》）

4. 《谷梁》曰："大夫不以夫人。以夫人，非正也；刺不亲迎也。"（宋胡安国《春秋传》卷二十）

5. 五体，寻经传以《左氏》言考之。旧史法章太烦直，志在惩恶而不足以劝善；圣人之所修，微晦婉美，惩恶而能劝者也。后世说《春秋》，正用旧史法耳！以其不求诸《左氏》也。（宋叶适《习学记言序目》卷十）

6. 公即位十有四年矣。国家无事，迄今方娶，又不亲迎，而使同姓之卿逆之，援公子遂之例也。故书以为戒，此《春秋》防微杜渐之旨。夫人不"以"，"以夫人"，非正也，刺不亲迎也。然此宣公元年公子遂之例，成公得以借口而行之也。然则人君所以贻子孙者，可不慎乎？传曰：君举必书，书而不法，后嗣何观？此人君之深戒也。其称姜氏者，异乎宣公之丧娶故也。（宋高闶《春秋集注》卷二十六）

7. 《左氏》："称族，尊君命。舍族，尊夫人。"厄辞也。妇者，有姑之恒称。穆姜尚在，故曰妇姜。较前多一氏字，则亦因侨如生耳。（明卓尔康《春秋辩义》卷十九）

8. 借舍族一端，发出《春秋》用笔之妙，史法尽此矣！予尝谓今人为文，尽与相反：显而无所发，繁而不能详，直而无文，诬而不信，善无所劝，而恶无所惩。然则不明乎《春秋》之义，而欲以文字为毁誉，不过奴婢之逢迎，市井之诋詈，曾何关于轻重之数？读此，应自愧其多事尔矣。（清王源《左传评》卷五）

9. 于恶之中，又有恶者焉：恶逆女之使逆臣也、使宗臣也，恶不亲迎也，恶庄公之亲迎也。恶齐侯之送也、恶桓公之往会也，恶其娶于丧中也，恶其缓于娶而必齐之女子也，恶其急娶而必齐之女子也。呜呼！何用娶女必齐之姜哉？（清张自超《春秋宗朱辨义》卷八《成公十四年〈九月侨如以夫人妇姜氏至自齐〉》）

10.《春秋》自有其权衡，故曰："《春秋》之称"；称，量度也，量度于史例。而或从其文，不从其例；或存其例，明著其失；或变其文，直示其义，皆圣人之权衡也。故有五者之美，《传》示全《经》之大旨。岂一舍族，即足以见之？故知非《左氏》本文也。（清姜炳璋《读左补义》卷二十二）

11.《春秋》一部书法大意，却于此处阐发。盖只一人、一事、一时，而称族、舍族，各有义例如此。《春秋》比事属辞，大略可睹矣。（清冯李骅、陆浩同《左绣》卷十三）

12. 舍族，何以为"尊夫人"？对夫人不敢称姓也。于一事中，发明《春秋》全义，圣人笔削。游夏不能赞者，和盘托出。彼斥为断烂朝报者，直无忌惮之甚者耳。（清周大璋《左传翼》）

13. 阐发《春秋》之旨，为后世穷经者指示崖岸，真不可磨灭文字。（清陈震《左传日知录》）

14. 尊君命，尊夫人，上下辨而民志定矣。《传》之解《经》，

如此其至，而王氏目为断烂朝报。甚矣！其心粗而胆大也。（清毛庆藩《古文学余》）

15. 王元美："微而显"五句，足尽圣人作《经》之旨。若如胡氏所释，则《春秋》当作申、韩、刑名法律之书矣！（日本奥田元继《春秋左氏传评林》）

16. 侨如（以夫人妇姜氏至自齐），以尊夫人舍族；意如至自晋，以尊晋舍族，则其例又变而通之，是志而晦也。其属辞比事，非从同同也。须于同者而求其异，更于异者而得其同，如予所辨弑君书法是也。故婉而辨，辨而成章，其是非曲当虽意尽于言，而不至无味，是不污也。以此惩恶，而乱贼惧；以此劝善，而治教兴。非圣人，谁能然哉？（清吴楫《春秋本义》卷八）

17. 成公十四年："志而晦。"按：志与晦，相反之辞，犹上"微而显"也。志而晦者，明而晦也。（章炳麟《春秋左传读》）

18. 就史书之撰作而言，"五例"之一、二、三、四，示载笔之体；而其五，示载笔之用。就史学之演进而言，"五例"可征史家不徒纪事传人，又复垂戒致用。"微""晦""不污"，意义邻近，犹"显""志""成章""尽"也。"微"之于"显"，"志"之与"晦"，"婉"之与"成章"，均相反以相成，不同而能和。（钱钟书《管锥编·杜预序》）

二十三、季札观乐论国风（襄公二十九年）

（一）原典

襄公二十九年：吴子使札来聘。

〔传〕吴公子札来聘，请观于周乐。

使工为之歌《周南》《召南》。曰："美哉！始基之矣。犹未也，然勤而不怨矣。"

为之歌《邶》《鄘》《卫》。曰："美哉！渊乎！忧而不困者也。吾闻卫康叔、武公之德如是，是其《卫风》乎？"

为之歌《王》。曰："美哉！思而不惧。其周之东乎？"

为之歌《郑》。曰："美哉！其细已甚，民弗堪也。是其先亡乎？"

为之歌《齐》。曰："美哉！泱泱乎，大风也哉！表东海者，其大公乎？国未可量也！"

为之歌《豳》。曰："美哉！荡乎！乐而不淫，其周公之东乎？"

为之歌《秦》。曰："此之谓夏声。夫能夏则大，大之至也。其周之旧乎？"

为之歌《魏》。曰："美哉！沨沨乎！大而婉，险而易行。以德辅此，则明主也。"

为之歌《唐》。曰："思深哉！其有陶唐氏之遗民乎？不然，何其忧之远也？非令德之后，谁能若是？"

为之歌《陈》。曰："国无主，其能久乎？"

自《郐》以下无讥焉。

为之歌《小雅》。曰："美哉！思而不贰，怨而不言，其周德之衰乎？犹有先王之遗民焉！"

为之歌《大雅》。曰："广哉！熙熙乎！曲而有直体，其文王之德乎？"

为之歌《颂》。曰："至矣哉！直而不倨，曲而不屈，迩而不逼，远而不携，迁而不淫，复而不厌，哀而不愁，乐而不荒，用而不匮，广而不宣，施而不费，取而不贪，处而不底，行而不流。五声和，八风平。节有度，守有序，盛德之所同也！"

见舞《象箾》《南籥》者。曰："美哉！犹有憾！"

见舞《大武》者。曰："美哉！周之盛也，其若此乎？"

见舞《韶濩》者。曰："圣人之弘也，而犹有惭德，圣人之难也！"

见舞《大夏》者。曰："美哉！勤而不德，非禹，其谁能修之？"

见舞《韶箾》者。曰："德至矣哉！大矣！如天之无不帱也，如地之无不载也。虽甚盛德，其蔑以加于此矣！观止矣！若有他乐，吾不敢请已。"

（二）语译

吴国的公子札前来鲁国聘问，请求聆赏观看周朝的诗歌音乐和舞蹈。

于是让乐工为他歌唱《周南》《召南》。季札说："美好啊！王业开始奠定基础了，还没有完善，然而百姓勤劳而不怨恨了。"

为他歌唱《邶》《鄘》《卫》风，他说："美好又深厚啊！忧伤而不困窘。我听说卫康叔、武公的德行就像这样，这恐怕是卫风吧！"

为他歌唱《王风》，他说："美好啊！虽有忧思而不恐惧，恐怕是周室东迁以后的音乐吧！"

为他歌唱《郑风》，他说："美好啊！但是它琐碎得太过分了，百姓不堪忍受了。这恐怕是郑国要先灭亡的原因吧！"

为他歌唱《齐风》，他说："美好啊！深广宏大的声音啊！这是大国的音乐啊！作为东海的表率的，恐怕是太公的国家吧！国家前途不可限量。"

为他歌唱《豳风》，他说："美好啊！浩荡博大啊！欢乐而不过度，恐怕是周公东征的音乐吧！"

为他歌唱《秦风》，他说："这就叫作西方的夏声。夏就是大，大到极点了，恐怕是周朝的旧乐吧！"

为他歌唱《魏风》，他说："美好啊！抑扬顿挫啊！粗犷而又婉转，艰难而又流畅，再用德行加以辅助，就是贤明的君主了。"

为他歌唱《唐风》，他说："思虑深沉啊！恐怕是陶唐的遗民吧！否则，为什么那么忧思深远呢？不是有美德者的后代，谁能像这样？"

为他歌唱《陈风》，他说："国家没有君主，难道能够长久吗？"

从《郐风》以下的诗歌，季札没有批评。

为他歌唱《小雅》，他说："美好啊！思文武之德，而没有离异之心，怨恨却不形诸语言，恐怕是周朝德行衰微时的乐章吧！不过那时还有先王的遗民啊。"

为他歌唱《大雅》，他说："宽广啊！美好啊！音调婉转而又刚健劲直，恐怕是文王的德行吧！"

为他歌唱《颂》，他说："好到顶点了，刚健正直而不倨傲放纵，委曲婉转而不卑下靡弱，亲近而不逼迫，疏远而不离心，迁延流动而不放荡过度，反复而不厌倦，哀伤而不忧愁，欢乐而不荒淫；多方运用而不匮乏，心境宽广而不显露，施舍而不耗费，收取而不贪婪；静止而不停滞，行进而不流荡。五声协调，八风和谐。节拍有一定的格律，乐器演奏都按次序，是盛德之人所共同具有的。"

公子札看到表演《象箾》《南籥》舞，说："美好啊！但还有不足之处。"

看到表演《大武》舞，说："美好啊！周朝兴盛的时候，恐怕就是这样吧！"

看到表演《韶濩》舞，说："像圣人那样的宽宏盛大的品德，尚且还有所惭愧，可见当圣人不容易啊！"

看到表演《大夏》舞，说："美好啊！表现勤劳为民而不居功的美德，不是禹，还有谁能做到呢？"

看见表演《韶箾》舞，说："功德到达极点了，伟大啊！像上天的无不覆盖，大地的无不装载。即使还有高尚的功德，恐怕也不会再超过这种境界了。我观赏的乐舞表演，到此已达至善至美的极点了，如果还有其他乐舞，我不敢再请求观赏了。"

（三）鉴赏

楚才晋用，资敌以人才，导致申公巫臣通吴于晋，进而联吴以制楚。于是吴入州来，吴通上国。待句吴崛起，而晋楚霸业乃相继中衰。《左传》于世局变革之际，往往出以终始本末之叙说：城濮之战前，有《晋公子重耳出亡》；秦晋争锋，于是麻隧之战有《吕相绝秦》；晋楚争霸，于是有《声子说楚》叙楚才晋用。因应春秋晚期形势，于是有《吴季札出聘》，走访上国之叙事。细案其叙事，亦因事命篇，出以纪事本末之书法。

《左传》叙吴季札出聘，先后历经五国。清冯李骅、陆浩同《左绣》称：《左传》叙事，隐然具备纪事本末之体式，如叙战之先，叙聘之前，皆先著一大篇文字，首尾包络，绝妙呼应。一部春秋史，至襄公末年，而天下无霸，政出多门，礼乐征伐自大夫出。清姜炳璋《读左补义》卷三十一称：《左传》叙吴公子季札聘问上国，观乐而论国风，评论列国名卿大夫，即作为后半部《左传》之张本。元程端学著《春秋本义》，提倡大属辞比事，《左传》之叙事有之。

古者诗、乐、舞三位一体，季札观周乐，纵论《风》《雅》《颂》，固为诗；而所歌所舞，亦无非皆诗。季札盖从政俗兴衰之观点，品评判断文艺作品之美感，因观乐而知世代之升降，从作品与社会生活相关联之角度，理解作品，评价作品，为春秋时期完整而精湛之阅读言论；孟子"知人论世"之读书法，或受其启迪。且季札利用"陈诗观风"之方法，树立"美"与"德"两个批评标准，达到"听音而知治乱，观乐而晓盛衰"之鉴赏目的，堪称古代最有系统之具体诗评，于中国文学批评史上，自有其地位。而且，音乐之理论，亦有确切之品评，为古代音乐美学提供宝贵之资料，堪与《乐记》相发明。考季札观乐所论，大要有五端：

第一，诗乐风格之概论：如谓《邶》《鄘》《卫》之诗"渊乎"（深沉），谓《齐》诗"泱泱乎"（雄浑），谓《秦》风为"夏声"（博大），《魏》风"沨沨乎"（畅快疏放），《豳》风"荡乎"（高华），谓《大雅》"熙熙乎"（堂皇宏阔），是也。季札观周乐，虽每诗各歌一、二篇以不意，然其闻乐而论，要皆统说此类诗乐之风格。

季札观乐与论诗之间，可以接受美学理论言之：季札闻歌听乐观舞，为一"接受者"；所歌、所奏、所舞为"接受对象"；经由乐工舞者之表演，作为"接受渠道"；于是透过季札之文艺素养，联结对伦理道德与政教风俗之理解，由是而形成"接受情境"，由是而有批判之解读。其中信息之接受，或在歌乐舞区内，或在其外；或因主观接受，或缘客观接受；于是产生必然而真实之接受情境。由接受情境而产生"期待视野"，季札发现文艺之风格，与地域有关，地理足以影响人文与艺术，对于文艺风格之形成，启示后人不少。

第二，诗调乐调之品评：如闻《周南》《召南》，谓其"勤而不怨"；谓《邶》《鄘》《卫》，"忧而不困"；谓《郑》风，"其细已甚"；谓《豳》风，"乐而不淫"；谓《魏》风，"大而婉，险而易行"；谓《小雅》，"思而不贰，怨而不言"；谓《大雅》，"曲而有直体"；谓《颂》，"直而不倨，曲而不屈，迩而不逼，远而不携，迁而不淫，复而不厌，哀而不愁，乐而不荒，用而不匮，广而不宣，施而不费，取而不贪，处而不底，行而不流。五声和，八风平，节有度，守有序"。由季札对诗调之品评，上古诗乐之优美，千载而下，犹可想见。

季札之品评，所谓"美"，大多指乐所歌之功德，故听《颂》，而称"至矣哉"，"盛德之所同也"；见舞《韶箾》者，谓"德至矣哉"，"观止矣"；可见季札观乐，实以"美"作为艺术标准，以"德"作为思想标准，用以评价文艺作品之艺术性与思想性。且其审美观，不仅指形式美而已，乃是借形式美以体现内容美，此最可称道处。外此，季札品评诗调，多罗列对立观念，配对成双，使之相反相成而得其"中"，相对相济而得其"和"；称《颂》所谓和、平、度、序云云，颇得春秋时代文艺思想"中和"之真谛。

第三，诗风之激荡：如闻歌《周南》《召南》，曰"始基之矣"；闻《邶》《鄘》《卫》，曰"卫康叔、武公之德如是"；闻《王》风，以为"其周之东乎"；闻《唐》风，以为"其有陶唐氏之遗民乎？不然，何其忧之远也？非令德之后，谁能若是"；闻歌《小雅》，以为"其周德之衰乎？犹有先王之遗民焉"；闻《大雅》，以为"其文王之德乎"；闻《颂》，以为"盛德之所同也"。见舞《大武》者，以为"周之盛也，其若此乎"；见舞《大夏》者，以为"勤而不德，非禹，其谁能修之"。若此，要皆推论诗风之所自，以为乃感受圣君贤德之熏陶化育者也。此盖就横之影响，以论诗乐与政治兴衰之关系者。

季札论音乐美之形成，由于形式诸因素与社会理想相统一之结果。尤其认定诗风之激荡，攸关其君之圣德，强调文艺与善德间之关系（"乐"为"德"之具实表现），此与《左传》所引郤缺称"九功之德皆可歌"（文公七年），以及《左传》载魏绛辞乐所云"乐以安德"（襄公十一年），说多相通。中国古代"美善同一"论之美学思潮，此为最佳论证。此种理念，对于文艺、伦理道德、政教风俗间有关审美文化学观念之建立，开启颇为重要之先导作用。

第四，诗乐之影响：季札以为诗乐之陶冶濡染，于人事大有影响。观诗乐之内容，即可推知政俗与风化影响之情状。如谓《郑风》，"其细已甚，民弗堪也。是其先亡乎"；闻《齐风》，云"表东海者，其大公乎？国未可量也"；又谓《秦风》，"能夏则大"；说《魏风》，"以德辅此，则明主也"；论《陈风》，"国无主，其能久乎"；盖声音之道，与政俗相通，言为心声，出乎自然故也。

第五，诗篇之次第：由吴季札观周乐，乐工之所歌，知当时《诗》篇之次第，依序为《周南》《召南》《邶》《鄘》《卫》

《王》《郑》《齐》《豳》《秦》《魏》《唐》《陈》《邠》《曹》十五国风，以及《小雅》《大雅》《颂》。《左传》所叙，与今本《毛诗》相较，《齐风》以上，《小雅》以下雷同；惟今本《毛诗》《齐风》以下之次第为：《魏》《唐》《秦》《陈》《邠》《曹》《豳》风，此其不同。据此，可推《左传》之成书时代，当在《诗》尚未成为儒家经典之前。约当战国之初，原始儒家时代。

《国语·晋语》八，载师旷说平公，谓"乐以风德"；《礼记·乐记》亦称："治世之音安以乐，其政和；乱世之音怨以怒，其政乖；亡国之音哀以思，其民困。声音之道，与政通矣"，与季札此论，皆可以相互发明。刘禹锡《柳君集记》称："八音与政相通，文章与时高下"，诗歌融乐、舞、文为一体，又何尝不然？此盖就纵之影响，以言诗乐大有功于世教也。

综要言之，季札观乐，而畅论《风》《雅》《颂》与乐舞，值得借鉴探讨处极多，如美善合一之美学思潮、中正和谐之文艺思想、地理史观文艺风格论、文质相扶之审美观、诗教乐教之决定论、知人论世之阅读论，以及批判理解之诠释法与接受论，皆可尝试从生新观点，运用多元方法，研究季札观乐问题。甚至于《左传》所载行人之外交辞令，与实用之说话艺术之探论，亦不妨运用新角度，使用新方法，以解决千古公案，或老生常谈之课题。可以断言，如此必有新颖之结论与独到之见解。

（四）评林

1. 穆文熙曰："观历代之乐，入于耳，辨于心，兴亡治乱，不爽毫末，可谓明智之甚。所以能脱屣千乘之吴，甘以延陵终

身，足继太伯之芳也已。"（明穆文熙《左传钞评》）

2. 杜氏云："季子贤明才博，在吴虽已涉见此乐歌之文，然未闻中国雅声，故请作周乐，欲听其声，然后依声以参时政，知其兴衰也。"闻《秦》声，谓之夏声。闻《颂》曰："五声和，八风平。"皆论声以参政也。舞毕知其乐，终是素知其篇数者。（明张鼐《左传隽》）

3. 论诗，而归之于《颂》；论乐，而归之于《韶》，如百川赴海，如七政丽天，脉络分明，纲领具备。非季札不能博览古今，非《左氏》不能发扬词理。（明张鼐《评选古文正宗》卷一）

4. 每一歌，公子皆出神细听，故能深知其为何国何风。今读者于公子每一评论，亦当逐段逐字，出神细思，便亦能粗粗想见其为是国是风也。不然，杂杂读之，乃复何益？（清金圣叹《天下才子必读书》卷一）

5. 魏禧曰：季札所至，则必知其国之治乱，必交其国之君子。与人言，必中其得失，而慎其利害，岂徒以知乐为贤哉？此千古游客之师。汉郭有道，其流亚与？（清魏禧《左传经世钞》卷十五）

6. 彭士望曰：吊古评今，俨然月旦。为物望所归，是开三吴风声第一人。又曰：无不先识之豪杰，札固以识著，而风流文采，照耀古今。吾意中极爱此等人物。（清魏禧《左传经世钞》卷十五）

7. 虞夏商周之所以兴，圣人之德之妙，列国之治乱，以闻音而辨之；当代卿大夫之贤才，及其终身得失，以一见而知之。心慧识高，学博辞敏，春秋有二人乎？《左氏》为之传真，曲揭其胸中，摹绘其神吻，使其人如在目，声如盈耳。而文字首尾论人，直而婉，朴而文。中论乐，悠扬顿宕，希微杳渺，态如云霞之恍惚无定，调如丝竹之皦绎成章。嗟乎！季子之贤尚矣。苟非妙手，谁与传之？（清王源《左传评》卷七）

8.《传》于兴衰交关处，必有一篇大文牢笼后来全局。春秋至襄之末，政出私门，天下无霸。故述吴公子评论列国名卿，以为后半部张本。（清姜炳璋《读左补义》卷三十一）

9. 此篇与《秦晋麻隧之战》同一创格。彼于叙战前，先著《绝秦》一大篇文字。此于叙聘前，亦先著《观乐》一大篇文字，而两文格调又极相似。然彼处《绝秦》直起作一引，而后只单叙一战便毕。此于《观乐》前先作一引，而后历叙诸聘。首尾包络，章法尤完。观乐、历聘，盖同《绝秦》《出亡》两文章法，为一自然异样雄奇。（清冯李骅、陆浩同《左绣》卷十九）

10.《观乐》篇，自成一番结构，作两半读：上半论歌，下半论舞。歌有《风》《雅》《颂》之别，而归重在《颂》。舞有四代之别，而归重在《韶》。于《颂》，以"至矣哉"起，"盛德所同"煞；于《韶》，亦以"德至矣哉"起，"盛德蔑加"煞。两两相对，而长短整散，各各不同。谋篇至此，亦观止矣。（清冯李骅、陆浩同《左绣》卷十九）

11. 人谓此篇乃周乐之定评，余谓此篇实《葩经》之定评也。看他一面审查歌声，一面体贴诗意；而且善于知意，亦且善于知诗。非熟读《葩经》，不见此文妙处。尤妙在论歌而归重于《颂》，谕舞而归重于《韶》，如百川争流，忽汇渤海。（清杭永年《古文快笔贯通解》）

12. 通篇历叙季札出聘诸国，如鲁、齐、郑、卫、晋，共五段文字，而长短不同。观乐，乃聘鲁时时一事，中间又分十八段文字，而亦长短不同。通篇又以观乐、论人为大眼目。铺叙极零碎，复极浑全。章法之炼，可为尽善。（清蒋铭《古文汇钞》）

13. 札观乐，在襄公二十九年，时夫子才九岁。则所歌之诗，未必皆在所删三百篇之内。即工当歌时，亦未与札先言系何国之诗，故札赞言多用"乎"字，乃从声中想象而得也。夫乐所以象德，理本如此。札为贤公子，赞叹歌诗之语，当得诸章句之外。（清林云铭《古文析义》、清冯敬直《古文汇编》）

14. 季札贤公子，其神智器识，乃是春秋第一流人物，故闻歌见舞，便能尽察其所以然。读之者细玩其逐层描写，逐节推敲，必有得于声容之外者。如此奇文，非《左氏》其孰能传之？（清吴楚材、吴调侯《古文观止》卷二）

15. 此文声调悠扬之美，令人讽之飘飘然，有凌云之意。文章之妙，盖与乐通矣。（吴闿生《左传微》卷七）

16. 宗尧云：乐无不可见矣，今之《三百篇》犹在也。其神契古人处，足步孔子闻《韶》之武。惜乎后世言诗，而不得神悟者多也。（吴闿生《左传微》卷七）

17. 宗尧云：春秋之有季子，亦凤麟也。左氏欲借其人为衰世树之风声，故于其器识襟抱、性情志节，尽情铺叙，所谓旷世相感。虽叙事之文，实当与《孟子》《百世之师》篇并读，以求其神味也。（吴闿生《左传微》卷七）

二十四、子产论尹何为邑（襄公三十一年）

（一）原典

〔传〕子皮欲使尹何为邑。子产曰："少，未知可否？"子皮曰："愿，吾爱之，不吾叛也。使夫往而学焉，夫亦愈知治矣。"

子产曰："不可！人之爱人，求利之也。今吾子爱人则以政，犹未能操刀而使割也，其伤实多。子之爱人，伤之而已，其谁敢求爱于子？子于郑国，栋也。栋折榱崩，侨将厌焉，敢不尽言？子有美锦，不使人学制焉。大官、大邑，身之所庇也，而使学者制焉；其为美锦，不亦多乎？侨闻学而后入政，未闻以政学者也。若果行此，必有所害。譬如田猎，射御贯，则能获禽。若未尝登车、射御，则败绩厌覆是惧，何暇思获？"子皮曰："善哉！虎不敏。吾闻君子务知大者、远者，小人务知小者、近者。我，小人也。衣服附在吾身，我知而慎之；大官、大邑，所以庇身也，我远而慢之。微子之言，吾不知也。他日我曰：'子为郑国，我为吾家，以庇焉，其可也。'今而后知不足。自今请，虽吾家，听子而行。"

子产曰："人心之不同，如其面焉。吾岂敢谓子面如吾面乎？抑心所谓危，亦以告也。"子皮以为忠，故委政焉。子产是以能为郑国。

（二）语译

子皮想要让尹何担任基层行政长官。子产说："尹何年轻，不知道能不能胜任？"子皮说："这个人忠厚善良，我喜欢他，不会背叛我的。让他去学习一下，他也就更加知道怎么办事了。"

子产说："不行。喜欢一个人，总是谋求对这个人有利。现在您喜欢一个人，却把政事交给他，这好像有人不会拿刀子，而让他去割东西，大多是会伤害到自己的。您如此喜欢他，不过是伤害他罢了，有谁还敢期求您的喜欢？您在郑国好比是栋梁。栋梁折断，椽子会崩散，我公孙侨将会被压在底下，岂敢不把话全部说出来？您有了漂亮的锦缎，不会让别人用来学习裁制的。大官和大的封邑，是自身的庇护，反而让人学习裁制，它比起漂亮的彩绸价值，不是大得多吗？我公孙侨听说学习以后才能从政，没有听说把从政作为学习的。如果是真的这么办，一定有所伤害。譬如打猎，熟习射箭驾车，就能获得猎物，如果从来没有射过箭、驾过车，那么一心害怕翻车被压，哪里还有闲工夫想到捕获得猎物？"

子皮说："好啊！虎真是不聪明。我听说君子致力于了解大而远的事，小人致力于了解小而近的事。我，是小人啊。衣服穿在我身上，我知道爱惜它，大官和大的封邑是用来庇护自身的，我却疏远而且轻视它。要是没有您的一番话，我是不了解的。从前我说：'您治理郑国，我治理我的家族以庇护我自己，这就可以了。'从今以后才知道不够。从现在起，我向您请求，即使是我家族的事情，也听从您的意思去做。"

子产说："人心不一样，就好像人的面孔不一样，我哪里敢说您的面孔像我的面孔呢？不过我心里觉得危险的，就把它告诉您了。"子皮认为子产忠诚，所以把政事全交付给他，子产因此能够治理郑国。

（三）鉴赏

如何用人，一直是实用政治学的重要课题。孔子说："举直错诸枉，能使枉者直。"（《论语·颜渊》）安排职位，必须优先选用贤良正直。用人唯才，始能达到能者在位、贤者在职的用人理想。《左传》本篇，则是从历练经验的丰富与否，当作用人得当与否的参考。

子皮推荐尹何担任基层行政长官，是欣赏尹何的"愿"（忠厚老实），希望他从实际行政中学习历练。换言之，子皮主张边做边学，"从做中学"。少不更事，缺乏经验的用人忌讳，子皮未曾加以考虑。所以子产首先就点破说："少，未知可否？"等到子皮极力推荐，子产才详细申说，婉转拒绝。本篇前后安排六组对话，透过对话来推动情节。这种"借言记事"的手法（简称"言叙"）《左传》中极多，深得钱钟书在《管锥编》中的推崇，认为是后代戏剧或小说中"宾白"的椎轮草创。的确，像《红楼梦》"对话艺术"之美妙，《左传》中已发其端。

子产的对话，共运用了五组比喻，前人谓之博喻。"不可"一段，连下四组譬喻：其中，操刀使割，一喻；美锦学制，二喻；田猎射御，三喻，在于用来强化"学而后入政"的主题旨趣。的确，缺乏实际经验，就不应该贸然躁进。这些譬喻，都是用来申说"学而后入政"和"未闻以政学者"这个用人理念的。而"栋折榱崩"这个比喻，是形容子皮位高权重，一言九鼎，影响深远，更应谨言慎行。子产以四个譬喻，婉转而明确地驳斥子皮"以政学"（从实际经验中学习）的错误，进而提出"学而后入政"的主张，论说警策透辟，态度沉着而真挚。言言入理，又语语入情。

金圣叹批《才子古文》称美子产之论，"随手出喻，纯是婉爱之调"。善用譬喻，能使语言婉转，而又态度温厚。另外，"譬喻"之修辞，效用也能变抽象为具体，化恍惚为清晰，"以其所知，喻其所不知，而使人知之"！因为语意明朗，无可犹疑，故具体深切，颇具说服功能。全篇将终处，子产回应子皮之言，再次使用"人心之不同，如其面焉"的譬喻，说明人心不一，言之未必听信；他只是"忠告而善导之"而已！这就是尽心致力的"忠"德表现。清王源《左传评》欣赏本篇："共用五喻，层叠芊眠，点染生动，最耐看。"余诚《古文释义》也说："前后共五喻，一喻一样笔法，句调意态，毫不犯复，真新异绝伦。"二家所言，可作本篇使用"博喻"修辞技巧之参考。

子皮从善如流，知过能改的美德，可谓溢于言表。子皮前半段的答话，以"君子""小人"相反相对，以抬举子产高瞻远瞩之眼光。接着又以衣服附身与大官、大邑庇身作对衬比较，一则知慎，一则远慢，以责备自己之目光如豆。于是子皮推心置腹，以家族治理相委托。待子产强调"忠告善道"，知无不言之后，终于感动子皮，委托以郑国之政。可见，子产之能相郑国，主要在于子皮之力荐贤良。

王源《左传评》称赞"子产能言，左氏善叙"；所以本篇对话，写得婉畅切挚，曲折缠绵，很有可观。另外，人才任用，到底是"学而后入政"？还是容许"以政学"，这是一个颇具争议的大问题。子产却从容婉爱地使用四个譬喻，就清楚论说了其中的是非得失，开示后人"大题小做"法门。

（四）评林

1. "我小人也，衣服附在吾身，我知而慎之；大官大邑，也所以庇身也，我远而慢之。"子皮就自所知分际上言之，自有地位。故虽才智不如子产，而子产为其所用也。用人之弘，乃多于其人之用，此理当深察也。（宋叶适《习学记言序目》卷十一）

2. 穆文熙曰："古今用人之病多重此，所以人多过举，世鲜良吏，皆其操刀而自伤者也。子产之言，可为世法哉！"（明穆文熙《左传钞评》）

3. 欲作缠绵贴肉之文，须千遍烂读此文。非贵其文辞，贵其心地也。此文，只是一片心地。（清金圣叹《天下才子必读书》

卷一）

4.彭家屏曰：子皮知子产之贤，而让以执政，用其善言而自知不足。真所谓无他技，而能有人之技者矣。子产之能为郑国，由子皮之能用之也。其度量，不有大过人者哉？是可以风后世之为宰执者矣。（清魏禧《左传经世钞》卷十五）

5.子产能言，《左氏》善序，故写得婉畅切挚，曲折缠绵。使读者魂动心死千载下，如亲炙其徽，而聆其娓娓，何其妙也！（清王源《左传评》卷七）

6.有子皮之贤，而后子产能为郑国。垂训深切著明，可为千古谋国者龟鉴。共用五喻，层叠芊眠，点染生动，最耐看。（清王源《左传评》卷七）

7.此篇，只"学而后入政"一句，为大旨。若就正意发挥，亦自有一首绝大文字。却偏将正语只于中间一见，前后都用譬喻指点，语语入理，又语语入情。不作一味板腐大话头，最是生新出色处，开后人大题小做法门。《左氏》真无妙不臻，有奇必备者矣！（清冯李骅、陆浩同《左绣》卷十九）

8.数行中，有四喻：操刀一喻，谓尹何未习也。栋折一喻，谓子皮任之未当也。制锦一喻，谓当使尹何先学也。田猎一喻，缴合操刀使割之意。子皮因之，亦以衣服为喻；而子产又以子面、吾面终之，无非喻也。（清卢元昌《左传分国纂略》）

9.以年少不学之子而使之为邑，既伤其人，又害其邑，两失之道也。故前有操刀之譬，后有制锦之比。大官大邑，犹不可轻掷于庸碌之手，况天下乎？虽然，人孰无学？习法令，以吏为师，是亦学也。以是人而在高位，是播其恶于众也。孔子

曰："君子学道则爱人，故人不可不学。"尤当问所学何事？（清周大璋《左传翼》）

10. 才见一事，便曲曲折折，披肝沥胆，具陈其可否，此之谓尽心。才闻一言，便委委婉婉，怡声下气，痛改其迷误，此之谓虚怀。千古友谊若此两人者，吾未多见也。他日子皮卒，子产出涕曰："吾无为善矣！惟夫子知我。"必如此，而后为知我。知我，岂易言哉？（清周大璋《左传翼》）

11. 杜注云："传言子产之治，乃子皮之力。"鲍叔知我，久为口实。子皮于子产，恐或后来居上矣。春秋最著二人，而非"治于高溪"之荐，仲且湮而不彰；非有虎帅以听之言，子产亦避而自全耳。二百四十二年，仅二人以功名著，贵人才之鲜耶？抑爱惜而护持之者未至，故不得自见耶？（清陈震《左传日知录》）

12. 只看他转接起灭，出入往复，变幻不测，便是古今一副绝奇笔墨。昔公孙大娘舞剑，杜甫谓其："爥如羿射九日落，矫如群帝骖龙翔。来如雷霆收震怒，罢如江海凝清光。"庶足形容此文之妙。（清盛谟《于埜左氏录》）

13. 子产尽言，子皮受善，语语推心置腹，读之恻恻动人。（清邹美中《左传约编》）

14. 王凤洲曰："清劲圆活，其调最炼，最有节奏。凡四节，插入四譬喻，绝无痕迹，最难学。前四喻外，子产又用一喻，子皮又叠一喻。《盘庚》三篇多喻，同此奇致。"竟是《子羔宰费》章绝妙注脚。至理名言，千古不易。反覆透快，一种笃挚之情，婉折之调，真足动人。若啧啧赏其叠设譬喻以为奇，终

是皮相。（清张昆崖《左传评林》）

15.学优后仕之前，不意先有此篇快论。三喻只是一义，而反覆各尽其妙。学也者，学为政也。政也者，行其所学也。二句，从"仕而学焉"来。大小远近四字，是自勘其见识学问之规矩，不可一日不用此四字以自省也。子皮能受善言，郑多君子哉！（清刘继庄《左传快评》）

16.子产于子皮，为第一受知之人。而于用人之际，是是非非不肯一语稍涉回护，俱见爱人以德之道。两喻意相对为文，俱见情趣。子皮闻子产之言，不以为忤，反以为忠，此是人情所难。（吴曾祺《左传菁华录》）

道善人文经典文库
让你能知味的中华经典解读丛书

图书·音视频·讲座
敬请关注

毓老师作品系列

刘君祖作品系列

春秋繁露详解	刘君祖
孙子兵法新解	刘君祖
鬼谷子新解	刘君祖

吴怡作品系列

中国哲学史话	张起钧　吴　怡
禅与老庄	吴　怡
逍遥的庄子	吴　怡
易经应该这样用	吴　怡
易经新说——我在美国讲易经	吴　怡
老子新说——我在美国讲老子	吴　怡
庄子新说——我在美国讲庄子	吴　怡
中国哲学关键词50讲（汉英对照）	吴　怡
哲学与人生	吴　怡
禅与人生	吴　怡
整体生命心理学	吴　怡
碧岩录详解	吴　怡
系辞传详解	吴　怡
坛经详解	吴　怡
写给大家的中国哲学史	吴　怡
周易本义全译全解	吴　怡

高怀民作品系列

易经哲学精讲	高怀民
伟大的孕育：易经哲学精讲续篇	高怀民
智慧之巅：先秦哲学与希腊哲学	高怀民
易学史（三卷）	高怀民

辛意云作品系列

论语辛说	辛意云
老子辛说	辛意云
国学十六讲	辛意云
美学二十讲	辛意云

其他

易经与中医学	黄绍祖
论语故事	（日）下村湖人
汉字细说	林藜
新细说黄帝内经	徐芹庭
易经与管理	陈明德
周易话解	刘思白
汉字从头说起	吴宏一
道德经画说	张爽
史记的读法	阮芝生
论语新读法	崔正山
数位易经（上下）	陈文德
从心读资治通鉴	张元
公羊春秋的伦理思维与特质	林义正
《周易》《春秋》的诠释原理与应用	林义正
易经经传全义全解（上下册）	徐芹庭
周易程传全译全解	黄忠天
牟宗三演讲集（10册）	牟宗三
易经之钥	陈炳文
唐诗之巅	朱琦

人与经典文库（陆续出版）

左传（已出）	张高评	论语	林义正
史记（已出）	王令樾	墨子	辛意云
大学（已出）	爱新觉罗·毓鋆	近思录	高柏园
中庸（已出）	爱新觉罗·毓鋆	管子	王俊彦
老子（已出）	吴怡	传习录	杨祖汉
庄子（已出）	吴怡	尔雅	卢国屏
易经系辞传（已出）	吴怡	孟子	袁保新
韩非子（已出）	高柏园	荀子	周德良
说文解字（已出）	吴宏一	孝经	庄兵
诗经	王令樾	淮南子	陈德和
六祖坛经	吴怡	唐诗	吕正惠
碧岩录	吴怡	古文观止	王基伦

四库全书	陈仕华	说　苑	殷善培
颜氏家训	周彦文	闲情偶寄	黄培青
聊斋志异	黄丽卿	围炉夜话	霍晋明
汉　书	宋淑萍	元人散曲	林淑贞
红楼梦	叶思芬	戏曲故事	郑柏彦
鬼谷子	刘君祖	楚　辞	吴旻旻
孙子兵法	刘君祖	水浒传	林保淳
人物志	刘君祖	盐铁论	林聪舜
春秋繁露	刘君祖	抱朴子	郑志明
孔子家语	崔锁江	列　子	萧振邦
明儒学案	周志文	吕氏春秋	赵中伟
黄帝内经	林文钦	尚　书	蒋秋华
指月录	黄连忠	礼　记	林素玟
宋词三百首	侯雅文	了凡四训	李懿纯
西游记	李志宏	高僧传	李幸玲
世说新语	尤雅姿	山海经	鹿忆鹿
老残游记	李瑞腾	东坡志林	曹淑娟
文心雕龙	陈秀美	……